現場に役立つ日本語教育研究 4

自由に話せる会話シラバス

シリーズ監修 山内博之 編者 俵山雄司

くろしお出版

CONTENTS

現場に役立つ日本語教育研究４　目次

まえがき

俵山雄司

1. はじめに

第二言語（外国語）として日本語を学んでいる、あるいは、学ぼうとしている人に「何を学びたいか」を尋ねると、日本語レベルを問わず、「会話を学びたい」「話せるようになりたい」と答えるケースは、多いように感じる。それは、日本語学習者が、日常生活において、うまく話せなくて失敗した経験を持っていたり、もっと話せたら活動範囲が広がるのにという思いを抱いていたりすることの証拠ではないだろうか。このような学習者の期待がある中、日本語教師の中には、会話教育に苦手意識を持っている人も少なくない。たしかに、市販の会話教科書も複数あり、一定のトレーニングを受ければそこに書かれている通りに教えることはできる。しかし、それでも教師が不安を感じてしまうのは、会話教育において「いつ」「何を」「どのように」教えるかについて、自分自身で納得できる基準、つまり「軸」を持てないことにあるのではないかと考える。

本書が目指すのは、この「軸」の形成である。この本では、7つの課題（タスク）に基づいて産出された175の会話データを分析するが、その結果を「いつ」「何を」「どのように」教えるかをまとめたシラバス（教授項目一覧）の形で提示していく。また、その結果にいたる分析のプロセスも丁寧に示すことで、読んでくださる方に対して、「いつ」「何を」「どのように」教えるかの基準（軸）を提供できればと考えている。

次に視点を変えて、このシラバスを学習者の側から見てみる。本書のタイトルは「自由に話せる会話シラバス」となっているが、この「自由に話せる」とは、話し手が、主体的・積極的に、会話の流れに関与することを意味している。したがって、この本で示すシラバスは、会話の場で受身の姿勢（消極的）になってしまっている学習者が、主体的・積極的に会話を進めたり、会話の流れに乗っていったりするための知識や技術をまとめたものになっている。

2. 本書の構成

本書は以下のように二部構成で、12 章からなっている。

第一部　きちんと話すための課題別シラバス

第 1 章　「説明」課題のポイント（柳田直美）
第 2 章　「アドバイス」課題のポイント（澤田浩子・俵山雄司）
第 3 章　「話し合い」課題のポイント（宮永愛子）
第 4 章　「書かれたものへのコメント」課題のポイント（俵山雄司）
第 5 章　「伝言の伝達」課題のポイント（石黒　圭）
第 6 章　「弁明」課題のポイント（永井涼子）
第 7 章　「訂正」課題のポイント（堤　良一）

第二部　楽しく話すための目的別シラバス

第 8 章　ことばをつなげて長く話すコツ（柳田直美）
第 9 章　生き生きと話すコツ（俵山雄司）
第 10 章　ターンの受け渡しのコツ（宮永愛子）
第 11 章　詳細に説明するコツ（山内博之）
第 12 章　相手に気分よく話させるコツ（山内博之）

第一部「きちんと話すための課題別シラバス」の各章は課題別に立てられたものである。日常生活において、私たちは言葉を駆使して、様々な課題を達成している。会話の授業で練習方法としてロールプレイが採用されることがあるが、これは日常生活で起こりうる状況とともに、その中で達成すべき課題を与えることで、この日常生活での課題達成を疑似的に経験させるものであると言える。第一部では、7つの生活上で経験しうる課題（タスク）に基づいて産出された会話を文字化した『課題別会話コーパス』をデータとして、その分析結果をもとに、7つの課題それぞれを達成するためのポイントを教授項目として提示していく。

第二部「楽しく話すための目的別シラバス」は、会話を維持・展開していく技能を取り上げたものである。一定の長さのある会話では、課題の達成とは別に、あるいは並行して、ぶつ切りではなく発話を自然に連ねていくこと、会話の主導権を取ったり相手に譲り渡したりして会話の流れをコントロールすること、会話の雰囲気を盛り上げること、話す内容（話題）を深めていくことなどが求められる。第二部では、このような技能を構成する要素を洗い出すため、『課題別会話コーパス』の7課題のうち、まとまった内容（自分の知識・経験・意見）について相手とやり取りしながら伝える必要のある2課題（「説明」「アドバイス」）のデータを分析し、一定の長さのある会話を維持・展開させていくコツを教授項目として提示していく。

7課題のデータ収集では、調査協力者に状況とタスクを示すためにロールカードを用いた。これは、第一部各章の **2.** で示している。各章執筆者のうち5名（柳田・澤田・俵山・宮永・永井）は、実際に、このロールカードを用いてデータ収集を実施した者である。

3. 各章の紹介

第1章 「説明」課題のポイント（柳田直美）

この論文では、「説明」データを用いて、印象に残った旅行の経験を説明するという言語行為達成のためのシラバスについて考える。談話構成についての分析から、教授項目として、聞き手からの質問に対して関連情報を付加して応答できること、情報提供【概要】の部分において、同伴者や旅行のきっかけについてまとめて述べられることなどを提案している。

第2章 「アドバイス」課題のポイント（澤田浩子・俵山雄司）

この論文では、「アドバイス」データを用いて、自分の出身地（国）への旅行を計画している人に助言するという言語行為達成のためのシラバスについて考える。表現の分析から、教授項目として、「〜ほうがいい」「おすすめはNだ」「Nとか」などの形式によるアドバイス発話、相手の嗜好や意向などについての質問の使用、談話終結に適した表現などを提案している。

第3章 「話し合い」課題のポイント（宮永愛子）

この論文では、「話し合い」データを用いて、サークルの旅行で利用する交通手段について合意形成をするという言語行為達成のためのシラバスについて考える。談話構造と表現の分析から、教授項目として、「〜かなと思って」などの言いきらない形式による主張、相手の意見をサポートする発話、十分に話し合ったという印象を残す終わらせ方などを提案している。

第4章 「書かれたものへのコメント」課題のポイント（俵山雄司）

この論文では、「書かれたものへのコメント」データを用いて、奨学金申請をする人が書いた申請理由についてコメントするという言語行為達成のためのシラバスについて考える。表現の分析から、教授項目として、「〜んですけど」「〜ていただく」を使用したコメント依頼の確認、「〜ですかね」や間接的な質問を織り交ぜた質問、お礼の言葉や行動予告による談話終結などを提案している。

第5章 「伝言の伝達」課題のポイント（石黒　圭）

この論文では、「伝言の伝達」データを用いて、指導教員から受けたメッセージを他の学生に伝えるという言語行為達成のためのシラバスについて考える。情報に焦点を当てた分析から、教授項目として、自然で整理された情報提示順、語・音声面で正確な伝達、聞き手の理解のモニターなどを提案している。

第6章 「弁明」課題のポイント（永井涼子）

この論文では、「弁明」データを用いて、アルバイトに遅刻したことについて謝罪し、理由を伝えるという言語行為達成のためのシラバスについて考える。談話構造と表現の分析から、教授項目として、発話権を維持しつつ「〜て」を利用して理由を述べること、相手の困難な状況を聞き共感すること、自責の気持ちを表すこと、発話の乱れにより反省の意図を伝えることなどを提案している。

第7章 「訂正」課題のポイント（堤　良一）

この論文では、「訂正」データを用いて、授業で書くべきレポートのテーマについて友人の勘違いを正すという言語行為達成のためのシラバスについて考える。表現の分析から、教授項目として、勘違いについて驚いてみせること、相手との認識の違いを表明すること、聞き手の気分を害することなく訂正することなどを提案している。

第8章 「ことばをつなげて長く話すコツ」（柳田直美）

この論文では、「説明」データを用いて、聞き手に自分の意図を十分に伝えられる、まとまりのある談話を構成するためのシラバスについて考える。発話単位と表現の分析から、教授項目として、何を話すかを意識し、複数の文のレベルでの情報提供ができること、複文を構成する表現（接続助詞ガ・ケド・シや、条件節、理由節、並列節）を使用して発話を維持することなどを提案している。

第9章 「生き生きと話すコツ」（俵山雄司）

この論文では、「説明」データを用いて、生気に満ち溢れた、活力を感じさせる話しぶりを実現するためのシラバスについて考える。表現の分析から、教授項目として、引用形式「って思う」「って」といった引用形式による過去の感情の伝達、連続引用による雰囲気の再現、「すごい」「すごく」の使用による会話の盛り上げ、「もう」による感情の高ぶりの再現などを提案している。

第 10 章 「ターンの受け渡しのコツ」(宮永愛子)

この論文では、「説明」データを用いて、スムーズなターン（発話の順番）の受け渡しを実現するためのシラバスについて考える。ターン交替形式の分析から、教授項目として、自主的なターンの取得、ターン取得放棄による相手の話の促し、場面に即した適切なタイミングでの割り込みやオーバーラップの使用による積極的な会話への関与を提案している。

第 11 章 「詳細に説明するコツ」(山内博之)

この論文では、「アドバイス」データを用いて、ある事柄について詳しく説明を行うためのシラバスについて考える。発話の量と内容の分析から、教授項目として、説明する対象についての十分な知識を備えておくこと、説明対象についての包括的な知識をもとにして説明冒頭で概括的な発話をすることを提案している。

第 12 章 「相手に気分よく話させるコツ」(山内博之)

この論文では、「アドバイス」データを用いて、会話の相手に長く、たくさん話してもらうためのシラバスについて考える。発話の量と内容の分析から、教授項目として、リアルな状況をうまく織り込んだ問いかけ、親しみやすい話題を選んでの問いかけ、詳細な内容を知りたいという気持ちが伝わる問いかけを提案している。

いずれの章も、最後に表の形でシラバスが提示されているが、ぜひ、どういったデータが、どのように分析・解釈されて、そのシラバスが提案されたかのプロセスを味わって読んでいただきたい。なお、本書の執筆のために構築された『課題別会話コーパス』の各データは、下記のアドレスで公開している。

https://www.9640.jp/genba/

本書が、授業の設計や教え方の見直しなどの際に役立つことを願っている。

『課題別会話コーパス』の概要

俵山雄司

1. はじめに

本書の各章において分析の際に使用されているデータは、本書のために構築した『課題別会話コーパス』からのものである。データはすべて二者間の会話で、日常生活で遭遇する場面を題材にした７種類のロールプレイ課題（タスク）に基づいて産出されたものである。

本コーパスの作成（企画・収録・文字化・話者情報の収集・データの整備）を行ったメンバーは、俵山雄司（総括）・澤田浩子・永井涼子・宮永愛子・柳田直美の５名である。

ここでは、課題（タスク）の内容、課題（タスク）選定の基準、データの性質、収録の手順、データ識別記号、文字化の方法について述べる。

2. 課題（タスク）の内容

７つのロールプレイ課題の具体的な内容は以下の通りである。｛ ｝の中には複数の項目が入っているが、参加者の属性や状況によって、データ収録者が適切なものを選んで実施した。

①説明：｛研究室／ゼミ／サークル｝の懇親会でたまたま旅行の話が出た

ので、それをきっかけに学生Aが隣に座った学生Bに一番印象に残った旅行について質問（説明求め）をし、話を聞く。その後、自分の一番印象に残った旅行について話す（説明する）。

②アドバイス：学生Bが、自分の{母国／出身地域}に旅行に行こうとしている学生Aの求めに応じて、お勧めの観光スポットや食べ物、注意すべき点などについて助言する。

③話し合い：サークルの旅行について、電車と貸し切りバスのどちらで行くのか、利点と欠点を考慮しつつ意見交換を行い、どちらにするか決定する（Aは電車、Bは貸し切りバスがよいと思っている）。

④書かれたものへのコメント：学生Aが書いた奨学金への応募書類の一部を、{チューターの／同じ奨学金に採用された経験のある}学生Bが読み、書き直しのためのコメントをする。

⑤伝言の伝達：海外出張に行く予定のある先生から「Aさんがまだ奨学金のハンコをもらいに来ていない。明日なら対応可能だからAさんに会ったら伝えてほしい」と伝言されたBさんが、授業で会ったAさんに伝える（伝言のインプットは音声）。

⑥弁明：{自転車の故障／電車の事故}でバイトに遅刻したBさんだが、既に店内は賑わっていて、一緒にシフトにはいったAさんに理由も言えないまま、休憩時間を迎えてしまった。休憩室でBさんは、Aさんに謝り、遅刻の理由を伝える。

⑦訂正：授業の課題レポートのテーマについて勘違いしているふしのあるAさんに対して、同じ授業を受講しているBさんが、それに気づき、正しいテーマを伝える。

3. 課題（タスク）選定の基準

順序としては逆になるが、上記7課題を選定した際の基準について説明する。会話によって達成される「課題」は、日常生活にあふれており、そのすべてを扱うことは物理的に難しい。データ収集にあたっては、以下の2つの観点で、7つの課題を選定した。

観点1：会話における課題の多様な側面を、7課題にバランスよく配置する。

観点2：日常生活（特に留学生）によく見られる場面であるが、これまでの会話教科書で取り上げられる機会がなかった、あるいは取り上げられてはいるが、研究の蓄積が十分でないものを選ぶ。

観点1の「会話における課題の多様な側面」であるが、ここでは4つの側面（役割関係、長さ、伝達内容、伝達意識）に着目している。以下の表は、7課題について4側面からみた特徴をまとめたものである。

表1　7課題の4側面からみた特徴

課題名	役割関係	長さ	伝達内容	伝達意識
①説明	対称的	長い	旅行についての知識・経験・感想	関係維持・構築
②アドバイス	非対称的	長い	旅行地についての知識・経験・意見	関係維持・構築
③話し合い	対称的	長い	論点についての意見	関係維持
④書かれたものへのコメント	非対称的	長い	相手コメントを受けての反応・意見	関係維持
⑤伝言の伝達	非対称的	短い	第三者からの伝言の内容	正確な伝達
⑥弁明	非対称的	短い	遅れたことの謝罪と理由	関係維持
⑦訂正	非対称的（対称的）	短い	レポート課題についての認識	関係維持

「役割関係」は会話に参加する話者の役割上の関係性で、対称的なものと非対称的なものがある。「①説明」（お互いに印象に残った旅行について話す）と「③話し合い」（旅行の交通手段について意見交換する）の2つは対称的であるが、他の5つは会話上の役割が異なっており非対称的としている。ただ、「⑦訂正」は役割が「訂正する／される」と異なってはいるが、その過程では対等な立場で互いの認識を披露するため、一部対称的な要素も含まれている。

「長さ」の側面から見ると、表の上4つが時間として長く、下3つが短いものである。

次の「伝達内容」は、接触場面（後述）のデータにおいて日本語非母語話者が担当した役割からみたものである。これは先に触れた側面「長さ」とも関係があり、長いものは、課題達成のために、複数の知識・経験・意見を相手に伝える必要があり、また、その知識・経験・意見も一言二言では伝えきれない量や複雑さを持っているものである。逆に短いものは「伝達内容」がさまざまで、それぞれが課題達成と直接の対応関係があるようなものである。

最後の「伝達意識」は、課題遂行時に相手との関係で意識するものである。「⑤伝言の伝達」のみ、相手との関係はあまり意識されず、正確な伝達が意識されているが、他の6課題は、失礼さを避け、相手との良好な関係を維持することが意識されている。なお、「①説明」「②アドバイス」は、それに加えて、会話の中でお互いの個人的な経験や嗜好が披露（自己開示）されることで、付随的に良好な関係の構築（あるいは再構築）が意識されると考えられる。

以上で述べた4つの側面は、会話の特徴を捉えるうえで重要なものであると考えられる。このコーパスで採用した7課題は、この4側面をバランス良く配置することに目配りして選定されたものである。また、この4側面から会話の特徴を捉えることで、この7課題を基準に、ここには入らなかったその他の課題を位置づけることも可能である。

4. データの性質

データは、「日本語母語場面」（日本語母語話者同士の会話）と、「接触場面」（日本語母語話者と日本語非母語話者の日本語による会話）のものがある。前者は、主に、日本語母語話者の会話の特徴を明らかにする目的で収集し、後者は、日本語非母語話者の日本語の使用実態を明らかにする目的で収集した。

データ数については、日本語母語場面が35件（7場面×5ペア）で、接触場面が140件（7場面×20ペア）である。接触場面に参加する日本語非母語話者の母語は、中国語が10ペア、韓国語が4ペア、英語（一部英語と同様のゲルマン語系言語の話者が含まれている）が3ペア、ベトナム語が3ペアとなっている。日本語非母語話者は全員が、大学生・大学院生で、日本在住者（収録当時）である。

また、ペアを組む際は、以下の4点について考慮した。

・参加者同士の親疎関係：「疎（初対面）」の関係を基本とした。
・参加者同士の性別：同性（男性と男性、女性と女性）で組んだ。
・参加者の年齢：同年代で、最大でも10歳差に収まるようにした。
・日本語非母語話者の日本語レベル：上級から中級まで多様な学習者が含まれるようにした。特に、中国語が母語の場合と、韓国語が母語の場合は、それを意識して参加者を調整した。

接触場面の収録に参加した日本語非母語話者には、数日以内にJ-CAT（インターネット上で受験可能な日本語能力判定テスト）を受験してもらい、調査者はそのスコアの提出を受けている。J-CATは400点満点で、聴解・語彙・文法・読解の4つのセクションから構成されている。詳細については、今井編著（2012）を参照されたい。

5. 収録の手順

収録は、原則的に、課題①「説明」と②「アドバイス」、③「話し合い」と⑦「訂正」、⑤「伝言の伝達」と⑥「弁明」を組み合わせ、同じペアに対して実施した。課題④「書かれたものへのコメント」は、事前に応募書類の一部（申請理由）を書いてもらうため、参加者の負荷が高くなりすぎないよう、単独で（他の課題と組み合わせずに）実施した。会話は、ICレコーダーとデジタルビデオを使って録音・録画した。

具体的な実施手順は以下の通りである。

1） 趣旨説明・承諾書などの記入
2） 調査協力者同士のアイスブレーキング（自己紹介）
3） ロールプレイ課題1件目収録

4) 1件目について「コミュニケーションがうまくいったか」などについて個別に半構造化インタビュー
5) ロールプレイ課題2件目収録
6) 2件目について「コミュニケーションがうまくいったか」などについて個別に半構造化インタビュー
7) その場でJ-CAT（個人受験）の登録を行い、後日自宅で受験

なお、承諾書・ロールカードなどは母語訳付きで、中級学習者には、必要に応じて通訳を付けた。

6. データ識別記号

収録したデータにはそれぞれ識別のための「データ識別記号」を付けている。データ識別記号は「XXX-YY001」のように、5つのアルファベットと3つの数字から構成されている。最初の3文字（XXXの部分）は、以下のように「課題」を表している。

①説明（Explanation）：EXP
②アドバイス（Advice）：ADV
③話し合い（Discussion）：DIS
④書かれたものへのコメント（Comment）：COM
⑤伝言の伝達（Message）：MES
⑥弁明（Apology）：APL
⑦訂正（Correction）：COR

その次の2文字（YYの部分）は、その会話に参加している話者の母語を表している。Jは日本語、Cは中国語、Kは韓国語、Eは英語（一部英語と同様のゲルマン語系言語）、Vはベトナム語である。つまり、日本語母語場面の場合はJJ、接触場面の場合はCJ・KJ・EJ・VJのいずれかとなる。

最後の数字は、データの種別内で、001から番号を付したものである。例えば、課題①「説明」であれば、日本語母語場面は5つのデータに、EXP-

JJ001からJJ005までの数字を割り振っている。接触場面については、EXP-CJ001からCJ010（10件）、EXP-KJ001からKJ004（4件）、EXP-EJ001からEJ003（3件）、EXP-VJ001からVJ003（3件）となる。なお、接触場面についてのみ、J-CATの点数に基づいて番号が付されている。その非母語話者内で、最高得点者を001として、以下は、点数の降順に並んでいる。

7. 文字化の方法

収録された音声データは、宇佐美まゆみ氏による「基本的な文字化の原則（Basic Transcription System for Japanese: BTSJ）2011年版」に従って文字化を行った。文字化に用いた記号のうち、特に解説が必要だと思われるものを宇佐美（2011）の記述を基に、以下に示す。

。	発話文の終わり。
,,	発話文の途中に相手発話が入った場合、前の発話文が終わっていないことをマークする。
‘ ’	複数読み方があるものを漢字で表す際に、特別な読み方で発せられた場合、また、通常とは異なる発音がされた際に、音の表記だけではわかりにくい場合に、‘ ’に入れて読み方を示す。
“ ”	発話中の話者及び話者以外の者の発話・思考・判断・知覚などの引用部分。
??	確認のための語尾上げ、いわゆる「半疑問文」に付ける。
[→]	特記する必要のあるイントネーション。[↑][→][↓]（上昇・平板・下降）の3種がある。
《 》	沈黙とその秒数を示す。
=	ラッチング（改行される発話の間が相対的に短いか、まったくないこと）を示すために付ける。
…	言いよどみ。
< >	発話の重複部分。重ねられた発話の後には{<}、重ねた方の発話の後には{>}を付ける。
【【 】】	第1話者の発話文が完結する前に、第2話者の発話が挿入され、結果的に第1話者の発話が終了した場合、第1話者の発話文の終わりで、句点の前に【【を付け、第2話者の発話文の冒頭に】】を付ける。

（　）	相手発話に重なる、短いあいづち。発話中の最も近い部分に入れる。
<笑い>	笑いながら発話したものや笑いなどは< >の中に、<笑いながら><2人で笑い>のように説明を示す。
#	聞き取り不能だった部分。拍数に応じて、#の数を増やす。

引用文献

今井新悟（編著）・赤城彌生・中園博美（2012）『J-CATオフィシャルガイド　コンピュータによる自動採点日本語テスト』ココ出版

宇佐美まゆみ（2011）「基本的な文字化の原則（Basic Transcription System for Japanese: BTSJ）2011年版」

第一部
きちんと話すための課題別シラバス

第1章

「説明」課題のポイント

栁田直美

1. はじめに

「説明」として取り上げられるのは、アカデミックプレゼンテーションの「グラフを説明する」などが多いが、雑談などの他者とのやりとりの中にも「説明」は存在する。この章では特に「自身の経験の説明」を取り上げる。「経験の説明」については、会話教育を扱った教科書『日本語上級話者への道　きちんと伝える技術と表現』第3課、第10課などでも取り上げられており、会話の切り出し、談話構造などに着目している。

この章では、雑談に近いやりとりにおいて「自身の経験の説明」の自然さを印象付ける要因を明らかにするために、談話構造に着目し、日本語母語話者・上級日本語学習者・中級日本語学習者の発話を比較・分析する。そして、初級から中級へ、中級から上級への移行に必要な「説明」のスキルを明らかにし、「説明」課題のシラバスを構築することを目的とする。

2. 「説明」課題のロールカード

この章で扱う説明の談話は、懇親会で隣り合った初対面の学生同士が、他の懇親会参加者の会話をきっかけに、お互いの印象に残った旅行について情報交換をするというものである。詳細は次のとおりである。

接触場面では学習者の役割は「A」に固定され、学習者が会話を開始する設定となっている。なお、学習者については母語でも同様の内容が示されている。

ロールカードA（留学生）

あなたは｛ 大学生／大学院生 ｝です。日本の大学に留学しています。 今、｛ 研究室／ゼミ／サークル ｝の懇親会に初めて参加しています。 テーブルには5人座っていますが、これまであまり話したことがない人ばかりです。 隣のBさんも懇親会に参加したのは初めてだそうです。自己紹介をしたあと、｛ 研究室／ゼミ／サークル ｝について話していたのですが、話題がなくなってしまいました。 その時、近くで｛ 研究室／ゼミ／サークル ｝の先輩が最近行った旅行の出来事について話しているのが聞こえました。そこで、隣のBさんに、この話題で話しかけてみようと思います。 先ほどの先輩の旅行の話に触れながら、一番印象に残っている旅行について、Bさんに質問して、話してもらってください。その時、いろいろ質問しても構いません。 その後、Bさんから質問されるので、あなたも一番印象に残っている旅行について話してください。

ロールカードB（日本語母語話者学生）

あなたは｛ 大学生／大学院生 ｝です。 今、｛ 研究室／ゼミ／サークル ｝の懇親会に初めて参加しています。 テーブルには5人座っていますが、これまであまり話したことがない人ばかりです。 隣のAさんも懇親会に参加したのは初めてだそうです。自己紹介をしたあと、｛ 研究室／ゼミ／サークル ｝について話していたのですが、話題がなくなってしまいました。 その時、近くで｛ 研究室／ゼミ／サークル ｝の先輩が最近行った旅行

の出来事について話しているのが聞こえました。その話題を受けて、Aさんがあなたの一番印象に残っている旅行について質問するので、あなたの経験を話してください。
その後、Aさんに質問して、Aさんの一番印象に残っている旅行について話してもらってください。

{ } 内の選択肢（大学生／大学院生、研究室／ゼミ／サークル）は調査協力者の属性によって、より適切なものを選んだ。ただし、協力者の組み合わせが「大学生・大学院生」の場合は、どちらも「大学生」という設定にした。また、「一番印象に残っている旅行」は、それぞれの経験を話してもらうため、会話を始める前に思い出してもらう時間を取った。

3. 日本語母語話者の談話例

2. で示したロールカードに沿って行われた談話例として、J001とJ002の母語話者同士の会話の該当部分を例に示す。「説明」談話は、まず、J001による質問から始まり（ライン番号1）、J002が自身の印象に残った旅行についておおまかな情報提供を行う（ライン番号4 ～ 33）。また、J002は自分の経験を説明するうえで前提となる情報をJ001が持っているかどうかを確認したりする（ライン番号27）。J002が情報提供を行う間にJ001はJ002の発話内容について確認を行ったり（ライン番号2, 7, 9, 11, 18, 24）、あいづち（ライン番号5, 16など）やコメント（ライン番号14, 20, 22, 26）を挟む。その後、J001が話題を展開する質問を投げかけ（ライン番号34, 36）、J002はそれに対して情報提供を行ったり、さらに情報を付け加えるなどして会話を展開する（ライン番号38, 40, 42, 44）。J002の説明が収束すると、今度はJ002からJ001に質問が投げかけられ（ライン番号56）、以下、役割を交替して談話が進められていく。ここで見られるような談話展開は母語話者に特徴的なものであった。

冒頭の質問に対する情報提供が終わり、話題展開の質問が行われる箇所を二重線で、話し手と聞き手が交替する箇所を太線で示し、談話展開に焦点をあてて見ていく。

（1）【EXP-JJ001】J001：説明を聞く側、説明を行う側

ライン番号	話者	発話内容	発話機能
1	J001	最近，なんか，どっか，遠くの地方とかに旅行行ったりとかって，します?。	質問
2	J002	最近,,	確認
3	J001	<最近>{<}<笑い>。	肯定
4	J002	<最近>{>}，一番さい，さい，一番（<笑い>）最近だと（うん），<笑いながら>私そんな遠くに行かないから,,	情報提供
5	J001	ああ<そうなんですか?>{<}。	あいづち
6	J002	<そんなに遠くに>{>}遊びに行かないんで，一番最近遠くに行ったのはたぶん<笑いながら>中学校の（おおー）2年生ぐらいが，<いち>{<}【【。	情報提供
7	J001	】】<え，修学>{>}旅行とかじゃなくて家族旅行?。	確認
8	J002	あ，修学旅行入れたら，<2人で笑い>修学旅行，高3のときが…［咳払い］,,	応答
9	J001	大丈夫ですか?。	確認
10	J002	多分，そうなんだけど（<笑い>）， 家族旅行とか，（うん）個人で行ったか，行ったやつだと，中2ぐらいのときに，北海道に，（おっ）連れてってもらって。	応答 情報提供
11	J001	北海道。	確認
12	J002	北海道です。	応答
13	J002	なんか，こう毎年，なんかおと，お父さんが，こうバイク好きだから，こうバイクの，なんか，サーキットがあるとこに，いつも旅行行くみたいな，毎年の（へえー）恒例だったんですけど，なんか，その年，私が，飛行機に乗りたいって言ったら，<（笑い）><笑いながら>北海道に連れてってくれて,,	情報提供
14	J001	え，すごいですねえ<笑い>。	コメント
15	J002	北海道に連れてってくれて，それでー，なんか，飛行機乗るの初めてだったから，すごいドキドキしたし。	情報提供
16	J001	うーん，そうですよね。	あいづち
17	J002	で，突然の北海道に行って【【。	情報提供
18	J001	】】あ，急に決まったですか?，行くとかは。	確認
19	J002	うん，なんか急に（へえー），なんか,,	応答
20	J001	すごい###<笑い>。	コメント

21	J002	今年は北海道行くからって言われて，“あ，え，まじで”みたいな（<笑い>），“ヤ，ヤッター”ってなって,,	情報提供
22	J001	えー，すごい<2人で笑い>。	コメント
23	J002	“ヤッター”ってなって，で，なんか北海道行って，海鮮丼とか（うん），なんか，よ，夜にジンギスカンのみ，お店を2軒，（<笑い>）はしごするとかなんか水餃子を食べるとか，<して>{<}【【。	情報提供
24	J001	】】<あ，結構>{>}食べまくった感じですか?。	確認
25	J002	食べまくった<感じ>{<}。	応答
26	J001	<ああ>{>}，おいしいですもんね。	コメント
27	J002	なんだっけな，北海道の，札幌と，なんか小樽??，（うんうん）小樽ってわかります?，<なんか>{<}。	前提知識確認
28	J001	<あの，>{>}私，北海道出身で。	情報提供
29	J002	えっ（<笑い>），あ，<そうなんだ>{<}。	あいづち
30	J001	<ああ>{>}，そうですね。	応答
31	J002	そう，小樽行って<2人で笑い>レン，レンガ見て，レンガの，何，運河みたいなの，<何，あるから>{<},,	情報提供
32	J001	<ああ，>{>}ありますね。	あいづち
33	J002	あるから<笑>，そう，レンガの，なんかきれいな街並み，と，こう，少しなんかオルゴールとか買ったりして，（ああ）で，なんかいつもとち，いつもね，バイクの，（<笑い>）バイクを見に行く旅行だったから，こう，いつもと違う新鮮な感じがあって，ま，修学旅行よりも先に思い出す旅行は，その北海道旅行かなっていう感じです。	情報提供
34	J001	え，あの，お父さんがバイク見に行くときって，一緒に行くんですか?，そういうの。	話題展開の質問
35	J002	そうそうそう<2人で笑い>そうなの，なんか…【【。	情報提供
36	J001	】】え，興味あります?，バイク。	話題展開の質問
37	J002	な，ないです<2人で笑い>。	情報提供
38	J002	ないけど，家族旅行で多分，行く先がそんな，なんかお父さんも，ないから，（へえー）<2人で笑い>思い浮かばないから，とりあえず<バイク>{<},,	情報付加
39	J001	<バイク>{>}。	確認
40	J002	連れて行こうみたいな感じ。	情報付加
41	J001	あはは<笑い>。	あいづち

42	J002	一応そういうやつも，なんか，そのバイクのサーキットとか行っても，こう，何かちっちゃい，バイクの，乗れるとか，車，何ていうんだろう《沈黙　2秒》レースカーのちっちゃい版みたいな <笑い>,,	情報付加
43	J001	ど，どう <笑い>。	あいづち
44	J002	子どもも乗れる，なんか，安全な（あ），こう，ちっちゃい車みたいな ,,	情報付加
45	J001	<ありますね>{<}。	応答
46	J002	<のに乗せて>{>} もらえたりする，（へえ）<笑いながら> 結構楽しい，（<笑い>）アトラクション性のある ,,	情報付加
47	J001	あるんですね <笑い>。	確認
48	J002	そういう，とこに連れて行ってもらってて，いつも。	情報付加
49	J001	<へえ>{<}。	あいづち
50	J002	<そう>{>}，北海道だけ，すごい（<笑い>）楽しい思い出が，いや，バイクも楽しかったけど <笑い>。	情報付加
51	J001	特に ?。	確認
52	J002	そう。	応答
53	J001	へえー。	あいづち
54	J002	そうそう，北海道良かったー。	情報付加
55	J001	そうなんですね。	あいづち
56	J002	「J001 姓」さんは最近，最近じゃなくてもいいですけど，<なんか>{<}【【。	質問
57	J001	】】<うーんと>{>}，一番最近に行ったのは箱根ですね。	情報提供
58	J002	お。	あいづち

4. 「説明をする」役割の分析

この章では日本語母語場面 5、接触場面 20（日中 10、日韓 4、日越 3、日英 3）の説明談話を主な分析対象とする。データ番号は日本語母語場面が EXP-JJ001 から EXP-JJ005、日中接触場面が EXP-CJ001 から EXP-CJ010、日韓接触場面が EXP-KJ001 から EXP-KJ004、日越接触場面が EXP-VJ001 から EXP-VJ003、日英接触場面が EXP-EJ001 から EXP-EJ003 である。接触場面において母語話者は母語場面とは異なるふるまいをすることが予想されるため、母語話者の分析データは母語場面の 10 名とする。

分析の観点は説明談話全体の構成、およびその構成要素に母語話者と学習者の違いがあるか、違いがある場合、その違いに学習者の日本語レベルが影響するか否かである。

4.1 「説明」談話の構成

日本語母語場面５会話、接触場面20会話を分析した結果、「説明」談話全体の構成は大きく分けて以下の２つに分類された。以下にそれぞれの例を示す。談話例（１）と同様に、冒頭の質問に対する情報提供が終わり、話題展開の質問が行われる箇所を二重線で示す。

A. 質問→情報提供【返答】→話題展開の質問→情報提供（＋情報付加）
B. 質問→情報提供【概要】→話題展開の質問→情報提供＋情報付加

A. 質問→情報提供【返答】→話題展開の質問→情報提供（＋情報付加）

（２）【EXP-CJ010】C010：説明する側、J010：説明を聞く側

ライン番号	話者	発話内容
65	J010	やあー，あ，なんか，あ，さっきそっちのほうで，（うん）あの，あちらでほかの人が，（うん）えーと，この前の休みに旅行に行った話，（うん）をしてたんですけど（うんうん），「C010姓」さんは最近，例えば日本（はい）でどこか行ったところありますか？。〈質問〉
66	C010	ああ，最近，北海道に（ああ）来たことがあります。〈情報提供〉
67	J010	はい，はい。
68	C010	きれいです。〈情報提供〉
69	J010	え？。
70	C010	きれい。
71	J010	きれい，<きれいだ，ああ>{<}。
72	C010	<きれい，きれいです>{>}。
73	C010	雪，雪が（ああ，はいはい）いっぱいあるんです。〈情報提供〉
74	J010	でも寒くなかったですか？。〈話題展開の質問〉
75	C010	あ，寒く，でも，あー，寒い，でも，寒くでも，（はい）寒くても，〈情報提供〉 えー，あー，嬉しかた。〈情報付加〉
76	J010	ああー。

77	C010	はい。
78	J010	えーと，西安‘しーあん’は雪が降らないん，<ですか>{<}?。〈話題展開の質問〉
79	C010	<あ，あります>{>}。〈情報提供〉
80	C010	えー，ありますけど，〈情報提供〉 (はい)うーん，そんな，えー，大変‘てえへん’な【【。〈情報付加〉
81	J010	】】<笑い>量ではない，多くない。〈確認〉
82	C010	ああ，ああ，ああ，ないです。〈応答〉
83	J010	少しってことですね。〈確認〉
84	C010	はい，そうです。〈応答〉
85	J010	ああー，(うーん)ていうと，(うん)やっぱり北海道だとスキーですか?，スキー，スノーボード?。〈話題展開の質問〉
86	C010	スノー?，<スノー>{<}?。
87	J010	<えーと>{>}。
88	C010	あ，ああ，えー…。
89	J010	ですか?。
90	C010	行きます，あ，行き，行きました。〈情報提供〉
91	J010	はい，(はい)す，できましたか?。〈話題展開の質問〉
92	C010	あ，ちょっと。〈情報提供〉

C010はJ010の質問(ライン番号65)に対して、まず、「ああ，最近，北海道に来たことがあります。(ライン番号66)」「きれいです。(ライン番号68)」「雪，雪がいっぱいあるんです。(ライン番号73)」と情報提供を行うが、C010にとってなぜ北海道への旅行が印象に残ったものになったのかについては十分に語られない。それに対してJ010が「でも寒くなかったですか?(ライン番号74)」「えーと，西安‘しーあん’は雪が降らないん，ですか?(ライン番号78)」「やっぱり北海道だとスキーですか?，スキー，スノーボード?(ライン番号85)」「できましたか?(ライン番号91)」と話題を展開するための質問を次々とし、C010から情報を引き出している。語り手は聞き手の質問に対して情報提供を行い、多少の情報を付加してはいるものの、一つずつの発話は十分な情報量ではなく、一問一答に近い形で構成されているのがこのタイプの特徴である。

また、このタイプには、「情報提供（＋情報付加）」の「（＋情報付加）」の部分により多くの情報が付加されるタイプ（A+）も観察された。

A+. 質問→情報提供【返答】→話題展開の質問→情報提供（＋情報付加）

（３）【EXP-KJ001】K001：説明する側、J001：説明を聞く側

ライン番号	話者	発話内容
30	J001	じゃあ，今まで印象に残っている旅行とかっていうと。〈質問〉
31	K001	そうですね，国内，日本でって言うと，何か，富士山。〈情報提供〉
32	J001	富士山？。
33	K001	登ったこと，あります<笑い>（へー），<頂上まで>{<}。〈情報提供〉
34	J001	<富士>{>} 山は，えーと，もう，途中まで，あの，車<とかで登って>{<}。〈話題展開の質問〉
35	K001	<そうですね，はいはい>{>}。〈情報提供〉
36	J001	あー。
37	K001	で何か，あの，夜，っていうか，昼ぐらいか登りはじめて，夜，2，3時間ぐらい寝て，で，頂上の近くで，で，頂上で，何か，その，あと，何か，日の出を待つとかって感じので，（ああ，もう）結構…【【。〈情報付加〉
38	J001	】】あー，登っている途中で<笑い><仮眠を…>{<},,〈話題展開の質問〉
39	K001	<や，や>{>}，山で，ちょっと。
40	J001	仮眠をとって（ふんふん），そのあと，日の出を見に行ったっていう<感じですか？>{<}。〈話題展開の質問〉
41	K001	<うん，〈情報提供〉 結構>{>}，何だろう，もう，その，山の上で見る景色がすごいきれいで（へー），何か，普段，雲の上で見る感覚とか，あんまり（あー）なかったですけど，その，結構，富士山の上だと結構高くて（ふーん），そこで，何だろう，いろいろ景色がすごい，もう，雲が海みたいに見えるほどすごい，もう，美し，美しくて，すごい面白かったです。〈情報付加〉
42	J001	<ふーん>{<}。
43	K001	<印象に残って>{>} います。〈情報付加〉
44	J001	なるほど。

K001はJ001からの質問（ライン番号30）に対して、「そうですね，国内，日本でって言うと，何か，富士山。（ライン番号31）」「登ったこと，あります，頂上まで。（ライン番号33）」と簡潔に情報提供している。しかしその後、K001は自ら富士山のストーリーを続けることはなく、J001が「富士山は，えーと，もう，途中まで，あの，車とかで登って。（ライン番号34）」と話題展開の質問を行う。それに対してK001は単純な返答（ライン番号35）では終わらず、「で何か，あの，夜，っていうか，昼ぐらいか登りはじめて，夜，2，3時間ぐらい寝て，で，頂上の近くで，で，頂上で，何か，その，あと，何か，日の出を待つとかって感じので，結構…。（ライン番号37）」と、具体的な経験が詳細に語られている。

質問に対する情報提供は談話例（2）のように簡潔に終了するが、話題展開の質問に対しては談話例（2）と異なり、自身の経験や感想が詳細に語られているのが特徴的であるが、談話例（2）と談話例（3）はどちらも、冒頭の質問に対する情報提供が簡潔な返答であるという共通点がある。その後の談話展開を見ると、談話例（2）も談話例（3）も、聞き手が話題展開の質問を行うことで初めて、話し手の持っている情報が引き出されている。タイプA（A+）は、聞き手が主導する説明談話であると言える。

B. 質問→情報提供【概要】→話題展開の質問→情報提供＋情報付加

このタイプは、先述の談話例（1）【EXP-JJ001】のようなタイプである。J001による質問から始まり（ライン番号1）、J002が自身の印象に残った旅行についておおまかな情報提供を行う（ライン番号4～33）。このおおまかな情報提供は談話例（2）のように「○○へ行きました。きれいでした。」など、旅行の場所と感想では終わらず、誰と、いつ、どこへ行ったか、どんなことが起こったか、なぜそれが印象に残っているのかが具体的に語られていく。その後、J001が話題を展開する質問を投げかけ（ライン番号34, 36）、J002はそれに応答したり、さらに情報を付け加えるなどして会話を展開する（ライン番号38, 40, 42, 44）。おおまかな情報提供部分（ライン番号4～33）の途中に聞き手からの確認やコメント等は入るものの、語り手がストーリーを話し終えてから聞き手の質問によって話題がさらに展開するのがこのタイプの特徴である。

タイプBは、説明談話冒頭部分において、まず話し手が一通りのストーリーを語り、聞き手はそのストーリーを補う形で話題展開の質問を行っており、話し手が主導する説明談話であると言える。

以上のタイプA（A+）とタイプBが日本語母語場面の母語話者10名（J001～J010）、接触場面の学習者20名の発話にどのように現れるかを示したものが表1である。学習者はJ-CATの得点の高い方から低い方に順に示す。

表１ 「説明」談話構成のタイプと学習者レベル

接触場面学習者			母語場面母語話者	
J-CAT 順位（得点）	話者	タイプ	話者	タイプ
1（323点）	C001	B	J001	B
2（318点）	C002	B	J002	B
3（301点）	K001	A+	J003	B
4（296点）	K002	A+	J004	B
5（284点）	C003	B	J005	B
6（261点）	C004	B	J006	B
7（259点）	C005	A+	J007	B
8（252点）	K003	A+	J008	B
9（249点）	E001	B	J009	B
10（247点）	K004	B	J010	B
11（247点）	C006	A+		
12（229点）	V001	B		
13（211点）	V002	A+		
14（203点）	C007	A		
15（187点）	C008	A		
16（165点）	C009	B		
17（162点）	E002	A		
18（156点）	C010	A		
19（149点）	E003	A		
20（135点）	V003	A		

表1を見ると、日本語母語話者は「印象に残った旅行の話」をする際、まず大まかな内容を相手に伝え、その後に聞き手の質問から談話を展開させるタイプB（質問→情報提供【概要】→話題展開の質問→情報提供＋情報付加）の談話構成で課題を遂行していることがわかる。一方、日本語レベル下位群の談話はタイプA（質問→情報提供【返答】→話題展開の質問→情報提供（＋情報付加））が多いことがわかる。また、学習者の日本語レベルが上がるにつれ、タイプA+（質問→情報提供【返答】→話題展開の質問→情報提供（＋情報付加））、タイプB（質問→情報提供【概要】→話題展開の質問→情報提供＋情報付加）に移っていくことがうかがえる。

このことから、雑談において自らの経験を説明する場合、日本語レベルに応じて2つの変化が見られるようになると考えられる。一つは、談話タイプAのような一問一答の形から、タイプA+のように返答部分の発話量が増えていくという、返答部分の発話量の増加である。もう一つは、タイプAやタイプA+のように相手の質問に応じて展開させる聞き手主導の談話構成から、タイプBのように、始めにある程度内容を組み立てて情報提供をした後、相手の話題展開の質問に応えて会話を展開する話し手主導の談話構成へのダイナミックな変化である。

まず、タイプAからタイプA+への移行について、筒井（2012）は、日本人同士の【経験】の話題を扱う雑談においても質問から始まる連鎖組織と報告から始まる連鎖組織があるとしており、質問-返答で進行する会話は必ずしも学習者特有のものとはいえない。ただし、筒井（2012）は、質問から始まる連鎖組織においても「報告者がもっとも語りたい部分は自発的にしか語られない可能性」があるとしている。聞き手主導型の談話展開であっても、J-CAT順位上位に見られるタイプA+のように、「情報提供【返答】」部分に自発的に情報を付加して会話を進行している学習者が一定の数見られる。よって、タイプAのような一問一答形式から質問への返答に自発的に情報を付加するタイプA+への移行が中級以上レベルとしては必要な条件であると考えられる。

次に、タイプAからタイプBへの移行について、OPIでは、中級は文レベルで発話のコントロールができる段階、上級レベルは段落レベルで発話のコントロールができる段階であるとしているが（牧野他 2001）、表1の分析結果からも同様の傾向が指摘できる。筒井（2012）も会話教育においては連鎖組織と言語形式の複雑さから、初級で「質問から始まる連鎖組織」を、中級で「報告から始まる連鎖組織」を扱うことを提案している。では、自らの経験を説明する談話においてタイプBのような話し手主導型の談話展開ができるようになるためには、冒頭の「情報提供【概要】」部分にどのような構成要素を配置し、どのようなストラテジーを用いればよいのだろうか。**4.2** では情報提供【概要】部分を構成する各要素について、**4.3** では構成要素に用いられるストラテジーを分析する。

4.2 「情報提供【概要】」部分の構成要素

表1の結果から、タイプBの談話展開を行っていた学習者8名、母語話者10名について、分析を行った。その結果、「情報提供【概要】」部分には10の構成要素が確認された。以下に構成要素（表2）と談話例（表3）を示す。表3中の「EXP-JJ001：J002」は日本語母語話者同士の説明談話001（EXP-JJ001）のJ002の発話であることを示す。

表2 「情報提供【概要】」の構成要素

①前置き　②いつ　③どこへ　④誰と　⑤旅行のきっかけ・経緯・理由 ⑥旅行先にあるもの・有名なもの　⑦旅行先の印象 ⑧旅行先での行動　⑨行動の感想　⑩その旅行が思い出に残っている理由

表4は、各発話者の「情報提供【概要】」にどのような構成要素が現れたかをまとめたものである。「①前置き」以外は出現順が前後している場合もある。表4を見ると、母語話者の「情報提供【概要】」部分にはある一定の型があることがわかる。母語話者はまず、旅行の経験に関する①前置きを述べ、②いつ、③どこへ、④誰と行ったのか、なぜその旅行をすることになったのかという⑤旅行のきっかけ・経緯・理由を述べ、⑩その旅行が印象に残っている理由で締めくくるのである。さらに、それらに加えて旅行先で食べたもの、見たもの、話したことなどの⑧旅行先での行動とその⑨行動の感

想（おいしかった、きれいだった、楽しかったなど）を述べる者もいる。母語話者の「情報提供【概要】」では⑧旅行先での行動、⑨行動の感想の方が、⑥旅行先にあるもの・有名なもの、⑦旅行先の印象よりも多く選択される傾向があった。

表3 「情報提供【概要】」の構成要素の発話例

構成要素	発話例
①前置き	最近，一番さい，さい，一番最近だと，私そんな遠くに行かないから,, そんなに遠くに遊びに行かないんで。(EXP-JJ001：J002)
②いつ	家族旅行とか，個人で行ったか，行ったやつだと【④】，中2ぐらいのときに【②】，北海道に，連れてってもらって【③】。(EXP-JJ001：J002)
③どこへ	
④誰と	
⑤旅行のきっかけ・経緯・理由	なんか，こう毎年，なんかおと，お父さんが，こうバイク好きだから，こうバイクの，なんか，サーキットがあるとこに，いつも旅行行くみたいな，毎年の恒例だったんですけど，なんか，その年，私が，飛行機に乗りたいって言ったら，北海道に連れてってくれて。(EXP-JJ001：J002)
⑥旅行先にあるもの・有名なもの	もう海も美しいし，まあ，えーと，ま，白い，えーと，ビーチとか，はい，ほんとに，美しかったんですね。【⑥・⑦】(EXP-CJ001：C001)
⑦旅行先の印象	
⑧旅行先での行動	なんか，飛行機乗るの初めてだったから，【⑧】すごいドキドキしたし。【⑨】(EXP-JJ001：J002)
⑨行動の感想	
⑩その旅行が印象に残っている理由	なんかいつもとち，いつもね，バイクの，バイクを見に行く旅行だったから，こう，いつもと違う新鮮な感じがあって，ま，修学旅行よりも先に思い出す旅行は，その北海道旅行かなっていう感じです。(EXP-JJ001：J002)

表４　各発話者の「情報提供【概要】」に含まれる構成要素

日本語学習者		日本語母語話者	
C001	①②③④⑤⑥⑦⑩	J001	①②③④⑤⑥⑦⑧⑨⑩
C002	②③⑥⑧⑨	J002	①②③④⑤⑧
C003	①③⑥⑦⑧⑨⑩	J003	①③④⑤⑩
C004	②③⑥⑦⑧⑩	J004	①③④⑤⑩
E001	②⑤	J005	①②③⑤⑥⑧⑨⑩
K004	③⑧⑨⑩	J006	①②③④⑤⑥⑧⑨⑩
V001	①③⑨⑩	J007	①②③④⑤
C009	③⑤⑦⑩	J008	①②③④⑤
		J009	①②③⑨⑩
		J010	②③④⑤⑧⑨⑩

一方、学習者の「情報提供【概要】」部分には母語話者ほどの強い型は見られない。特に母語話者の「情報提供【概要】」部分と大きく異なるのは④誰と行ったのか、なぜその旅行をすることになったのかという⑤旅行のきっかけ・経緯・理由がほとんど語られていないという点である。学習者の「情報提供【概要】」部分では③どこへ行ったのか、⑥旅行先にあるもの・有名なもの、⑦旅行先の印象など、「旅行先の様子」が中心に語られ、母語話者が同行者との関係性（④誰と）と、なぜその旅行に行くことになったのか（⑤旅行のきっかけ・経緯・理由）を必ずと言っていいほど述べたあと、⑩その旅行が印象に残っている理由につなげているのとは対照的である。

ただし、これは、どちらが良い悪いというものではない。実際に、C001の「情報提供【概要】」部分は①前置き、②いつ、③どこへ、④誰と、⑤旅行のきっかけ・経緯・理由、⑩その旅行が印象に残っている理由という母語話者とほぼ同じ構成要素に加えて、母語話者はあまり選択しなかった、⑥旅行先にあるもの・有名なもの、⑦旅行先の印象で構成され、非常に自然な印象を受ける（談話例（４））。

（４）　C001　】】あ，僕はですね，あの，まあ，ま，今までいろんな，（はい）ところに行って，ま，いろんなところに行ったんです，ま，旅行とか。行ってみたんですけど【①】，ま，やっぱり一番印象に残ったのは，えーと，しん，ま，新婚旅行【⑤】，（はい）ていうか，ま，ま，妻と【④】結婚して，（ああ）まあ，新婚旅行のときに【②】，サイパンという，あのー，サイパン島という（はい）あの南の島に行ってみたんですね。あのー，まあ，アメリカの，（はい）しゅ，領土なんですけど【③】。もう，そ，そこに行ってみて，もうほんとに美しい風景【⑥】に魅了されて【⑦】，ま，4泊，えーと，5日な，だったんです。もうほんとに，帰りたくないという，（ああ，ですよね）最後，はい【⑨】。もう海も美しいし，（はい）まあ，えーと，ま，白い，えーと，ビーチとか，はい，ほんとに，美しかったんですね【⑥・⑦】。 (EXP-CJ001)

しかし、学習者の「情報提供【概要】」部分は⑥旅行先にあるもの・有名なもの、⑦旅行先の印象という一般的な事柄について述べられ、個別具体的な経験（④誰と行ったのか、⑤旅行のきっかけ・経緯・理由など）が十分に語られていない印象を与えるものもあり（談話例（6））、接触場面においては聞き手の期待する情報が情報提供【概要】部分で十分に提供されていないという印象を与える可能性もある。

（5） C004 あ，そうだ，前私は，長野県に行きました【②③】。あそこも，なんかいい町です，と思いますよね。山もいっぱいし，バクジョウ（“牧場”）もいっぱいし【⑦⑥】。あの，望遠鏡 ??《沈黙 2秒》あのー，電子望遠鏡もあそこにありますよね。日本最大の，日本より，世界最大の電子【⑥】。“すごいなあ”と思った【⑦】。えーと，あのー，半径は25メートルの巨大な電子望遠鏡が【⑥】。三菱重工 #### 使われます。すごいなあって，はい【⑦】。

(EXP-CJ004)

先述したように、「情報提供【概要】」部分で語られるトピック選択は何が良い悪いというものではない。しかし、少なくとも接触場面において母語話者に「印象に残っている旅行」というテーマで自らの経験について説明する場合、聞き手主導の一問一答形式のタイプAから話し手主導のタイプBへと談話構成をダイナミックに変化させるためには、①前置き、②いつ、③どこへ、④誰と、⑤旅行のきっかけ・経緯・理由、⑩その旅行が印象に残っている理由が「情報提供【概要】」部分の基本の型であることを認識しておくことが重要である。

4.3 では、母語話者の談話構成要素には多く見られたものの、学習者にはあまり出現しなかった①前置き、④誰と、⑤旅行のきっかけ・経緯・理由を述べる際のストラテジーについて分析する。

4.3 「情報提供【概要】」部分の構成要素に出現するストラテジー

この節では、母語話者が①前置き、④誰と、⑤旅行のきっかけ・経緯・理由を述べる際のストラテジーについて分析する。

(1) 否定的な「前置き」

前置きとは、「本題に入る前に現れ、コミュニケーションを円滑に進めるためのストラテジー」(大塚 1999: 119) である。母語話者の「①前置き」で特徴的だったのは、使用される前置きが自身の旅行経験の少なさなどに触れる形式が多かったことである。

(6) J002 一番最近だと，私そんな遠くに行かないから ,,
(EXP-JJ001)

(7) J004 あー一番…良かった旅行ーかどうか分からんけど，なんか，
(EXP-JJ002)

(8) J005 私，あんまり行ったことがなくて。 (EXP-JJ003)

(9) J009 旅行ね，国内はあんまり行ったことがなくて。(EXP-JJ005)

それぞれの発話に続くのは、総じて「よい思い出としての旅行」であった。日本語母語話者の議論を分析した Watanabe (2004) によると、母語話者は反論による否定的印象を緩和するために、一つのターン内に否定的ポイントと肯定的ポイントを両方含めて発言する傾向があるという。一般的にこのようなストラテジーは相手の意見に対立する発言をする際に用いられるが、自身の経験を説明する場においても使われていることは興味深い。この

ことは、初対面場面において「よい思い出」として印象に残った旅行を語る場合、話し手は自身の物語が自慢と受け取られないように配慮していると考えられる。

（2）必須情報としての「誰と」「旅行のきっかけ・経緯・理由」

まず、「誰と」という情報は、母語話者の発話ではいずれの発話においても特段取り立てられた形ではなく、「情報提供【概要】」部分に埋め込まれる形で出現していた。

（10） J006 私，あんまり行ったことがなくて，で，しょう《沈黙 2秒》一番覚えてるのは，小学生のときに，あの，おばあちゃん，たちと，親戚とかと一緒に北海道に行ったことがあって ,, （EXP-JJ003）

（11） J010 わりとさい，あ，高校卒業するときなん，だけど，高校の卒業，卒業旅行，クラスのみんなで行って，それが結構。 （EXP-JJ005）

このことから、日本語母語場面において印象に残った旅行を説明する場合、どこへ行ったのか、いつ行ったのかと並んで、誰と行ったのかが必須の基本情報であり、聞き手に語る内容の「前触れ型総括」（西條 1999）として「情報提供【概要】」部分冒頭にまとめて提示されていると考えられる。

次に、「旅行のきっかけ・経緯・理由」については、「誰と」と同様に簡潔に言及され、「情報提供【概要】」部分冒頭に出現する場合（例：「卒業旅行」「教育実習」「家族の行事」等）もあれば、基本情報の提供後、改めて詳細に語られる場合もあった。

（12） J002 家族旅行とか，（うん）個人で行ったか，行ったやつだと，中 2 ぐらいのときに，北海道に，（おっ）連れてってもらって。

J001 北海道。

J002 北海道です。

J002 なんか，こう毎年，なんかおと，お父さんが，こうバイク好きだから，こうバイクの，なんか，サーキットがあるとこに、いつも旅行行くみたいな、毎年の（へえー）恒例だったんですけど，なんか，その年、私が，飛行機に乗りたいって言ったら，<（笑い）><笑いながら>北海道に連れてってくれて,,

J001　え、すごいですねえ<笑い>。　（EXP-JJ001）

このように詳細に語られる場合は、「なんか」「まあ」などのフィラーが「旅行のきっかけ・経緯・理由」の発話の冒頭に用いられ、ターン維持の意思が表明されていたことが特徴として挙げられる。

5. 「説明」課題についてのシラバス

この節では **4.** の分析を通して得られた結果をまとめ、課題「説明」についての初級から上級までのシラバスについて提案する。

まず、課題「説明」の談話構成について分析した結果、日本語レベル下位群の談話構成は「質問→情報提供【返答】→話題展開の質問→情報提供」というタイプＡが多いことがわかった。しかし、学習者の日本語レベルが上がるにつれ、質問→応答だけのやりとりではなく、応答に詳細な情報を付加した形で談話を進めるタイプＡ+と、母語話者の談話構成に近い「質問→情報提供【概要】→話題展開の質問→情報提供＋情報付加」というタイプＢに変化することがわかった。

次に、「質問→情報提供【概要】→話題展開の質問→情報提供＋情報付加」というタイプＢの「情報提供【概要】」の構成要素と用いられるストラテジーについて分析したところ、母語話者の「情報提供【概要】」部分にはある一定の型があることがわかった。母語話者はまず、旅行の経験に関する①前置きを述べ、②いつ、③どこへ、④誰と行ったのか、なぜその旅行をすることになったのかという⑤旅行のきっかけ・経緯・理由、⑩その旅行が印象に残っている理由を述べる。一方、学習者の「情報提供【概要】」部分には母語話者ほどの強い型は見られなかった。特に母語話者の「情報提供【概要】」部分と大きく異なるのは④誰と行ったのか、なぜその旅行をすることになったのかという⑤旅行のきっかけ・経緯・理由は学習者の談話ではほとんど語られていなかったことである。また、母語話者は、タイプＢの「情報提供【概要】」で談話を構成していたが、その談話は、否定的な前置きで開始され、冒頭部分で必須基本情報（②いつ、③どこへ、④誰と）を述べ、⑤旅行のきっかけ・経緯・理由については簡潔に言及する場合と詳細に語られる場合の二種類があることがわかった。

分析結果からこの章が提案する課題「説明」についての初級から上級までの会話シラバスは以下のようなものである。

表5 「説明」課題についてのシラバス

中級レベルを目指す話者へのシラバス
・「質問→応答」がスムーズにできる。 ・「質問→応答」の「応答」部分に関連する情報を付加することができる。（第二部で詳述）
上級レベルを目指す話者へのシラバス
・概要説明→話題展開の談話構成でやりとりができる。 ・「情報提供【概要】」部分で、①前置き、②いつ、③どこへ、④誰と、⑤旅行のきっかけ・経緯・理由、⑩その旅行が印象に残っている理由を述べることができる。 ・「情報提供【概要】」部分冒頭に必須基本情報である②いつ、③どこへ、④誰と、（⑤旅行のきっかけ・経緯・理由）をまとめて述べることができる。

6. おわりに

以上、この章では、雑談に近いやりとりにおいて「自身の経験の説明」の自然さを印象付ける要因を明らかにするために、談話構造に着目して、日本語母語話者・上級日本語学習者・中級日本語学習者の発話を比較・分析し、初級から中級へ、中級から上級への移行に必要な「説明」課題のシラバスを提案した。

この章で扱った「印象に残った旅行についての説明」がすべての「説明」に当てはまるわけではないが、「概要→話題展開」という談話構造の型と「概要」部分の一定の型があることが指摘できた。短文から複文、複文から複段落へ、という語学レベルの段階性を考慮した会話シラバスを構築するために、今後はこの章の「説明」課題と他の場面における「説明」の共通性、相違点を探ることが必要である。

引用文献

大塚容子（1999）「テレビ討論における前置き表現──「ポライトネス」の観点から──」『岐阜聖徳学園大学紀要』37, pp. 117–131, 岐阜聖徳学園大学.

西條美紀（1999）『談話におけるメタ言語の役割』風間書院.

筒井佐代（2012）『雑談の構造分析』くろしお出版.

牧野成一・鎌田修・山内博之・齊藤真理子・荻原稚佳子・伊藤とく美・池崎美代子・中島和子（2001）『ACTFL - OPI 入門』アルク.

Watanabe, Suwako（2004）Conflict management strategies in Japanese group discussions In Polly Szatrowski（ed.）, *Hidden and open conflict in Japanese conversational interaction*, pp. 65–92. Kurosio.

第2章

「アドバイス」課題のポイント

澤田浩子・俵山雄司

1. はじめに

「アドバイス（助言）」の文型には、「〜たらいい（です）」「〜ばいい（です）」「〜といい（です）」「〜ほうがいい（です）」など複数の形式がある（市川 2018）。会話教科書でも、大学進学・健康などについてのアドバイスを行う場面で、「受験の計画を立てたほうがいいよ」（中居他 2005）のように、これらの文型が用いられている。

しかし、日常場面では、アドバイスの文型が単独で生じることはなく、それに付随した情報を提供したり、さまざまな事柄を列挙したりして、アドバイスが達成される。本章で扱う「アドバイス」は、旅行に際して複数の注意を与えたり、複数の観光地や食べ物・土産物を提示したりしていく、一定の長さを持つ談話によって実現されるものである。本章では、このような状況でのアドバイスが、どのような言語形式を用いて、どのように進行されるのかを、日本語母語話者同士が話す日本語母語場面、そして、日本語母語話者と日本語学習者が話す接触場面のロールプレイデータを用いて分析する。

2. 「アドバイス」課題のロールカード

本章のデータ収集に用いたロールカードを以下に示す。日本語母語話者と日本語学習者の接触場面では、前者にアドバイスを求める側（ロールカードA）、後者にアドバイスを与える側（ロールカードB）を割り当てた。

ロールカードA（日本語母語話者）

あなたは大学生です。今度の春休み(3月)に、海外旅行に行く予定です。留学生の友人Bさんがいるので、その出身国に行ってみたいと思っています。どのくらいの期間旅行するかは、まだ決めていません。 ちょうど今日はこれからBさんと会います。歴史的建造物を見たい、有名な料理を食べたいなど、自分の希望も伝えながら、観光・食事・お土産・持って行ったほうが良いもの・気を付けることなどについて相談して、アドバイスをもらってください。

ロールカードB（日本語学習者）

あなたは大学生です。日本の大学に留学しています。今日はこれから日本人の友人Aさんに会います。Aさんは、あなたの国に旅行に行く予定があると言います。 相手の希望を聞きながら、観光・食事・お土産・持って行ったほうが良いもの・気を付けることなどについて相談を受け、アドバイスをしてください。

日本語母語話者同士の母語場面では、下線部「海外旅行に行く予定」を「国内旅行をする予定」に変更し、「出身国」「あなたの国」を「出身地」「あなたの出身地」に変更した。また、収録時期によっては、「今度の春休み（3月）」を「今度の夏休み（8月）」などに適宜変えて実施した。

3. 日本語母語話者の談話例

まず、母語場面の談話から1例を挙げ、本章で取り上げる「アドバイスをする」役割の分析の観点として、3つのポイントを提示する。

（１）【ADV-JJ001】J001：アドバイス受け手、J002：アドバイス与え手

ライン番号	話者	発話内容
1	J001	「J002 姓」さんって北海道の出身，<だっけ>{<}?。
2	J002	<あ>{>}，はい，そうです。
3	J001	あ，今度，あ，春休みの，春休みに，ちょっと北海道行きたいなあって思ってて。
4	J002	うお。
5	J001	その，なんかまださ，まだちょっと，どれくらい行くかは決めてないんだけど，ちょっとおすすめのとことか,,
6	J002	おすすめ<ですか>{<}?。
7	J001	<なんか>{>}，どこを見れ，見ればいいのかなって。
8	J001	なんか観光地いっぱいあるから，どこを見ればいいのか教えてほしいんだけどさ。
9	J002	そうですね，前行ったことあるのは，えっと，札幌と小樽,,
10	J001	うんうんうん。
11	J002	ですね。
12	J002	えっと，私が好きなの，富良野って行ったことありますかね?。
13	J001	ない。
		（中略）
45	J001	え，札幌だったら，何かおいしいもの食べたいんだけど，（うーん）こう，北海道っぽいものをね，<2 人で笑い>食べたいんだけど，北海，え，札幌だったら，（はい）何を食べればいいかな?。
46	J002	そうですね，やっぱり周りが海なんで，その，海鮮系とか，あと，ジンギスカンとか，<有名な>{<},,
47	J001	<あ，ジンギスカンね>{>}。
48	J002	ものが来ますよね<笑い>。
		（中略）
85	J001	うち，何だっけ，あの，3 月に行くんだけど，（うんうんうん）<笑い>寒いかな?。
86	J002	寒い ##。
87	J001	何持って行けばいい?。
88	J002	やっぱり，あのー，4 月とかでも雪ぜん，すごい残って<るんですよ>{<}。
89	J001	<雪ある>{>}?。
90	J002	ありますよ<笑い>。

91	J001	<笑いながら>うそ，雪あるんだ。
92	J002	だから，その寒さ対策とかはしっかりしたほうがいいと思います。
93	J001	へえー，(<笑い>) え，マフラーとか，何，普通の (いや) 冬の格好をして行けばいいの。
94	J002	そうですね，冬の格好をしたほうがいいと思います。
		(中略)
145	J002	うーんと，あの，いろいろ回るってなったら，(うん) まあ，ずっとこう，大きな荷物持つのも大変だと思うんで，それは，《沈黙2秒》ま，旅館行くんだったら，そっちにもう送っちゃうっていうのも手だと思うんですけど，(うんうん) 何か持ち歩き用のちっちゃいバッグみたいのは持っといて，あと，おみやげ買う用のバッグとか，(あーあーあーあー) そういうのはあってもいいかなとは思いますね。
146	J001	確かに。
147	J002	ふふふ<笑い>。
148	J001	わあ，ちょっと北海道楽しみになって来たー。
149	J002	<笑いながら>ほんとですか?。
150	J001	<笑い>うん。
151	J002	<笑いながら>ぜひ楽しんで。
152	J001	<笑い>ありがとう。

まず、アドバイス談話の中心部分である「アドバイス発話」から見てみよう。今回のタスクで見られたアドバイスの行為は、大きく＜注意喚起＞と＜勧め＞の2種類に分けられる。＜注意喚起＞はライン番号87のJ001「何持って行けばいい?。」に対して、ライン番号92のJ002「寒さ対策とかはしっかりしたほうがいいと思います。」のように、相手が不利益を被ったり、自らの行動を後悔したりしないように、話し手から聞き手に行動を促す発話である。＜勧め＞は、ライン番号45のJ001「札幌だったら，何を食べればいいかな?。」に対しての、ライン番号46のJ002「海鮮系とか，あと，ジンギスカンとか」のように、話し手が考える、聞き手にとって望ましいと思う事物や事柄を聞き手に提示する発話である。**4.1**では、＜注意喚起＞と＜勧め＞のそれぞれについて、そこで用いられる言語形式について分析する。

次に、「アドバイスの与え手からの質問」に注目して見てみる。例(1)では、ライン番号1から8にかけてJ001からアドバイスの依頼が行われる。

その後、ライン番号9においてJ002「そうですね」で依頼の受諾が行われた後、J002から「えっと，私が好きなの，富良野って行ったことありますかね？。」（ライン番号12）のように、相手に質問をすることで、相手のこれまでの経験を聞きだすことが行われている。**4.2**では、このようなアドバイスの与え手からの質問について分析する。

最後に、アドバイスが終わり談話全体を締めくくる「談話終結の局面」に注目する。アドバイスを受ける側が、十分なアドバイスが得られたと認識すると、多くの場合、旅行に対する期待やアドバイスへの感謝を述べることで、談話終結の局面へと移行する。例（１）でも、J001「わあ，ちょっと北海道楽しみになって来たー。」（ライン番号148）によって談話終結の局面に移行する。この後、J002「ぜひ楽しんで。」（ライン番号151）のように、アドバイスをする側から相手への励ましや今後への言及などを行う発話が見られる。これらの談話終結の局面について、**4.3**で分析する。

4. 「アドバイスをする」役割の分析

ここでは、前述の３つのポイントを順に見ていく。データは、アドバイス談話データを用いる。

このデータは、日本語母語話者同士による日本語母語場面5組（ADV-JJ001からJJ005）、日本語母語話者（以下、JNS）と日本語学習者（以下、JL）による接触場面20組の計25談話から構成されている。接触場面のデータをJLの母語別に見ると、中国語母語話者10（ADV-CJ001からCJ010）、韓国語母語話者4（ADV-KJ001からKJ004）、英語を含むゲルマン諸語話者3（ADV-EJ001からEJ003）、ベトナム語母語話者3（ADV-VJ001からVJ003）となっている。各JLには、会話収録後に日本語能力を判定するテストであるJ-CATを受験し、スコアを提出してもらっている。

4.1 アドバイス発話

アドバイスの行為は大きく＜注意喚起＞と＜勧め＞の２つに分けられる。＜注意喚起＞は、相手が不利益を被ったり、自らの行動を後悔したりしないように、話し手から聞き手に行動を促すものである。今回のタスクでは、現地の気候や交通、治安、衛生についての発話が多く見られた。

＜勧め＞は、話し手が考える、聞き手にとって望ましいと思う事物や事柄を聞き手に提示するものである。今回のタスクでは、有名な観光地や人気のある食べ物・土産物などに関する発話が多く見られた。以下、＜注意喚起＞＜勧め＞の順で、それぞれの発話で用いられている表現について見ていく。

まず、＜注意喚起＞の表現を見てみよう。日本語母語場面においてこの用途で用いられていた形式は、以下の表1の通りである。

表1　日本語母語場面で用いられた＜注意喚起＞の形式

データ番号（話者番号）	形式
ADV-JJ001（J002）	～ほうがいい（ですね／のかな／と思う／かもしれない）（4例）、～かなと思う（2例）
ADV-JJ002（J004）	～ほうがいい（1例）、～かな（1例）
ADV-JJ003（J006）	～ほうがいいと思う（1例）、～かなと思う（1例）、～がお勧めだ（1例）
ADV-JJ004（J008）	～ほうがいい（かもしれない／かな）（3例）
ADV-JJ005（J010）	使用されず

最も頻繁に用いられていた形式は「～ほうがいい」であった。5組中4組の談話に見られ、計9回使用されていた。以下に例を示す。

（2）　4…4～5日ぐらいはあったほうがいいのかなとは，思いますので，そこら辺。　(ADV-JJ001)

（3）　はおる物は，たぶん，夏でもあったほうがいいと思います，結構，上がるので。　(ADV-JJ003)

（4）　埼玉，全部暑いから，それはあの，ま，覚悟しておいたほうがいいかもしれない。　(ADV-JJ004)

また、これ以外では「～かな（あ）」「～かなと思う」も5組中4組で、計5回（うち1例は「～たほうがいいのかな」）使用されていた。

（5）　ま，いろんなところへ行きたいってなったら，やっぱり車が必要かなあって思います。　(ADV-JJ001)

（6）　大体，マイ，マイナーなところに行こうと思ったら，車がないと，ちょっと厳しいかなあ。　(ADV-JJ002)

「～ほうがいい」は何らかの行動を相手に促すことによる＜注意喚起＞であるのに対し、「かな」類は（6）のように情報を提供することによる＜注意喚起＞にもなりうる点が異なっている。

次に、接触場面における、JLの「～ほうがいい」の使用を見てみる。JNSと同様に、使用数にはばらつきがあるが、JLも同様に＜注意喚起＞として「～ほうがいい」を使用している。

（7） C001 それは，ま，中国で，あんまり買い物するときに，（うん）ちょっと日本と，ちょっと若干，ま，ルールというか,,
J001 え？。
C001 が違って，（あ）基本的に，あのー，ま，デパートは，ま，日本と大体同じなんだけど,,
J001 うん
C001 普通の，普通のちっちゃいお店だったら,,
J001 うん。
C001 えー，値段こうしゅ‘交渉’とか,,
J001 ああ。
C001 知っといたほうがいいかもしれない。 (ADV-CJ001)

（8） J003 そうですね，あとーベトナム行くのに（うん）ちょっとこれ持ってると便利みたいなものってあるんですか？。
V003 うん，んー，ベトナムね…，あー食事が簡単に食べられるから，まあ，おなかが大丈夫かなあ…わかんないけど，胃腸に，あー（<笑い>），おなか<に，薬とか>{<}。
J003 <あー，そうですね>{>}，食べ物（うん）合わないと（うん）大変かあ。
V003 合わないかも<しれないね>{<}。
J003 <そうですね>{>}［小さな声で］。
V003 うん，だから，一応に，持ってた，持ったほうがいい<笑いながら>と思う。 (ADV-VJ003)

使用状況をJLの母語・J-CAT得点の観点で見てみる。表2に示したように、中国語母語話者（C001–C010）は、得点上位群（C001–C006）で積極的な使用が見られるものの、下位群（C007–C010）では、使用が観察されなかった。一方で、他の母語話者では、それほど明白な傾向は見て取れない。

表2　日本語学習者による<注意喚起>の「〜ほうがいい」

話者	J-CAT	使用数	話者	J-CAT	使用数
C001	323	8	K001	301	2
C002	284	0	K002	296	0
C003	261	0	K003	252	0
C004	260	2	K004	247	2
C005	259	4	E001	249	1
C006	247	3	E002	213	0
C007	242	0	E003	162	0
C008	187	0	V001	229	7
C009	165	0	V002	211	0
C010	156	0	V003	135	1

ただ、J-CATの245点を目安にすると、それ以上の得点の11名のうち7名が同形式を使用していたのに対し、それ以下の得点の9名のうち、半数以下の2名しか同形式を使用していない。ここから得点下位の話者は、全体として積極的な使用をしていないことが推測される。

次に、JNSで2番目に使用が多かった「〜かな（あ）」「〜かなと思う」は、わずかにK001が1例使用していたのみであった。

（9）　あの，何か，荷物を，やっぱり，ちょっと，自分で持っていたら普通に大丈夫だと思うんですけど（うん），どっか置いてきたりとかは，すると，ちょっと，それは危ないかなと思います。

（ADV-KJ001）

この話者（K001）がJ-CAT高得点者であることを考えると、自発的な使用にはかなり高い日本語レベルが要求されることが推測される。

なお、「〜ほうがいい」を使用しなかった話者でも、<注意喚起>は行っていた。その場合、(10) のように指示的な表現（〜てください）を使用していたり、「マスクが必要です」「ほんとに危ない」のような情報提供で終わり，<注意喚起>の発話が特に言語化されないケースが見られた。

(10) C009 そう，そう，大体の場合は，（はい）その，日本より中国は，あのー，多分不便です。
C009 あのー，外で不便です。
C009 あのー，（はい）あ，泥棒が多い，（ああ）日本より <笑い>。
J009 へえ。
C009 気をつけてください。
J009 あ，ほんとですか？。 (ADV-CJ009)

「勧め」（本章のアドバイス発話の分類＜勧め＞とは異なる）の形式を取り上げた齋 (1999) は、「勧め」のはたらきを持つ形式を「助言型勧め」と「申し出型勧め」とに分類している。本章で取り上げた「〜ほうがいい」（当為判断形式の１つ）は前者に、「〜てください」（依頼形式の１つ）は後者に含まれる。蓮沼 (2020) は、これに関して、「申し出型勧め」は「親疎関係が「疎」である場合、基本的に社会的・知的権威の上位者から下位者への使用は可能だが、その逆は成り立たない」と述べ、命令や指示との近似性を指摘している。今回のロールプレイでは友人同士という設定ではあるが、やはり言い方によっては失礼に感じられる可能性もあると言える。

次に＜勧め＞について見てみよう。日本語母語場面のデータでは、観光地や食べ物、土産物などの情報を相手に提示する際、「〜たらいい（です）」「〜ばいい（です）」「〜といい（です）」のような条件形を含んだ表現が用いられているのは５つの談話中で、以下の１例のみであった。

(11) J008 ま，結構，その，温泉とか有名だから，うん，（あ）なんか，あそこは行ってみるといいかもしれないね,,
(ADV-JJ004)

上記のような形式の使用が少ない一方で、以下のような、「おすすめはN（だ）」あるいは「N {が／は} おすすめだ」といった名詞述語文や、「N {が／は} 有名だ」「N {が／は} おいしい」などの形容詞述語文の使用が目を引く。

(12) あ，おすすめは『じゃがぽっくる』っていう。 (ADV-JJ001)

(13) げんこつハンバーグはお勧めです。 (ADV-JJ003)

(14) もうちょっと東側の，えーと，清水港っていうところは，（うん）あの，えーと，清水港，そう，静岡の真ん中ら辺は，あの，駿河湾って，うん，静岡の海があるんですけど（はい），そこで捕れる，その，サクラエビが結構有名（へー）で，好みちょっと分かれるかなと思うんですけど，サクラエビ。　(ADV-JJ003)

(15)　まー，やっぱり食べ物は中華街が一番<笑いながら>おいしいかな。　(ADV-JJ005)

また、例 (16) のように、単に観光地や食べ物・土産物の名称を提示するだけで＜勧め＞を達成している発話も多い。多くの場合、「何を食べればいいかな？」「なんかおすすめある？」のような情報要求の発話を受け、「Nとか」といった表現で情報を提示する発話が続く。

(16)　J003　今度，夏休み，三重行こうと思ってんだけ<どさ>{<},,
J004　<おうおう>{>}おう，ほうほうほう<2人で笑い>。
J003　<笑いながら>なんか《沈黙　2秒》，<なんか…>{<},,
J004　<三重ねえ…>{>}。
J003　なんかおすすめある？。
J004　三重…《沈黙　2秒》，すごいオーソドックスな，ところで言うと，伊勢神宮…《沈黙　5秒》とか（うん），うん，ちょ，うーん，ま，オーソドックスは伊勢神宮やけど，長島，スパーランド（うん）遊園地（うん）とか，あとは，なばなの里??，（うんうんうん）なんか花がいっぱいある（うん）ようなとこ，とかー，あー，伊賀，伊賀やったら，忍者がおる。
J003　忍者おる？<2人で笑い>。　(ADV-JJ002)

「Nとか」を使用することで、思いついた事柄を、順次追加して提示することができ、また、その中で聞き手が興味を持って反応してきた事柄があれば、それについて詳しく説明することができる。その点で、このやり方は効果的であると言える。実際、(16) では4つ目の「忍者」(文末は「おる」) に、聞き手が反応している。

この点についてJLを見てみると、おおむね同じようなやり方で＜勧め＞を行っていることが分かる。有名な観光地や人気のある食べ物・土産物を提示するのに「〜といい」などの条件形を含む表現はほとんど用いられておらず、JNSと同様に名詞述語文や形容詞述語文が多い。以下に例を挙げる。

（17） C006 あの，ガイタウン‘外灘’かな，そういう，<海>{<},,
J006 <ガイタウン>{>}。
C006 なんていうか，前の，あの，例えばイギリスとかフランスとか，そういう領事館とか，前，その，（はい）そういう建物,,
J006 あ，まだ残ってるんですか?。
C006 はい，まだ残ってて，そこに見るのはおすすめですね。
（ADV-CJ006）

（18） K004 んーと…，（ふーん）韓国のお菓子も（うん）結構おいしいです。
J004 へー。
K004 オススメは（うん）なんか（うん），チョコパイ。
（ADV-KJ004）

（19） E003 あー，たぶん，毛布。
J003 毛布?。
E003 あ，そう。
J003 <笑い>毛布?。
E003 ああ。
E003 僕の州，ニューメキシコで（うん），毛布が有名と思う。
（ADV-EJ003）

上記の傾向については、JLの母語による違いは特に見られなかった。また、J-CAT得点については、得点が上位の者のほうが相対的に発話量が多いこともあり、使用数も多いが、得点が下位の者でも一定の使用がある。これは、名詞述語文・形容詞述語文といった文型、「有名な」「おいしい」といった語が初級レベルで学習されており、それらの組み合わせで比較的容易に発話が構成できるため、使用に抵抗がないことが要因として考えられる。

「Nとか」に関しても、JLのほぼ全員が使用している。JNSのように一気に複数の事柄を列挙するケースもあるが、1つの事柄をとりあえず提示し、他の事柄が思いついたら追加していくようなケースも多い。

（20） J002 えっ，なんか代表的な料理一つよろしいですか?。

V002　えー，代表ですか，えーと生春巻き，<とか>{<}。
J002　<あー>{>} 聞いたことあります。
V002　はい <笑い>，けっこうなんか，日本人に，なんかよく知られていますね (はい) <笑い>。
V002　んー，なむ，なま，生春，巻きとか，フォーとか，フォー，フォー。
J002　フォ ?。
V002　はい，なんか，なんかラーメンみたいな，やつですね (あー)，はい。
J002　はい，えっ。　(ADV-VJ002)

(21)　J003　あとは，何かおみやげ ,,
C003　あ，おみやげですか ?。
J003　で，いいものとか。
C003　えー，そうですね，うーん，《沈黙　2 秒》お茶とか。
J003　お茶。
C003　そう，お酒とか。
C003　(うん) えーと，例えば私のいな，えーと地元は，えーと，杭州だから，(うん) 例えば，えーと，ケサとか。
J003　ケサ ?。
C003　はい。
J003　ケサって ,,
C003　ケサ。
J003　どんなの，傘 ?。
C003　あ，傘，傘。　(ADV-CJ003)

初級から中級レベルの中国人学習者の初対面・友人会話における助言表現の使用について調査した許 (2006) は、＜注意喚起＞＜勧め＞のような分類はせず、すべてを助言として扱っているが、その分析結果に本章と類似した点もある。許 (2006) では、助言と判定した 22 例のうち、11 例が「事実表明」で最も多く、「行動指示」(「～てください」など) が 9 例、「～ほうがいい」が 2 例だったと報告している。本章で取り上げた名詞述語文・形容詞述語文や「Nとか」は、「事実表明」のバリエーションと言えるものであり、同一の傾向だったと言える。「行動指示」は、本章の分析結果では、J-CATの得点が下位のものにしか見られなかったが、それは許（2006）の調査協力者が、初級から中級レベルだと考えると、納得のいくものである。

4.2 アドバイスの与え手からの質問

それでは次に、アドバイスの与え手からの質問を見てみよう。冒頭の例（1）で示したJNS同士の会話と同様に、以下の例（22）のアドバイスの与え手であるK001も、談話中でアドバイスの受け手への質問を行っている。K001が旅行に行く前の準備について言及しようとしている中で、思い出したように「あの，辛いものとか，結構得意ですか」と尋ね、J001が「辛いものはそんなに得意じゃないですけど」と返す。それに対して、さらにK001は「肉とかはどう，結構好き」と追加の質問を行い、食べ物の話題から相手の好みを探ろうとしている様子が見て取れる。

（22） J001 じゃ，もう，そんなに心配しなくても，何か，行きたいとこ，あったら，<何か>{<}【【。
K001 】】<そうですね>{>}，ちょっと，多分，多分，行く前に（はい），こういう所，行ってみたいなとか，何か食べてみたいとか（あー）あれば，あの，辛いものとか，結構得意ですか?。
J001 辛いものはそんなに得意じゃない<ですけど>{<}。
K001 <そうですか>{>}，肉とかはどう，結構好き?。
J001 肉は好きです。 （ADV-KJ001）

上記のようなアドバイスの与え手からの質問の内容と回数について見てみる。以下の表3は日本語母語場面、表4は接触場面の質問についてまとめたものである。表中のアルファベットは、質問内容のカテゴリーを表しており、A時期（何月？）、B同行者（誰と？）、C長さ（何泊？）、D交通手段（車で行く？）、E知識（～聞いたことある／知ってる？）、F経験（～行ったことある？）、G嗜好（～好き？）、H意向（～したい／行きたい？）、I確認（他に知りたいことある？）、Jその他である。上で見た（22）の質問２つは

「G 嗜好」に分類される。なお、相手の発言内容・意図の確認、言葉の意味・表記の確認、本題に入る前の目的地の質問は、カウントしていない。

表3　日本語母語場面のアドバイスの与え手からの質問

データ番号（話者）	A	B	C	D	E	F	G	H	I	J	計
ADV-JJ001（J002）	1				2	1					4
ADV-JJ002（J004）			1								1
ADV-JJ003（J006）	1			1		1	1	2	1		7
ADV-JJ004（J008）					1		1		1		3
ADV-JJ005（J010）		1									1
合計	2	1	1	1	3	2	2	2	2	0	16

回数は、話者によってばらつきがあるが、1人1回は質問を行っている。内容を見ると、「E 知識」が3回とやや多いが、目立った差はない。

表4　接触場面のアドバイスの与え手からの質問

データ番号（話者）	A	B	C	D	E	F	G	H	I	J	計
ADV-CJ001（C001）				1				1			2
ADV-CJ002（C002）		1									1
ADV-CJ003（C003）								1		1	2
ADV-CJ004（C004）											0
ADV-CJ005（C005）	1	1									2
ADV-CJ006（C006）			2				1	1			4
ADV-CJ007（C007）						1	1				2
ADV-CJ008（C008）											0
ADV-CJ009（C009）								1			1
ADV-CJ010（C010）											0
ADV-KJ001（K001）							2				2
ADV-KJ002（K002）					3						3
ADV-KJ003（K003）					1					2	3
ADV-KJ004（K004）								3			3
ADV-EJ001（E001）					1				1		2
ADV-EJ002（E002）							1				1
ADV-EJ003（E003）						1				1	2
ADV-VJ001（V001）			1		2			1	1		5
ADV-VJ002（V002）							1				1
ADV-VJ003（V003）	1							1			2
合計	2	2	3	1	7	2	6	9	2	4	38

こちらも話者によって回数にばらつきがあるが、ゼロ回の話者も３名いる。また、話者１人当たり平均では、JNS が 3.2 回なのに対し、JL は 1.9 回と、そもそもの発話量の違いを考慮しても、全体的には JL がやや少ない印象を受ける。母語別に見ると、中国人日本語学習者が、ゼロが３名いることもあり、少ないように見える。なお、アドバイス談話の言語間対照研究である元 (2012) では、JNS と比べ、中国語母語話者のほうがこの種の質問がやや少ないことが指摘されており、接触場面でも同様の傾向が見られたと言える。

次に、質問内容に目を向けると、JL で目立つのは９回の「H 意向」である。これはほとんどが「どこに行きたい」のように、目当ての地域や観光スポットを尋ねるものであった。また、「G 嗜好」は、その内実を見ると、うまく相手の好みを聞き出し、そこから、談話を展開させていける可能性が高いと思われるものがいくつかあった。例えば以下のようなものである。

(23) J006 あと何かな，静岡にしかないもの，《沈黙 5 秒》なんだろう，《沈黙 3 秒》お寺とか好きですか ?。
J006 そんなに ?。
J005 日本史とかやってた人なんで，(うん，うん) 結構，好き。
J006 じゃ，さっき言った，あの，それこそなんか，《沈黙 2 秒》浅間，浅間大社っていう，その富士山の神社も一つそうなんですけど，あと，あの，静岡市の，静岡の本当，真ん中ら辺に久能山っていう山があって，そこはその，何寺だったか，久能山，何寺，(<笑い>) なんか，徳川家康のゆかりの (うん) お寺があって，(以下略)
(ADV-JJ003)

(24) E002 んー，あー，ユニバーサルストゥディオが (おー) 好きですか ?。
J002 はい，好きです。
E002 <笑い> じゃあ ,,
J002 めっちゃ行きます。
E002 ドイツのユーロッパパークに。

J002　あー，（あー）なんかおんなじような（あー）テーマパークっていう…。

E002　一日で全部，あー，見れない <笑い>。　(ADV-EJ002)

上記では、それぞれ「お寺」「ユニバーサルスタジオジャパン」が好きかを尋ねることで、そのカテゴリーに属するものや、類似するものについて説明が開始されている。話題に詰まったときなどに、このような質問をすることは、談話を展開させていく技術として、必要なものであると思われる。

4.3　談話終結の局面

次に、談話終結の局面において、どのような行動が見られるか観察していく。例 (25) ではホテルの宿泊費についての話題が終わり、しばらくの沈黙の後 J001 は小さな声の「分かりました」で談話終結の意図を間接的に示しているように見える。それを受け、V001 は「なんかあったら，また，電話とかメールで，聞いてください」と今後の接触について言及し、その後短い発話のやり取りを経て談話が自然に集結している。

(25)　V001　1500 円，2000 円ぐらいのホテルなら（うん），多分，まあ，お金は 5 万円ぐらいなら（はい），多分，余裕（そうですね）できますよ。

J001　はい。

V001　それはそうですね，はい。

J001　《沈黙　2 秒》分かりました [小さな声で]。

V001　なんかあったら，また,,

J001　はい，分かりましたー <笑いながら>。

V001　電話とかメールで（あ，はい），聞いてください。

J001　はい。

V001　はい。

J001　ありがとうございます。　(ADV-VJ001)

一方で、談話の終わりが唐突さを感じさせる例も見られた。以下の例 (26) は J007 がお土産が決定したこと、それに続くお礼の言葉を述べ談話終結の意図を暗示しているように見えるが、C007 は「あ，いえいえ，あ，そう」と発話したのみで、談話が終了している。

(26) J007 あ，そうなんですね（はい），じゃ，お，お茶よりも，どっちかっていうと，お菓子の方がおすすめ<っていう感じで>{<}。

C007 <そうですね>{>}，実際，わたしなんか，はじめて日本に，あっ，（うん）その，なんか，大学に来た時（うんうん）なんか，さっき言った店のお菓子を（うん）持ってきました（あー，そうだったんですね），はい。

J007 あ，わかりました。

J007 じゃ，ちょっと，おみやげはお菓子にしようかなと（はーい）思います。

J007 どうもありがとうございました。

C007 あ，いえいえ，あ，そう。 (ADV-CJ007)

ここから、談話を自然に終わらせるには、「相手の談話終了の意図を汲み取る」ことと、それを受けて「談話終結に適した表現を発する」ことが重要なことがわかる。まず、アドバイスの受け手であるJNSの談話終了の意図を示す発話の例を以下に示す。５つのタイプが観察された。

表５ アドバイスの受け手（JNS）による談話終了の意図を示す発話

①次回の接触への言及
・じゃ，ちょっといろいろ，また調べて，うん，計画立てるときにまた連絡するね。(ADV-CJ002) ・じゃあ，またいろいろ教えてください。(ADV-CJ006)
②方針の決定
・じゃ，ちょっと，おみやげはお菓子にしようかなと思います。(ADV-CJ007) ・じゃあ，そんな感じで行きます。(ADV-EJ001)
③今後の行動の予告
・はい，じゃあぜひ今度，行ってみたいなと思います。(ADV-VJ002) ・はい，楽しんできます。(ADV-EJ002)
④旅行全体への期待の表明
・わあ，ちょっと北海道楽しみになって来たー。(ADV-JJ001)
⑤理解の表示（沈黙や小さな声を伴う）
・分かりました。(ADV-VJ001)

これらの発話は、最後の④「旅行全体への期待の表明」と⑤「理解の表示」以外では、「じゃ（あ）」が文頭に来やすいことも特徴である。

次に、それを受ける「談話終結に適した表現」の例を以下に示す。

表 6　アドバイスの与え手（JNS・JL）による談話終結に適した表現

A 今後の連絡の促し
・もし何か聞きたいところがあったら，ぜひ私に聞いてください。(ADV-CJ005) ・うん，また知りたいことがあったら，聞いてね。(ADV-EJ001)
B 今後の連絡の予告
・はい，またメールします。(ADV-CJ006)
C 相手の行動の奨励
・ぜひ楽しんで。(ADV-JJ001) ・はい，まあ，ぜひ行ってみてごらん <笑い>。(ADV-JJ004)

これらは、表 5 で示した「談話終了の意図を示す発話」との対応関係がある。タイプ①⑤に対応したものは A と B で、今後の連絡を促したり、予告したりするものである。これらは、今回の日本語母語場面の JNS では観察されず、接触場面の JL のみで観察されたものだが、適切なものである。タイプ②③④に対応したものは C で、相手の行動を奨励するものである。上記の 2 例はいずれも日本語母語場面の JNS でのみ観察されたもので，接触場面の JL では使用された例はなかった。これらの表現間の対応関係を押さえておくことも、談話のスムーズな終結にあたって必要なことであると言える。

5.「アドバイスをもらう」役割の分析

ここでは最後に「アドバイスをもらう」側の表現を見ておきたい。＜勧め＞発話の分析の箇所で触れたように、アドバイス（助言）の表現としてよく挙げられる「〜たらいい（です）」「〜ばいい（です）」「〜といい（です）」のような条件形を含んだ表現は、今回のデータにおいて「アドバイスをする」役割の発話にはほとんど使用されなかったが、実は「アドバイスをもらう」役割の発話には複数使用されている。

(27)　『白い恋人』以外に何を買えばいいのかなって。　(ADV-JJ001)

(28)　何持って行けばいい？　(ADV-JJ001)

(29) え，マフラーとか，何，普通の冬の格好をして行けばいいの。
(ADV-JJ001)

(30) さ，さむ，寒さ対策だけすればいい？ (ADV-JJ001)

(31) 北京は，なんか，どのくらいの日数行けばいいんですか？
(ADV-CJ005)

(32) で、厦門楽しんでから、電車で北のほうに行ったらいいのかな。
(ADV-CJ002)

(33) これが名物，あと、ここで記念写真を撮ったらいいみたいな。
(ADV-CJ007)

(34) どういうところに行ったら良いのかなーって思ってたので。
(ADV-CJ007)

これらの形式は「何を持って行けばいい?」などの質問や「寒さ対策だけすればいい?」のような確認のはたらきを持つ疑問文、また、「ここで記念写真を撮ったらいい（みたいな場所がありますか）」のような、相手の発話を想定した、引用形式での疑問文の形で複数のデータに出現している。しかし、注意が必要なのは、アドバイスをもらう側がこのような表現で情報を要求しても、アドバイスを与える側が「マフラーを持って行けばいいよ」「山頂で記念写真を撮ったらいいよ」のように答えることはない点である。

6. 「アドバイス」課題についてのシラバス

ここでは、これまで述べたことをレベル別にシラバスの形で提示する。まず、アドバイス発話のうち、＜注意喚起＞において、J-CATの得点下位の者では行為指示「〜てください」が使用されていた。これは、言い方によっては尊大に聞こえるため、頻出していた「〜ほうがいい」は早めに導入しておくことが必要だと思われる。「〜かな（あ）」「〜かなと思う」は、その次の段階で示すのがよいだろう。＜勧め＞については、名詞述語文・形容詞述語文・「Nとか」は、多くのJLが適切に使用できているため、初級段階からの導入で問題はないと思われる。次に、「アドバイスの与え手からの質問」であるが、これは中級段階から意識づけることによって談話の主導権を握れるようにしたい。最後に「談話終結の局面」の表現については、初級段階から「楽しんでください」「また連絡してください」のように比較的単純な形式で発話を構成することが可能であると考えられる。これを表の形で示すと以下のようになる。

表 7 「アドバイス」課題についてのシラバス

中級レベルを目指す話者へのシラバス
〈アドバイスの与え手〉 ・「〜ほうがいい」を使って、旅先に持っていくといいもの、気をつけること、準備していくものなどが言える。 ・「おすすめはN（だ）」「N｛が／は｝おすすめだ」といった名詞述語文や、「N｛が／は｝有名だ」「N｛が／は｝おいしい」などの形容詞述語文を使って、お勧めのものを紹介できる。 ・「Nとか」によって、お勧めのものについて、思いついたものから提示することができる。 ・相手の談話終了の意図を汲み取り、それを受けて談話終結に適した表現を発することができる。
上級レベルを目指す話者へのシラバス
〈アドバイスの与え手〉 ・相手の嗜好や意向などについて質問し、相手の情報を得ながら、談話を展開していくことができる。 ・「〜ほうがいい」に加えて、「〜かな（あ）」「〜かなと思う」を使って、旅先に持っていくといいもの、気をつけること、準備していくものなどが言える。

7. おわりに

本章では、旅行についてのアドバイスの場面を取り上げ、アドバイスの与え手のポイントとなる「アドバイス発話」「アドバイスの与え手からの質問」「談話終結の局面」を中心に、使用されている表現の分析を行い、その結果をシラバスの形で提示した。

今回のデータでは、＜注意喚起＞で「〜ほうがいい」が頻繁に使用されていたが、なぜ他の表現ではなく、「〜ほうがいい」が好まれるかといったことは明らかにできなかった。また、今回は、いわゆるアドバイス（助言）の表現として挙げられる「〜たらいい（です）」「〜ばいい（です）」「〜といい（です）」について、アドバイスの与え手としての使用はほとんど観察されなかった。こういった表現がどのような場面で、どのような条件の下で使用可能となるのかも、分析する必要がある。このような課題を解決することで、アドバイスという行為をより深く理解することができると考えられる。

引用文献

市川保子（2018）『日本語類義表現と使い方のポイント　表現意図から考える』スリーエーネットワーク．

許夏玲（2006）「話し言葉における助言表現の使用実態——日本人母語話者と中国人学習者の接触場面から——」『多摩留学生教育研究論集』5，pp. 41–46.

元春英（2012）「「助言」の談話構造に関する日中対照研究——日本人大学（院）生と中国人留学生のデータをもとに——」『日中言語対照研究論集』14，pp. 93–104.

齋美智子（1999）「働きかけ文における「勧め」」『人間文化論叢』1，pp. 95–108.

中居順子・近藤扶美・鈴木真理子・小野恵久子・荒巻朋子・森井哲也（2005）『会話に挑戦！中級前期からの日本語ロールプレイ』スリーエーネットワーク．

蓮沼昭子（2020）「勧め表現再考——「助言型勧め」と「申し出型勧め」の選択に関する語用論的要因——」『日本語日本文学』30，pp. 11–36.

第3章

「話し合い」課題のポイント

宮永愛子

1. はじめに

日本語学習者から、しばしば、日本語での話し合いは、分かりにくい、話し合いの終了後、結局どのような結論になったのかよく分からない、あるいは、なぜそのような結論に至ったのか、どの時点からそのような方向性になったのかよく分からなかった、ということを耳にすることがある。何かを決めるための話し合いというのは、日本語学習者にとって、比較的難易度の高い場面であると言えよう。

日常生活で何かを決めるための話し合いは、職場における同僚や上司との会議やミーティングのような比較的フォーマルなものから、友人同士で、旅行の行き先や飲み会の会場を決めるといったインフォーマルなものまで様々な場面が想定されるが、本章で扱う話し合いは、サークルの仲間と旅行の交通手段を決めるという、比較的フォーマル度が低い会話である。このようなインフォーマルな話し合いが従来の会話教材でどのように扱われているかを概観すると、『聞いて覚える話し方　日本語生中継　中～上級編』第7章で、友人と食事をする店を提案する、夏休みの過ごし方を提案する、といった場面や、『聞いて覚える話し方　日本語生中継　初中級編1』第8章で、交通手段についてどちらがいいかをアドバイスするという、この章で扱う場面と比較的近い場面や話題が扱われているが、それ以外では、このようなインフォーマルな話し合いの場面で、どのように相手と合意形成をして何かを決めていくのかということを示した教材はほとんど見当たらない。

2. 「話し合い」課題のロールカード

この章で使用したロールカードは、次のようなものである。

ロールカードA

あなたは、大学でサークルに入っています。そのサークルのメンバー10人で、{京都・日光・広島}に1泊2日の旅行に行くことになりました。あなたとBさんがその旅行の詳しい計画を立てることになりました。{京都・日光・広島}まで行くには、貸切バスか、電車かの2種類の方法があります。あなたは、電車で行くほうがいいと思っています。以下のメリットとデメリットを参考にしながら、Bさんと話し合って、どうやって行くか決めてください。

電車　メリット：料金が貸切バスよりも一人1000円安くなる。
渋滞に巻き込まれない。
デメリット：友達同士で大きな声で話したりすると、周りの迷惑になる。はぐれる人が出る可能性があるので、団体で行動しにくい。

貸切バス　メリット：みんながいつも同じバスに乗って行動するので、はぐれてしまうことがない。
まわりの迷惑を考えずバスの中で話すことができる。
複数の観光地を効率的に回ることができる。
デメリット：料金が電車よりも一人1000円高くなる。
道路が混んでいたら時間がかかる場合がある。

(それ以外のメリット、デメリットについて話してもいいです)

<言葉の説明>

貸切バス：団体でバス一台分のお金を払って借りて、複数の目的地を自由に回れるシステム。

ロールカードBは、電車ではなく、貸切バスを希望するという役割になっており、それ以外の部分は、ロールカードAと同様である。なお、接触場面の学習者のロールカードは、すべて、ロールAで、電車を希望する役割となっている。なお、旅行の目的地は、会話の収録場所に応じて、調査者が京都・日光・広島から選ぶようになっている。

この章では、日本語母語話者同士（以下、母語場面とする）の談話、日本語学習者と日本語母語話者（以下、接触場面とする）の談話を分析することで、お互いが納得するような合意形成がなされる話し合いのやりとりとはどのようなものなのか、そのためには、どのような表現やストラテジーが必要なのかを探っていく。

3. 日本語母語話者の談話例

分析に入る前に、母語場面の談話例を見ることで、話し合い談話の特徴を概観する。（1）は、母語話者による典型的な談話のパターンである。この例を見ると、話し合いの談話は、電車を支持する話者とバスを支持する話者が交互に意見を述べるというよりも、電車のほうがよいという趣旨の意見とそれをサポートする具体的な理由述べや情報提供などによって構成される発話のまとまりと、逆に、バスを支持する発話のまとまりが交互に出現するということが分かる。このような発話のまとまりをこの章では、ザトラウスキー（1993）に従い、「話段」と呼ぶ。ザトラウスキーによると、日本語の勧誘の談話は、勧誘者と被勧誘者による「勧誘の話段」と「被勧誘の話段」が複数重なって作り上げられているという。本章で扱う「話し合い」の談話でも、このような話段が特定できた。これらの話段を、それぞれ、「電車を支持する話段」、「バスを支持する話段」とする。また、話し合いの終結部分では、バスか電車のどちらかに決める「決定の話段」が特定できた。そして、各話段は、二人の話者によって協働的に構成されている。

（1）【DIS-JJ003】J005：電車を支持する側、J006：貸切バスを支持する側

ライン番号	話者	発話内容	話段
11	J006	えー，私はなんか調べたんやけど ,,	バスを支持する話段
12	J005	うん。	
13	J006	貸し切りバス，か［強調して］，電車があるみたいなんやけど ,,	
14	J005	うんうん。	
15	J006	貸し切りバスが私いいと思うねんけど ,,	
16	J005	おーーー。	
17	J006	うん，「J005 ニックネーム」はどっちがいいん，<か，##>{<}。	
18	J005	<あ，私>{>} 電車がいいと思った。	電車を支持する話段
19	J006	あ，電車 ?。	
20	J005	うん。	
21	J006	何で ?。	
22	J006	電車ってちょっと，えー。	
23	J005	あー，電車ね，なんか（うん）ね，あたしちょっと調べ，あたしもちょっとだけ調べて ,,	
24	J006	うん。	
25	J005	なんかバスより ,,	
26	J006	うん。	
27	J005	ちょっと安いんよ，1000円ぐらい，<1人ね>{<}。	
28	J006	<あ，1000円>{>}。	
29	J006	あ，そうなんや。	
30	J005	うん。	
31	J006	うんうん <うん>{<}。	
32	J005	<でな>{>} んか，まあ，《沈黙　1秒》ね，大学，あのう大学生やし ,,	
33	J006	うん。	
34	J005	安い，みんなお金ないから。	
35	J006	そう，あ，（<笑いながら> そうそうそう）確かにそうやね。	
36	J005	いいかな <とか思って>{<}。	
37	J006	<あ，節約>{>}…，そうやね。	
38	J005	そう。	

<table>
<tr><td>39</td><td>J005</td><td>でもさ,,</td><td rowspan="27">バスを
支持する
話段</td></tr>
<tr><td>40</td><td>J006</td><td>うん。</td></tr>
<tr><td>41</td><td>J005</td><td>バスやと,,</td></tr>
<tr><td>42</td><td>J006</td><td>うん。</td></tr>
<tr><td>43</td><td>J005</td><td>なんか，いっぱい話せんから,,</td></tr>
<tr><td>44</td><td>J006</td><td>あ，そうねー。</td></tr>
<tr><td>45</td><td>J005</td><td>ちょっと,,</td></tr>
<tr><td>46</td><td>J006</td><td>うん。</td></tr>
<tr><td>47</td><td>J005</td><td>なんか，いっぱい話したいし,,</td></tr>
<tr><td>48</td><td>J006</td><td>うん。</td></tr>
<tr><td>49</td><td>J005</td><td>あとはぐれる，ちゃうかもなー<とも>{<}。</td></tr>
<tr><td>50</td><td>J006</td><td><あー>{>}，そうや（うん）ねー，確かに。</td></tr>
<tr><td>51</td><td>J006</td><td>そうなんよ=。</td></tr>
<tr><td>52</td><td>J006</td><td>=ちょっと，貸し切りバスのほうがちょっと高いけどー,,</td></tr>
<tr><td>53</td><td>J005</td><td>うん。</td></tr>
<tr><td>54</td><td>J006</td><td>そうやね，観光地，あとなんて言うん，自分たちの行きたいところだけ，こうあの行けることとかができるから。</td></tr>
<tr><td>55</td><td>J005</td><td>うん。</td></tr>
<tr><td>56</td><td>J006</td><td>うーん，バスもいいかもしれん。</td></tr>
<tr><td>57</td><td>J005</td><td>そうやね。</td></tr>
<tr><td>58</td><td>J006</td><td>うーーーー<ーん>{<}。</td></tr>
<tr><td>59</td><td>J005</td><td><バス>{>}って,,</td></tr>
<tr><td>60</td><td>J006</td><td>うん。</td></tr>
<tr><td>61</td><td>J005</td><td>なんか，あれやね，なんか，《沈黙　２秒》こう，面倒くさくないよね，移動が。</td></tr>
<tr><td>62</td><td>J006</td><td>まあそう（うーん）やね，楽やね，たしかに。</td></tr>
<tr><td>63</td><td>J005</td><td>やから,,</td></tr>
<tr><td>64</td><td>J006</td><td>うーん。</td></tr>
<tr><td>65</td><td>J005</td><td>いいよね，（うん）確かにね。</td></tr>
<tr><td>66</td><td>J006</td><td>でも，うーん，でも安いんやったら，電車。</td><td rowspan="3">電車を
支持する
話段</td></tr>
<tr><td>67</td><td>J006</td><td>しかも大学生やったら，はぐれることはないやろ，電話も（あー）あるし，うん。</td></tr>
<tr><td>68</td><td>J006</td><td>まあ，おっきな声で話したりするっていうのも，まあこれも，まあ普通に,,</td></tr>
</table>

69	J005	あー。	電車を支持する話段
70	J006	まあそんな ,,	
71	J005	そうやな。	
72	J006	まあ観光地で話したらいい（うんうん）と思うし。	
73	J005	あ，そっか。	
74	J006	<うん>{<}。	
75	J005	<それ>{>} に，あ，10 人やしね。	
76	J006	うん，<そうねー>{<}。	
77	J005	<そんなは>{>} ぐれんかもね。	
78	J006	うん。	
79	J006	<うーん>{<}。	
80	J005	<うーん>{>}。	
81	J006	まあそうやな，みんなの（はい）お金のこと考えて電車にしよっか。	決定の話段
82	J005	おー，そうやな［明るい声調で］。	
83	J006	じゃあ電車で。	
84	J005	そうしよう，そうしよう。	

例えば、ライン番号 18 ～ 38 の「電車を支持する話段」では、電車を支持する役割の J005 が、電車を支持する根拠となる情報の提供や理由を述べているが、バスを支持する役割の J006 も「あ，そうなんや」、「あ，確かにそうやね」、「あ，節約…，そうやね」と、共感を示すような発話をしている（下線部分参照）。また、ライン番号 39 ～ 65 の「バスを支持する話段」では、J005 が「バスやと」で始めているが、その後の展開から実際は「電車やと」の言い誤りであると解釈される。その前提でみると、「（電車は）いっぱい話せんから」、「いっぱい話したいし（バスもいい）」、「（電車だと）はぐれちゃうかもな」、「バスって移動が面倒くさくない」、J006 も「自分たちの行きたいところだけ行けるからバスもいい」というように、両者が、バスのメリットと電車のデメリットを述べている（波線部分参照）。

このように、話し合い談話の典型的な構成は、二人の話者によって協働的に、バスを支持する話段、電車を支持する話段が交互に構築され、それぞれの話段では、両者が、それに沿った形で、つまり、電車を支持する話段であれば、電車のメリット、バスのデメリットを、バスを支持する話段であれば、その逆を述べるというものである。

そして、話し合いの終結部分では、バスか電車かどちらかに決める話段がある。（1）では、本来バスを支持する役割であったJ006の「みんなのお金のこと考えて電車にしよっか」（ライン番号81）という発話がきっかけとなって合意形成に至っている。

4. 「話し合い」談話の分析

3. で見た母語話者の典型的な談話パターンの特徴を踏まえ、ここでは、母語場面の談話と接触場面の談話を分析する。分析の観点は、次のとおりである。**4.1** では、まず、談話の構造がどのようになっているのかを見る。次に、**4.2** では、具体的に、どのような表現を用いて自身の意見を述べたり、相手の立場を支持したりしているのかを、そして、**4.3** では、どのように話し合いを終わらせているのかを見る。この章で扱うデータは、母語場面の5談話と接触場面の20談話である。接触場面の学習者の属性を、表1に示す。

表１　接触場面における学習者の属性

	データ番号	話者	母語	性別	J-CAT
1	DIS-CJ001	C001	中国語	女	308
2	DIS-CJ002	C002	中国語	女	304
3	DIS-CJ003	C003	中国語	女	262
4	DIS-CJ004	C004	中国語	女	261
5	DIS-CJ005	C005	中国語	男	254
6	DIS-CJ006	C006	中国語	女	241
7	DIS-CJ007	C007	中国語	女	239
8	DIS-CJ008	C008	中国語	女	234
9	DIS-CJ009	C009	中国語	男	212
10	DIS-CJ010	C010	中国語	女	160
11	DIS-KJ001	K001	韓国語	男	286
12	DIS-KJ002	K002	韓国語	男	285
13	DIS-KJ003	K003	韓国語	女	242
14	DIS-KJ004	K004	韓国語	男	222

15	DIS-EJ001	E001	英語	女	221
16	DIS-EJ002	E002	英語	男	195
17	DIS-EJ003	E003	英語	女	190
18	DIS-VJ001	V001	ベトナム語	女	273
19	DIS-VJ002	V002	ベトナム語	女	246
20	DIS-VJ003	V003	ベトナム語	男	189

4.1　談話の構造から見た分析

母語場面では、この章で扱ったすべての談話において、**3.** で見たような、複数の発話から成る話段が構成されていた。接触場面の談話では、日本語能力が比較的高い中国語話者 C001 とベトナム語話者 V001 の 2 談話でのみ、観察できた。(2)は、そのうちの一つの談話からの引用である。本来は電車を支持する役割である V001 が、J001 と協働的に「バスのほうが団体で行動するのには安心だ」という趣旨の発話を連ねることによって、話段が構成されている。これは、母語話者場面の話し合いの構造に近いパターンである。

(2)　[バスを支持する話段]

V001　んー，まあやっぱり留学生なので ,,
J001　はい。
V001　安い方がありがたいんですけどー…。
J001　んー。
V001　《沈黙　2 秒》<2 人で笑い> 確かにバスでみんなで行動すると ,,
J001　うん。
V001　その方が，安心なのかなというのも思うので…。
J001　あー。
V001　《少し間》そうですよね。
J001　そうですね。
V001　んー。
V001　なんかー ,,
J001　んー。

V001　あの引率の先生とか（はい）がいるとー，あのーいつもこっちのあの研究科でー,,
J001　うんうん。
V001　みんなで電車でも行ってるんですけどー,,
J001　あーはい，電車で。
V001　<うん>{<},,
J001　<うん>{>}。
V001　でも責任者がいないとー，やっぱり（あーそうかー）ちょっと不安,,
J001　んー，<そうですね>{<}。
V001　<のはあるから…>{>}。
V001　んー。
J001　《沈黙　3秒》んー，学生だけだと，あれですかねーちょっと，電車は,,
V001　んー。
J001　どうなんですかね=。
J001　=ま，はぐれたりとかしないのはバス，だからいいかなって思うんですけど…。　(DIS-VJ001)

一方、それ以外の接触場面の談話で見られたのは、次の（３）のように、両者がそれぞれの意見を交互に述べるという談話のパターンである。この談話では、C004とJ004が、それぞれ自身が支持する交通手段のメリットや、相手の交通手段のデメリットを交互に述べており、両者が協働で話段を構成するという談話パターンにはなっていない。

（３）J004　んー，やっぱり，10人もいるし，こう，大声で話したり，みんなで話したりするためには，貸し切りバスで行ったほうがいいんじゃないかな。
C004　そうやな私もそう思ったけど，でも，電車のほうが，安いし，あのー，こう，渋滞も絶対ないじゃん。
C004　この時間が，ちゃんとうちらがコントロールできるから，で電車のほうがいいかなーと思って。

C004　確かに，こう，バスのほうが，なんか，自由やけど，でも帰りのみんな疲れてるしそんなに喋れないかなと思って。
J004　でもバスだったら（うん），一回，い，色んな目的地を自由に回れるし，京都って（そうねえ）ちょっと，電車難しいし，バスのほうが便利なんじゃないかな。
C004　そうよね，確かに，便利よねぇ。
C004　でもバスだったらみんな，こう，一人千円くらい高くなるじゃん。
C004　みんなちょっと，いやかなと思って。
J004　んー千円くらいだったら，楽なほうがいんじゃないかな。

（中略）

C004　でもー，一日‘いちんち’，あ，あの，ん ??，一泊やから，こう，二日しかないので，こうバスやったら，万が一［↑］，渋滞にあったら，すごく時間もったいないかなーと思って。
J004　んー，でも，旅行だからこそ，こう，バスの中で，みんなで，わいわい話したり，電車だと，席とかもばらばらになっちゃうし，だったらバスのほうが，みんな，けっきょう‘結局’，楽しめるんじゃないかな。
C004　んー…，そうよねえ。
C004　こう，団体で行動できるのも大事だもんね。
J004　うん。
C004　［息を吸う音］確かに…。
C004　《沈黙　4秒》じゃあ，そしたら，一応‘いちよ’みんなに聞いてみて，あのー，ちょっと，お金のこと ??，大丈夫であれば，バスで，行ってもいいよね。
J004　そうだね。　(DIS-CJ004)

もし、お互いに、本来の役割に沿ってそれぞれの交通手段を支持する発話を繰り返していれば、話し合いはいつまでたっても平行線のままになっていただろう。しかし、この例では、「んー…，そうよねえ。こう，団体で行動できるのも大事だもんね」と、C004 が譲歩することによって、合意形成へと近づいている。

この（3）のような談話の構造が、決して、「うまくいかなかった話し合い」というわけではない。しかし、（1）や（2）のように、両者が協働でそれぞれの交通手段を支持する話段が出現するという談話の構成は、母語場面の５談話すべてで見られたが、学習者のデータでは、日本語能力の高い一部の話者に見られたのみで、ほとんど現れなかった。このような話し合いの談話の構造が、もし日本語の特徴であるならば、学習者にとって、日本語の話し合いを分かりにくくさせている原因となっている可能性がある。従って、このような談話のパターンがあることを紹介することは、学習者にとって、談話の流れが分かりやすくなり、話し合いに参加しやすくなるということにつながるのではないか。二つの典型的な談話パターンを図で示すと、次のようになる。

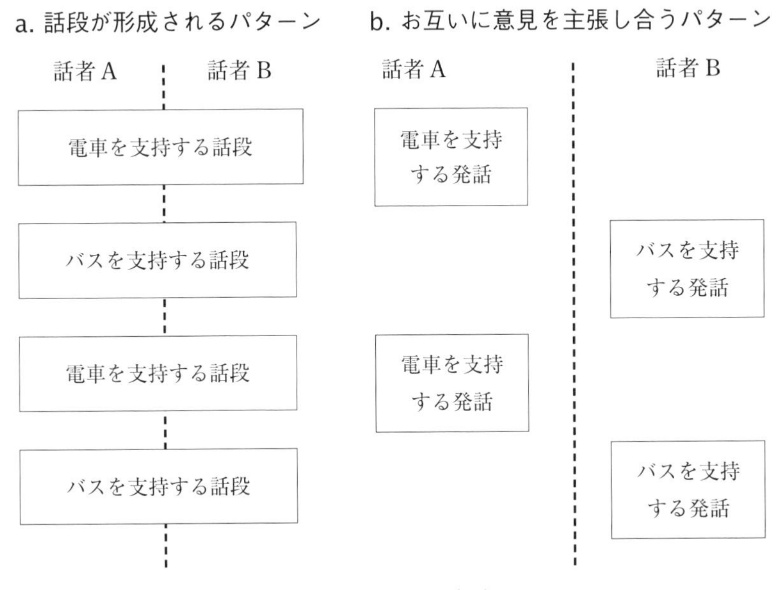

図１ 話し合い場面の談話パターン

4.2 具体的な表現の分析

次に、話し合いの各局面において、具体的にどのような表現を用いているのかを見ていく。

まず、与えられた課題を達成するためには、割り当てられた役割に沿って、意見を述べることから始めなければならない。意見を述べる際に、どのような表現が使われているのかを見てみよう。表2は、母語場面に出現した意見述べ表現で、表3は、学習者による意見述べ表現である。ここで挙げているのは、談話の中で最初に出現した「意見述べ」と特定できる表現で、それ以降にも、間接的には意見を主張しているととれるものもあったが、ここでは挙げていない。

表2　母語場面の談話に出現した意見述べ表現

話者番号	表現
J001	えー，私は…，電車かな，っていう…。
J002	うちは，あの，なに［↑］，貸し切りバス…，が，いいかな，って思うんだけど。
J003	貸し切りバスで，《沈黙　2秒》行ったほうがいい，と思うな，思います。
J004	私は，電車がいいなと思っていて。
J005	貸切バスが私いいと思うねんけど。
J006	あ，私電車がいいと思った。
J007	貸切がいいかななんて思うんよ。
J008	えーでもなんか電車のほうが，快適な気がするけどなー。
J009	みんなが楽しめることにお金使ったほうが，《沈黙　1秒》まあ，いいかなっていう点では，電車のほうがやっぱり。
J010	まあ，貸切バスのほうが，いいかなと思ってます。

表2を見ると、10人中、7人が「思う」という動詞を使っている。また、「思う」「思った」という言い切りの形式は、3人だけで、あとは、「ていう」「んだけど」「けどな」「と思って」などの従属節で終わるか、「やっぱり」と副詞で終わる、もしくは、「な」「よ」などの終助詞が付加されている（下線部分参照）。「かなって思うんだけど」「かなっていう」などのように「かな」と組み合わせた表現が多いのも特徴的である。

表３　接触場面の談話に出現した学習者の意見述べ表現

話者番号	表現
C001	私電車の方がいいかもと思う。
C002	私は，電車の方がいいと思い，も，うーん，う。
C003	料金，料金が，電車のほうがいいですよね。
C004	で電車のほうがいいかなーと思って。
C005	電車で行くほうがいいじゃないですかと思いまして。
C006	んー，電車でー，行っ，たらー，いいと思いますけどー=。
C007	あ，私は，うん，バスのほうが，あ，電車のほうがいいと思います。
C008	あのー，私，やっぱり，電車のほうがいいと思います，ね。
C009	いや，じ，実は，正直に，といって，私は，えーと，電車のほうが，もっといいと思います。
C010	あんー，バスはちょっと高いです。
K001	私の場合は，電車のほうがいいんじゃないかなと思います。
K002	貸切バスはちょっと高いんじゃない？。
K003	なんか，電車の方がもっと早めに行けるんじゃないかなーと，そう思いますけど。
K004	あーなんか，バスよりは，電車で行くほうが，よくない？。
E001	え，私ちょっと電車が，電車のほうがいいと思ってるけど…。
E002	あのー調べたけど，あのー電，車の方がいい，かなーと思っていたんだけど，どう？。
E003	実は，わた［↑］しは，電車，方が，いい，と，思うん，だけど…。
V001	まあ私個人的には，電車が好きから ‘好きだから’，しかも安いしー。
V002	電車の方が，みんなーなんか，あのー，金額が決まってるから，安く行けるじゃないですかねー。
V003	あのバスーで，行，行ったらあの，時間ーは，あの電車より，もっとかかるんじゃないですか？。

一方、学習者の使用表現を見ると、「思う」「思います」「高いです」という言い切りの形式を使っているのは、20名中6名いた（波線部分参照）。母語話者のように言い切らない形式は、C004、C005、C006、K003、E001、E002、E003、V001が使用していた。その他、母語話者には見られなかった特徴として、「思いまして」「思いますけど」のように敬体の従属節が使用されていることや、「いいじゃないですかと思いまして」（C005）、「思ってるけど」（E001）、

「安くいけるじゃないですかねー」(V002) のように、「のだ」を付加したほうが自然になると思われるものもあったことが挙げられる。日本語と中国語の話し合いを比較した楊 (2015) によると、日本語母語場面、中国語母語場面で多用されている認識のモダリティが、接触場面での中国人日本語学習者にはあまり使われておらず、断定的に意見を述べる印象を与えていると報告されている。母語では使えていても、日本語では使えていない可能性がある。

次に見るのは、相手の意見をサポートする表現である。**3.** で見たように、母語場面の談話では、話段が構成され、一方の交通手段を支持する話段では、本来もう一方の交通手段を支持する役割の話者も、相手の意見を支持するような発話をしているという特徴があった。大和 (2009) によると、意見の一致が必要な話し合いでは、自身の意見の正当性を主張し、相手を説得する行動がある一方で、相手の意見に理解を示したり、自分の主張を弱めたりすることによって、合意形成のために歩み寄る発話も見られるという。これらの相手のサポートをする発話が、合意形成に貢献していると考えられる。

相手の意見をサポートする発話は、タイプ 1：相手の支持する交通手段についての肯定的言及と、タイプ 2：自身の支持する交通手段についての否定的言及とに分類できる。母語場面における各タイプの発話の出現数を表 4 に、接触場面における学習者による発話の出現数を表 5 に示す。

表 4　母語話者による相手の意見を支持する発話の出現数

話者番号	タイプ 1	タイプ 2
J001	3	9
J002	2	5
J003	0	2
J004	2	2
J005	1	2
J006	5	0
J007	3	3
J008	2	0
J009	2	0
J010	1	1
平均	2.1	2.4

表５ 学習者による相手の意見を支持する発話の出現数

話者番号	J-CAT	タイプ１	タイプ２
C001	308	1	2
C002	304	2	0
C003	262	4	1
C004	261	3	0
C005	254	1	0
C006	241	0	0
C007	239	0	1
C008	234	1	0
C009	212	0	0
C010	160	0	0
K001	286	0	1
K002	285	0	0
K003	242	2	1
K004	222	3	0
E001	221	0	0
E002	195	0	0
E003	190	0	0
V001	273	2	0
V002	246	0	1
V003	189	0	1
平均		0.95	0.4

表４を見ると分かるように、母語話者は全員、タイプ１か２のいずれかの発話を最低１回はしている。一方学習者は、20名中７名が、どちらのタイプの発話もしていない。特に、英語圏の学習者には、全く見られず、また、中国語話者では、C009やC010のように、比較的日本語能力が低い学習者に、相手の意見を支持する発話は見られなかった。

では、具体的にどのような表現を用いて、相手の意見をサポートしているのだろうか。以下にタイプごとの具体的な発話の例を挙げる。

タイプ1　相手の支持する交通手段についての肯定的言及

（4）　J001　んー，一人でも千円，安くなったら，その分千円でなにかできる（<笑い>）から電車のほうがいいかな？。

（5）　J004　その点なんかバスだったら，渋滞に巻き込まれても，窓，風景を見ながら，（うん）<笑いながら>楽しむこともできるし，なんか，お友達と話をすることもできるから，（うんうん）楽しそうだよね，ふふ<笑い>。

（6）　J007　そうかー，例えば駅に近かったら，電車のほうがいいかもしれん（うん）ね。

（7）　C004　こう，団体で行動できるのも大事だもんね。

（8）　V001　確かにバスでみんなで行動すると，その方が，安心なのかなというのも思うので…。

（9）　K003　えー，でも，なんか，（うん）「J003姓」さんの話聞い（<笑い>）たら，なんか，バスの方が，みんなで，ちょっと，（うん）うーん，ゆっくり行けるんじゃ（うん）ないかな，そう思うし。

タイプ2　自身の支持する交通手段についての否定的言及

（10）　J001　確かにはぐれる可能性もあるよね。

（11）　J001　でもやっぱ，10人って多いんかな，結構移動するのって。

（12）　J005　でもさ，バスやと，なんか，いっぱい話せんから，ちょっと，なんか，いっぱい話したいし，あとはぐれる，ちゃうかもなーとも。

（13）　J004　《沈黙　5秒》やっぱ，電車の，さっきデメリットで挙がったけど，《沈黙　1秒》これはなんかサークルの仲いいメンバーで行くから，うーん，電車だったらちょっと行動が難しいかもしれない，え，うーん。

（14）　K001　《沈黙　2秒》友達同士で，騒いだり，大きな声で話したりするのが，まあ，周りに（はい）迷惑になるのは，そうですね，迷惑になるので，話せないですね<2人で笑い>。

これらの表現の特徴を見てみると、まず、文末表現として、「だよね」、「かもしれんね」、「だもんね」、「いいかな」、「んじゃないかな」、「よね」、「んかな」、「かもな」、「ですね」といった表現が使われている。聞き手への「理解・同意を提示／要求する用法」(松下 2014) を有する「もんね (ものね)」をはじめ、これらの文末表現を用いることで、相手に同意を求めるのと同時に、自分自身を納得させているようにもとれる。これらの相手の意見を支持する発話は、比較的、談話の後半、決定の話段に近いところで出現することが多く、話し合いを通して、自身の意見が変化しつつあることを、表明しているようにも見える。使用状況を見ると、「もんね」は、母語話者 10 名中、4 名に使用が見られたのに対し、学習者では、1 例のみ (C004) 見られた。また、母語話者に比較的使用が多かった「かな？」(6 例)、「かもね」(6 例) も、学習者には、それぞれ 1 例しか見られなかった。文末表現以外では、特に母語話者に、「確かに」、「やっぱり (「やっぱ」も含む)」のような副詞や、「まあ」、「なんか」、「うーん」、「あー」などのフィラーが多用されるという特徴も見られた。「相手の判断の受容」(安達 1997) という機能を持つ「確かに」や、「話し手の認識の確認や再確認」(青 2001) の機能を持つ「やっぱり」が多用されるのは、相手の意見を受け入れたり、それまでの自身の意見を再検討したりしていることを示していると言えよう。また、「まあ」や「なんか」のような、話し手の認知状況が、いまだ曖昧、不確定であることを示すフィラー (冨樫 2002、宮永・大浜 2010) が多用されるのは、話し手が、相手の意見も考慮しながら、それぞれのメリット、デメリットを整理しようとしていることの表れであると言えよう。このように、自身の意見が変化しつつあることを示すことで、次の **4.3** で見るような、スムーズな話し合いの終結へとつなげることができるのではないだろうか。

4.3 話し合いの終わらせ方の分析

話し合いで最も重要であり、学習者にとって難しいのは、両者が合意を形成し、結論に至るところであろう。次の (15) は、接触場面の談話の終結に近い部分の引用である。「電車を支持する話段」では、E001 は、電車のほうがよいと主張し、J001 も「電車のほうがいいかな」と譲歩しているにもかかわらず、E001は、「じゃあバスにしよ」と、決め手となる発話をしている。実際、その後、笑いが起こり、J001は「バスでいいの？」と聞き返している。もし、これがロールプレイではなく実際の会話であれば、J001は、なぜ急にE001が意見を変えたのか怪訝に思うかもしれない。

（15）［電車を支持する話段］

J001　え，何で電車のほうがいいと思った?。
E001　えーとやっぱり電車のほうが,,
J001　うん。
E001　安い，し，あのー，あと，しゅだ‘渋滞’にまきこまらない，こまれない，<から>{<}。
J001　<あー>{>}渋滞に。
E001　うん。
J001　うーん。
E001　で，みんなは,,
J001　うん。
E001　あの，ペアにしたら,,
J001　うん。
E001　あの，周りの人も，あの，迷惑かかん，に，迷惑かかんないと，(えー) 迷惑にならない<笑い>。

（中略）

→J001　そうだねーでも，電車ー《少し間》，んー，一人でも千円，安くなったら,,
E001　うん。
→J001　その分千円でなにかできる (<笑い>) から電車のほうがいいかな?。
E001　あ，そうですか<笑いながら><2人で笑い>。

［決定の話段］

→E001　じゃあバスに<しよ>{<}。
J001　<##>{>}，えっ<2人で笑い>。
E001　えっ<笑い>?=。

→J001　＝バスでいいの？。　　　　　　　　　　　　　(DIS-EJ001)

このように、学習者が急に意見を変えて、話し合いを終わらせようとしているようにとれる談話が、接触場面の20談話のうち、５例あった。

では、唐突な印象を与えずに、合意形成を行うには、どうすればよいのだろうか。(16)は、母語場面の談話である。もともと電車を支持する役割のJ001は、「やっぱバス派？」と相手に確認し、「ちょっと1000円があれじゃけど，やっぱり，バスがいいかな」、「ちょっとよく考えたら確かに，(電車だと)大変かもしれん，これは」と、自身を納得させるような発話で、徐々に意見が傾きつつあることを示している。そして、３秒間の沈黙のあと、「じゃあバスにする？[↑]」という決め手となる発話をしている。決め手となる発話が行われた後も、J002による「バスにする？[↑]」という繰り返し、J001による「うん，じゃあ，バスにしようか」という確認が行われ、合意形成が完了したことが分かる。

(16)　[バスを支持する話段]

→J001　やっぱバス派？。
J002　バス派。
J001　《沈黙　１秒》そうか。
J002　ふん<笑い>。
→J001　ちょっと1000円があれじゃけど,,
J002　うん。
→J001　やっぱり，バスがいいかな。
J002　<うん>{<}。
→J001　<人>{>}数がな，ちょっとよく考えたら確かに，大変かもしれん，これは。
J002　うん。
J001　うん。

[決定の話段]

J001　《沈黙　２秒》そうだね。
→J001　《沈黙　３秒》じゃあバスにする？[↑]。
J002　バスにする？[↑]。

J001　うん，じゃあ，バスにしようか。

J002　うん。

J001　うん <笑い>。　(DIS-JJ001)

このように、相手の意見を支持する形で話し合いを終わらせる場合は、それが考えた末の結論であることを示すことが必要であると言える。その際には、「やっぱり」や「確かに」、「そうか」、「そうだね」のような表現が出現し、自分自身を納得させようとしているのが見てとれる。そうしなければ、(15) のように、唐突に意見を変えたという印象を与えてしまい、不自然な終わり方となってしまうだろう。

(16) は、相手の意見に譲歩する発話が契機となって、合意形成に至った例であるが、ここで、自身の意見を通すことで、決定へと導いている例も見てみよう。母語場面の (17) では、バスを支持する役割の J003 による「やっぱバス…，のほうが，いいかな，1000 円，高くなっちゃうけど」という発話が決め手となって、両者で合意形成をし、バスに決定している。しかし、談話のもう少し前を見ると、電車を支持する役割の J004 による「電車だったらちょっと行動が難しいかもしれない」という発話が契機となり、「ワイワイし過ぎたら、他の乗客に迷惑が掛かりそう」という電車のデメリットに言及する話の流れになっており、J003 の「やっぱバス…，のほうが，いいかな」という発話は、その流れを受けての発話となっている。

(17)　[バスを支持する話段]

→J004　《沈黙　5 秒》やっぱ，電車の，さっきデメリットで挙がったけど，《沈黙　1 秒》これはなんかサークルの仲いいメンバーで行くから，うーん，電車だったらちょっと行動が難しいかもしれない，え，うーん。

J003　なんか，《沈黙　1 秒》ほかの乗客に迷惑 (<笑い>) 掛かりそうよね。

J004　<笑いながら> 確かに (<笑い>)，ワイワイし過ぎたらね <2 人で笑い>。

J004　えー，だったら，どうしよう。

J004　どっちの意見，がいいかな，電車か (うーん) バスかだったら。

［決定の話段］

→ J003　やっぱバス…，のほうが，いいかな，（うーん）1000 円，高く <なっちゃうけど>{<}。

J004　<高くなるけど>{>}，うん。

J003　そうね，10 人合わせて 1 万円で，結構な ,,

J004　<笑いながら> そうやね。

J003　あれではある（まあ <笑い>）けど。

J004　でもそのぶん，楽しく行けるから ,,

J003　あー。

J004　バスがいいかなって思う。

J003　そやね。

J004　うん。

J003　じゃあ貸し切りバスで。　（DIS-JJ002）

次の接触場面の（18）も同様である。J005 による、「なんで，バスにしませんか？」という発話が決め手となり、合意形成をしているが、この発話も、本来電車を支持する役割の C005 による「うーん，じゃあ，せっかく，旅行に，あのー，行くのは，確かに，楽しさ，一番大切ですね」という、バスを支持する発話を受けてなされている。

（18）［バスを支持する話段］

J005　《沈黙　2 秒》ま，電車よりも歩かなくて <笑いながら> 済む（<笑い>）っていうの，あるんで。

J005　はい。

J005　楽で。

J005　バスのほうがいいかなって。

C005　あー，そうですね。

→ C005　うーん，じゃあ，せっかく，旅行に，あのー ,,

J005　はい。

→ C005　行くのは，確かに，楽しさは，一番大切ですね。

C005　うーん。

［決定の話段］

→J005　なんで，バスにしませんか？。

C005　うーん，いいですね。

C005　じゃあ，バスで行きましょう。

J005　はい。

C005　はい。　(DIS-CJ005)

このように、決め手となる発話は、唐突に行われるものではなく、相手が譲歩しかけたのを受けて、そのタイミングを利用して行われるということが分かった。唐突な終結の印象を与える学習者の例は、この落としどころをつかむのが難しかったことによるものだと言えよう。そして、その際には、「やっぱ（り）」や「なんで（なので）」のようなマーカーを上手に利用するということもポイントである。

そのように考えると、**4.2** で見たような、相手の意見をサポートする発話というのは、相手に譲歩してもよいというサインを送ることにもなるため、受け手はそのタイミングをうまく利用することで、スムーズな合意形成につなげることができると言える。

5.「話し合い」課題についてのシラバス

以上見てきたように、この章では、サークルの仲間と旅行に行く際の交通手段を決めるという、話し合いといっても、比較的インフォーマルな形式のロールプレイ談話データを用いて、全体的な談話の構造を見たうえで、意見述べ、相手の意見のサポート、話し合いの終わらせ方に焦点を当て、談話レベルでのやりとりや具体的な表現を分析した。その結果を踏まえ、シラバスとして以下のことを提案したい。

表６ 「話し合い」課題についてのシラバス

上級レベルを目指す話者へのシラバス
・「～かなと思って」、「～かなって」、「～気がするんだけど」、「～と思うんだけど」、「～と思っていて」などの言い切らない形式を使って、主張をすることができる。 ・相手の意見をサポートするような発話もすることで合意形成に貢献できる。その際に、「まあ」、「確かに」、「やっぱり」、「うーん」などの副詞、フィラーや、「～んだよね」、「～かもね」、「～のかな」などの相手に同意を求めながら、自身をも納得させていることが分かるような表現を使うことができる。 ・話し合いを唐突に終わらせるのではなく、お互いによく話し合った上で合意形成に至ったという印象を残せるような終わらせ方ができる。その過程では、「確かに」、「やっぱり」、「うーん」などのフィラーの使用、繰り返し、確認などを行いながら、自身の意見が変わりつつあるのを見せる必要がある。
超級レベルを目指す話者へのシラバス
・相手と協働で、それぞれの立場をサポートする発話を連ねることで、徐々に合意形成に向かうことができる。 ・自身の主張を通す場合は、譲歩してもよいという相手の発話が続いたタイミングを利用して、平和的に話し合いを終わらせることができる。

6. おわりに

この章では、話し合いという課題のロールプレイ談話を、母語場面と接触場面の比較、学習者の日本語レベルとの対応などから見てきた。そこから、話し合いという談話の特徴や、学習者にとって難しいと予想される点などが明らかになった。ここで押さえておきたいのは、母語話者のやりとりをモデルとして、そのように話せるようにならなければならないということではないということである。この章で取り上げた談話の数は限られているし、個人のコミュニケーションスタイルの影響も否定できないであろう。しかし、会話というのは、その言語が使われる文化の社会規範の影響を大きく受けるものである。その文化の中で実践されている、ある一定の共通した会話のやりとりがあるとすれば、それをポイントとして提示することは、学習者にとっては、言語行動パターンの選択肢の一つを得ることになり、意義があるのではないかと考える。特に、この章で扱った話し合いのような、対立する意見を持ち合わせた話者が合意を形成するという、失敗すれば、摩擦が生じかねないような場面で、どのようにふるまえば、できるだけ摩擦を避けることができるのか、そのヒントを知ることは有効であろう。

引用文献

安達太郎 (1997)「副詞が文末形式に与える影響」『広島女子大学国際文化学部紀要』3, pp. 1–10.

ザトラウスキー、ポリー (1993)『日本語の談話の構造分析』くろしお出版.

椙本総子・宮谷敦美 (2004)『聞いて覚える話し方　日本語生中継　中〜上級編』くろしお出版.

曺再京 (2001)「順接と逆接の論理からみた「やっぱり」の機能について」『言語科学論集』5, pp. 37–48.

冨樫純一 (2002)「談話標識「まあ」について」『筑波日本語研究』7, pp. 15–31.

ボイクマン総子・宮谷敦美・小室リー郁子 (2006)『聞いて覚える話し方　日本語生中継　初中級編 1』くろしお出版.

松下光宏 (2014)「コミュニケーションのための終助詞「もの」の用法 ── 母語話者と非母語話者の使用実態から ──」『日本語教育』159, pp. 30–45.

宮永愛子・大浜るい子 (2010)「会話における「なんか」の働き ── 大学生による自由会話データを中心に ──」『表現研究』91, pp. 30–40.

大和祐子 (2009)「意見の一致を目指す会話における意見交渉の過程 ── 意見が異なる者同士の「歩み寄り」の始まりを中心に ──」『言葉と文化』10, pp. 59–75.

楊虹 (2015)「話し合いにおける不同意表明発話のモダリティ ── 中日接触場面と中国語・日本語場面の比較から」『鹿児島県立短期大学地域研究所研究年報』46, pp. 87–102.

第4章

「書かれたものへのコメント」課題のポイント

俵山雄司

1. はじめに

日本語非母語話者である留学生が比較的長い文章を書く機会としては、レポート・学術論文の他に、奨学金の申請理由やエントリーシートの自己アピールなどが考えられる。その際、日本語母語話者の学生、あるいは他の留学生に、自分が書いたものの内容・表現・構成を見てもらい、コメントをもらうことは大学でよく見られる光景である。

コメントをもらう前に行われる依頼という行為については、日本語教材でも良く取り上げられ、研究も多い。一方で、その後のコメントをもらう場面での行為について取り上げたものは見当たらない。

この章では、書かれたものへのコメントという課題を設定して行った接触場面（日本語学習者と日本語母語話者）・日本語母語場面（日本語母語話者同士）のロールプレイのデータの分析から、会話シラバス構築のための項目を抽出し、教育に役立つ知見を得ることを目指す。

2. 「書かれたものへのコメント」課題のロールカード

データ収集に使用したロールカード（接触場面）を以下に示す。なお、ロールカードの状況の一部について野田・森口（2003）の「自己アピールをする」(p. 120) を参考にした。

ロールカード A (留学生)

あなたは大学生です。日本の大学に留学しています。親から仕送りをもらって大学に通っていますが、金額は十分ではありません。そこで、ハッピー財団が募集している「ハッピー奨学金」に応募しようと考えています。奨学生に採用されれば、毎月5万円がもらえます。選考の基準は、「家の経済状況」と「勉強に対する意欲」のようです。

あなたは、応募書類に「申請理由」を書きましたが、この内容でよいか自信がありません。そこで、チューターのBさんにお願いして、「申請理由」をチェックしてもらえることになりました。これからBさんに会います。Bさんに「申請理由」を見せて、文章の内容や構成をチェックしてもらってください。会話の途中でメモをする必要があれば、プリントアウトしたものに書き込んでもかまいません。

ロールカード B (日本語母語話者学生)

あなたは大学生です。外国人留学生のAさんのチューターをしています。ある日、Aさんが奨学金に応募しようとしているという話を聞きました。あなたに「申請理由」の内容や構成、表現のチェックをお願いしてきたので、引き受けることにしました。これからAさんに会います。Aさんの「申請理由」を読んで、より良いものになるようにコメントしてください。会話の途中でメモをする必要があれば、プリントアウトしたものに書き込んでもかまいません。

日本語母語場面では、ロールカードBの役割はチューターではなく、この奨学金に採用経験のある先輩という設定になっている。

3. 日本語母語話者の談話例

日本語母語話者のデータから1例を示す。最初に話し始めるJ006が申請理由をチェックしてもらう側、つまりコメントをもらう側である。それに対して、もう一方のJ005はチェックをする側、つまりコメントを与える側である。二重下線の箇所は、**4.** で「コメントをもらう」役割のポイントとして取り上げる項目を含んでいる。

（1）【COM-JJ003】J005：コメントを与える側、J006コメントをもらう側

ライン番号	話者	発話内容
1	J006	こんにちは。
2	J005	あっこんにちは。
3	J006	①えっと今日私あのハッピー奨学金の，申請理由書書いてきたんですけれど ,,
4	J005	はい。
5	J006	見ていただけますか ?。
6	J005	はい。
7	J005	<##>{<}。
8	J006	<先>{>} 輩採用されたって言うから頭がいい。
9	J005	<笑い> あっ（<笑い>），<笑いながら> 今から読みます。
10	J005	《沈黙　19 秒》まずこの <笑い>，<笑いながら>（はい）漢字の意味，（あー）っていうのを。
11	J006	えっ，あっこれ，あのー両親から…，## 両，両親が，のお金から私へのこうお金を出してもらうみたいな，意味で ,,
12	J005	あー。
13	J006	使いたかったんですけれども ,,
14	J005	あっ。
15	J006	分かりにくいですかね ?。
16	J005	《少し間》いや，自分が知らなかっ <笑いながら> ただけだと。
17	J006	へへへ <笑い>。
18	J005	あー，<軽く笑いながら> わかりました。
19	J005	《沈黙　20 秒》ふたり，あのーちょっと前に戻って，（はい）しまうんですけど。
20	J005	《沈黙　7 秒》あっ収入 <笑い> が ,,
21	J006	はい。
22	J005	十分ではないっていうの，ところを，なんかもうちょっと，詳しく書くと，通りやすくなるんじゃないかなって。

23	J006	あここですか?, “二人合わせても”。
24	J005	なんか収入決して十分とは言えず，っていう（あーはい）ところがなんかいくら，とか書いたらなんか ,,
25	J006	はい。
26	J005	通りやすくなるんじゃないかな <って思います>{<} [“って思います” はほとんど聞こえない]。
27	J006	<あ，ありがとうござい>{>} ま…す [書く音]。
28	J005	《沈黙　35 秒》うーん <笑い>。
		（中略）
53	J006	《沈黙　18 秒》だ <笑い>。
54	J005	<笑いながら> なんですか ?。
55	J006	②あとなんか（<笑い>），条件とかの勉強への意欲だ，あ見ましたけど，あったん（あー）ですけど，なんかその勉強の意欲をどういう <笑いながら> ふうに説明したらいいかっていうのが（あー），ちょっと悩ん <でて>{<},,
56	J005	<意欲>{>}，うん。
57	J006	なんかたぶんこれだとただなんかがんばりたい <笑い> です，みたいな ,,
58	J005	あー，勉 <強>{<}。
59	J006	<感じ>{>} かなって思（あ）います。
60	J005	研究に ,,
61	J006	はい。
62	J005	当て，て，（あー）書いて（はい）みたらいいかもしれない [書く音]。
63	J005	なんか（あー）この研究がしたいって，で（はい）なんか，[書く音] んー，しょう，将来のこととかも，なんか将来こういう，会社に入りたいとかっても考えてたら（はい），あそういう，（あー）今やること，研究とかってすごい大事だと，思う。
64	J005	（あーはい）うん，そういうことを書けばいいんじゃないかなって思う。
65	J006	はい，あっ，ありがとう <ございます>{<}。
66	J005	<笑いながら><いえ，いえいえ>{>}。
67	J006	《沈黙　15 秒》学年上がると勉強って大変になりますよね ?。
68	J005	あっそう…だね，うーん，大変になる…し，やっぱ研究室に入っちゃうと，（はい）なんか，そのま研究室によるけど，その夜遅くまでやってたりして，アル（あー）バイトができないっていう [書く音] ,,

69	J006	はい。
70	J005	ころもでてくる，から，うん。
71	J006	《沈黙　3 秒》あー。
72	J006	③《沈黙　3 秒》そうですね，じゃあこのへんちょっと，入れてみます。
73	J005	はい <2 人で笑い>，ありがとうございます。
74	J006	<笑いながら>ありがとうございます。

ライン番号 10 の発話が何を指しているか文字化資料からだけではわかりにくいが、ここで J005 が「この漢字」で言及しているのは、書かれた申請理由にある「拠出」という語で、J005 はこの漢字の意味（あるいは使用意図）についての質問を行っている。

次に、二重下線を付した①から③のポイントについて簡単に説明する。まず、①（ライン番号 3・5）は「談話開始部のコメントの依頼」である。ロールカードの記述からわかるように、会う前に依頼は既に受諾されているため、依頼内容の確認という性格を持つ。次に、②（ライン番号 55・57・59）は、「コメントをもらう側からの質問」である。ただ、この発話は、いわゆる疑問文の形にはなっていない。「なんかたぶんこれだとただなんかがんばりたいです，みたいな感じかなって思います」と、自分の文章に対する懸念を表明することで、間接的に、この内容でよいかを尋ねていると解釈できるものである。最後の③（ライン番号 72）は、「談話終結部のやり取り」の一部である。若干の沈黙の後、「じゃあこのへんちょっと，入れてみます」という今後の自分の行動について述べることで、J006 はコメントをもらう場面からの離脱を始めている。

4. 「コメントをもらう」役割の分析

ここでは **3.** で取り上げた 3 つのポイントについて、日本語母語場面（5 組）と接触場面（20 組）のデータを比較しながら、見ていく。

4.1 談話開始部のコメントの依頼

すべてのデータの談話開始部に以下のような、申請理由の記述チェックについての依頼の表現が見られた。依頼は既に受諾されている設定であるが、形としては（2）のような依頼の形をとって出現している。

（2） J010 あのー，申請理由ちょっと今書いたんですけど，ちょっと見てもらってもいいですか？。 (COM-JJ005)

上記では「〜んですけど」という形式の従属節で現在の状況を提示した後、「見てもらってもいいですか」という疑問文の形で、相手に働きかけている。

表1は、日本語母語場面開始部の依頼発話における従属節の形式と主節の文末表現をまとめたものである。

表1　日本語母語場面の依頼発話の従属節形式と文末表現

データ番号（話者番号）	表現形式
COM-JJ001 (J002)	〜んですけど、〜て、〜て、〜で、〜て、〜見てもらえますか
COM-JJ002 (J004)	〜て、んですけど、らしいですね。〜読んでもらって、〜お願いしたいんですけど
COM-JJ003 (J006)	〜んですけれど、〜見ていただけますか
COM-JJ004 (J008)	〜んですけど、〜見てもらいたくて
COM-JJ005 (J010)	〜んですけど、〜見てもらってもいいですか

5組全てのデータで、「1つ以上の従属節＋主節」の構造が見られた。主節の文末は「か」による疑問が3組、「〜て」「〜けど」による言いさしが2組となっている。また、5組すべてで、従属節「〜んですけ（れ）ど」（二重下線部）と、受益表現「〜てもらう／いただく」（囲み部分）が使用されているのが特徴的である。さらに、文構造に目を向けると、以下のCOM-JJ002が2文に分けて発話している以外は、構造上は一文内に依頼の要素が収まっている。

（3） J004 先輩，（はい）えっとーちょっと，今度，奨学金を借りようと思って，（はい）その申請理由についてちょっと書いてみたんですけど，ちょっと先輩なんか，しん，あのう奨学金借りてるら<しいですね>{<}。

J003 <あー>{>}そうそう，借りてる借りてる。

J004　それのと，そのときに，もうちょっとアドバイスみたいなものをちょっと<書いてみたんでちょっと読んでもらって，はい>{<}。

J003　<添削みたいな感じで>{>}。

J003　あ，オッケー，<ちょっと>{<}【【。

J004　】】<お願>{>}いしたいんですけど。　　　　(COM-JJ002)

この例では、最初の発話で、「奨学金を借りようと思って申請理由を書いたこと」に加え、コメントをもらいたい先輩J003の奨学金受給経験についての確認がなされている。J003の「借りてる」という返答を受けて、J004は「読んで添削みたいな感じでお願いしたい」と依頼を行っている。

次に、接触場面について見る。接触場面では、依頼発話が長くなる傾向がある。表２は接触場面開始部における依頼発話の従属節と主節の数についてまとめたものである。

CJ・KJ・EJ・VJの記号はそれぞれ、中国語・韓国語・英語（を中心としたゲルマン語系諸語）・ベトナム語を母語とする日本語学習者が話者に含まれていることを示す。「J-CAT」欄には、その発話を行った日本語学習者のJ-CATのスコアを示す。

表２　接触場面の依頼発話の従属節数＋主節数

データ番号	J-CAT	節数	データ番号	J-CAT	節数
COM-CJ001	335	7	COM-KJ001	281	17
COM-CJ002	326	10	COM-KJ002	278	3
COM-CJ003	323	3	COM-KJ003	267	2
COM-CJ004	304	1	COM-KJ004	234	2
COM-CJ005	279	3	COM-EJ001	256	5
COM-CJ006	279	6	COM-EJ002	214	17
COM-CJ007	277	8	COM-EJ003	196	4
COM-CJ008	225	7	COM-VJ001	243	6
COM-CJ009	219	2	COM-VJ002	232	6
COM-CJ010	190	3	COM-VJ003	202	3

依頼発話が長くなるのは、日本語学習者（以下、JL）は、自分の経済状況などの背景情報についても詳しく触れているケースが多いためである。例えば、以下の（4）は、依頼の背景情報として、経済状況・奨学金情報の入手先・これまでの経験・チェック項目を聞き手に提示しており、先に見た日本語母語話者（以下、JNS）の（2）（3）より詳しい情報を盛り込んでいる。

（4） C001 いやなんか，あのー，最近，ちょっとお金に困ってて（あー），あのー，一応，なんかハッピー奨学金というのが，なんか，そういう，掲示板に，貼って…，なん，貼ってる，申し込み書があって，そのハッピー奨学金に申し込みたい（うんうん），申請したいと思って（はい）いるので，なんかそれについて，一応，理由を書いてありますけれども，んー，なんか初めてなのであんまり自信がないなと思ってる。

C001 もしよかったら，一応文法とか，なんかこう，構成とか（うん），チェックして，もらえれば助かる，と思うけど ,,

（COM-CJ001）

次に、具体的な形式として、依頼発話の文末表現と従属節形式に着目してみる。まず、文末表現では、JNSと同様に、JLも、疑問「か」（20組中11組）を多く使用しており、言いさしの「〜けど」「〜て」（20組中3組）の使用も一定数見られた。特徴的なのは、JL（COM-CJ008・COM-CJ010・COM-VJ002）に見られた「お願いします」である。以下に例を示す。

（5） C010 はい，えっと，「J010名」さん、これは（はい）私の奨学金の申し込みのため，の資料です。

C010 自分で書いたけど，自信があまり，ないです。

C010 <u>チェックお願いいたします</u>。 （COM-CJ010）

「お願いします」が定型表現で使いやすいこと、また、J-CATの点数で見ると225点・190点・232点と低めのデータに現れていることからすると、単純な依頼の表現として選択されている可能性がある。

表３ 接触場面の依頼発話の文末表現

データ番号	J-CAT	
COM-CJ001	335	チェックしてもらえれば助かると思うけど。
COM-CJ002	326	直していただけないでしょうか。
COM-CJ003	323	直してもらえませんか。
COM-CJ004	304	見せてもらえますか。
COM-CJ005	279	見てもよろしいでしょうか。
COM-CJ006	279	チェックしてもらえますか。
COM-CJ007	277	見てもらえますか。
COM-CJ008	225	書き直す，お願いします。
COM-CJ009	219	確認していただけますか。
COM-CJ010	190	チェックお願いいたします。
COM-KJ001	281	添削してもらえるかなと思って。
COM-KJ002	278	見直してもらえませんか。
COM-KJ003	267	見てもらえますか。
COM-KJ004	234	どう書いたらいいです…。
COM-EJ001	256	意見をもらいたいと思います。
COM-EJ002	214	間違いばかりと思う。
COM-EJ003	196	直してもらっていいですか。
COM-VJ001	243	正しいかどうかまだわからないけど。
COM-VJ002	232	（相談できればと思いますので，）今日はよろしくお願いします。
COM-VJ003	202	チェックしてもらってもいいですか。

また、文末表現の直前部には受益表現「～てもらう／ていただく」（囲み部分）が含まれていることが多い。JNSは５名全員が使用している（COM-JJ002は直前部ではないがカウント）のに対し、JLは20名中12名の使用に留まっている。J-CATの点数で二群に分けて見てみると、上位群（267点以上）は10名中９名とほぼ全員であるのに対し、下位群（256点以下）は10名中３名となっており、非用が際立つ。

興味深いのは、JNSでは同じ恩恵でも「～てもらえますか」「～てもらいたくて」「〜てもらってもいいですか」など様々な形で実現されているのに対し、JLは上位群9名全員が「〜てもらえ／ていただけ」という可能形を伴う形で、下位群は3名中2名（COM-EJ003・COM-VJ003）が、以下のような「〜てもらってもいいですか」という形を選択している。下位群では、可能形への活用が難しい操作であると感じられ、回避されたのかもしれない。

（6） E003　じゃあ，このあいだ，この（はい）奨学金の，申し込みを，えー，<笑いながら>一生懸命か，か，え，書こうとしましたけど，えー，たぶん，うーん，ミステイクとか，ま，言い間違えことが，，

J003　あー。

E003　いっぱいあると思うけど，<笑い>もしよければ，ちょっと，間違えを，<笑い>なお，，

J003　あー，チェ<ック>{<}。

E003　<なお>{>}してもらっ（はい）ていいですか?。

（COM-EJ003）

次に、従属節の形式について見る。JNSは使用形式が「〜んですけ（れ）ど」「〜て／で」に集中している。特に前者（表1中の二重下線部）は、全員が使用している。一方、JLが使用する従属節の形式は様々で、「〜んですけ（れ）ど」を使用したのは、「〜んだけど」の形を含めて20名中6名であった。内訳はJ-CAT上位群が4例、下位群が2例である。

「〜ですけ（れ）ど」で示される内容は、JNS・JLともに、以下の（7）のような、申請書類を書いたことへの言及、あるいは、申請したいという意思の表明がほとんどであった。

（7） K003　あ，はい，ちょっと，書いて，一応，書いてみたんですけど，（はい）ちょっと，見てもらえますか?。

（COM-KJ003）

山内（2004）は、Nグラム統計を用いて、OPIデータから中級・上級・超級レベル学習者を特徴づける文字列を抽出した。その結果、「んですけど」は、超級129例、上級50例、中級6例、初級なしとなり、超級話者を特徴づける文字列であると述べている。読解・聴解問題で構成されているJ-CAT

と、口頭能力を測定するOPIのレベルは質の異なるものであるが、よく似た傾向を示していることは注目に値する。

以上のことから、JNSは、「〜んですけ（れ）ど」で申請理由について前置きをし、あまり詳細な背景の説明なしで、依頼を行うのが典型的であると言える。その理由として、メールで既に依頼が受諾されていることもあり、できるだけシンプルに依頼の内容を確認し、コメントをもらう局面に移行したいということがあると考えられる。

4.2 コメントをもらう側からの質問

コメントをもらう側は、コメントをもらう局面では、コメントをする側に談話の主導権を渡し、主に「聞き手」として振る舞うことになる。ただ、ずっと相手のコメントに反応するだけではなく、質問をすることもある。質問には、大きく分けて、日本語（表現）に関するものと、内容・構成に関するものがあった。ここでは、JNSとJLに共通して一定の数が観察された、後者の質問に着目する。なお、ここには、直接的な疑問の形式を伴わない間接的な質問を含むが、単純な聞き返しや発話意図の確認は含まない。

以下の表4は日本語母語場面における内容・構成に関わる質問をまとめたものである。発話が長いものは、前半部や言い直しなどを一部省略して示す。

表４ 日本語母語場面のコメントをもらう側からの質問

データ番号	質問
COM-JJ001	なし
COM-JJ002	「自分のやる気よりも具体性の例のほうを，多めのほうが，大事なんですかね」「学業も頑張りたいっていうのを出すにはどうしたらいいですかね」
COM-JJ003	「なんかたぶんこれだとただなんかがんばりたいです，みたいな感じかなって思います（間接的な質問）」
COM-JJ004	「なんかここふわっとしてるんですよね（間接的な質問）」「でもそこはどうなんだろうって思って（間接的な質問）」「具体的に時間数とかを書くとか無理ですかね」
COM-JJ005	「この相手のメリットって書きましたか，実際に」「“時間が取れればちゃんと成績をあげていきます”みたいなのを書いていこうかなと（間接的な質問）」「社会に出た自分みたいなものちょっと，書いたほうがいいですかね」「量的にはどのぐらい書いたほうがいいですかね」

JNSで特徴として見られるのは、まず、ここで「間接的な質問」とカテゴライズした発話の多さである。「どう」などの疑問詞や文末「か」を用いずに、自分の書いたものに対して、「なんかたぶんこれだとただなんかがんばりたいです，みたいな感じかなって思います」(COM-JJ003)、「なんかここふわっとしてるんですよね」(COM-JJ004) のような現在の記述内容の問題を提起したり、「～みたいなのを書いていこうかなと」(COM-JJ05) のような改善案を自ら示したりして、間接的に相手の意向を尋ねるようなものが5名中3名 (4例) に見られた。JLでは、COM-KJ002・COM-KJ003・COM-VJ002・COM-EJ003に「語彙じゃなくて構造とかは…」のような中途終了発話での質問が見られた以外は、同様の質問はなく、日本語レベルや母語による特徴があるとは言えない。

以下の表5は、接触場面のCJ・KJ・EJ・VJそれぞれで最も質問数が多かった1組の内容・構成に関わる質問をまとめたものである。「間接的な質問」がなく、ほとんどがストレートな質問であることがわかる。

表5　接触場面のコメントをもらう側からの質問 (抜粋)

データ番号	J-CAT	質問
COM-CJ002	326	「具体的な父の収入年額とかは，書かなくてもだいじょぶですよね」「どこに入れたほうがいいですか，この後」「長くすると，あえてよくないんですか」「母は主婦で，あんまり仕事をしていないんですから，書かなくてもだいじょぶですね」「部活の話をしていいのでしょうか」
COM-KJ003	267	「そういうのも，もうちょっとうまく (表現したい)」「ちょっと加えて (述語の省略)」
COM-EJ002	214	「それちょっと思ったけど，何がいいかな」「その奨学金のもらうための，何がいい理由と思いますか」「その部分は，ちょっともっと強調したらいいですね？」「ほんとに納得させられるの，いい方法はなんですか」「この説明でわかりますか」
COM-VJ001	243	「具体的に説明したほうがいい？」「流れとか，構成とか問題がありますか」「もっと書いたほうがいいと思う？」「なにか消したほうがいいと思う？」

ストレートな質問は、「間接的な質問」に比べて、質問の意図がはっきり伝わる反面、「その奨学金のもらうための，何がいい理由と思いますか」

（COM-EJ002）や「もっと書いたほうがいいと思う？」（COM-VJ001）のような質問が連続すると、やや質問攻めのような印象を与える可能性もあるかもしれない。

もう１つのJNSの特徴として目立つのは、発話の文末における「～かね」の使用の多さである。JNSでは５名中３名が使用（５例）している。

（８）「自分のやる気よりも具体性の例のほうを，多めのほうが，大事なんですかね」（COM-JJ002）

（９）「学業も頑張りたいっていうのを出すにはどうしたらいいですかね」（COM-JJ002）

（10）「具体的に時間数とかを書くとか無理ですかね」（COM-JJ004）

（11）「社会に出た自分みたいなものちょっと、書いたほうがいいですかね」（COM-JJ005）

（12）「量的にはどのぐらい書いたほうがいいですかね」（COM-JJ005）

ここでの質問内容は、疑問詞を含んだ（９）（12）を除き、それぞれ「～が大事だ」「～は無理だ」「～ほうがいい」という書き手（話し手）が下した暫定的な判断の是非を問うものである。同様の内容は、JLの質問にも見られるが、文末は「か」「よね」「ね」「かな」「でしょうか」などで、「かね」を使用したものはゼロだった。JLの発話の例を以下に示す。

（13）「最後の部分は，これでいいですか」（COM-CJ006）

（14）「その部分は，ちょっともっと強調したらいいですね？」（COM-EJ002）

この場合、質問としては成立しているが、場合によっては、前者は少しぶっきらぼう、後者は押し付けがましい印象を与える可能性がある。これらを「かね」に言い換えると、そのようなマイナスの印象を与える可能性は少なくなると推測される。

（15）「最後の部分は、これでいいですかね」（作例）

（16）「もっと強調したらいいですかね？」（作例）

また、元の発話に比べ、「かね」に言い換えた発話のほうが、「自分も頭を働かせて判断したが、確認したい」というニュアンスが出る。このようなニュアンスが出ると、相手に頼ってばかりではないという姿勢が見えて良い印象を与える可能性がある。

なお、熊野 (2000) は、「かね」について、仁田 (1991) を参考に「カナ、カシラ、ダロウカ、デショウカ」と同様の「疑いの表現」と位置付け、「か」によって不確定な要素の存在を示し、「ね」によってそれを話し手の知識・経験と照合する過程を示していると説明している。先ほどの「自分も頭を働かせる」というニュアンスは、この説明と符合していると言える。

なお、接触場面のデータにおいてJLがJNSに日本語の表現について質問する場合は、相手との知識・経験の量が異なるせいか、「かね」の使用は不自然になることがある。

(17) 「これは“くれる”はちょっとおかしいんですか」 (COM-KJ002)

(18) 「これは“くれる”はちょっとおかしいんですかね」 (作例)

ここでは、JLが申請理由の内容・構成に関して質問する際、自分でも主体的に考えているという姿勢を誤解されないように、「かね」を使用するとよいということにしておく。

4.3 談話終結部のやり取り

申請理由へのコメントが終わると、談話は終結に向かう。談話の終結部では、ほとんどの場合、コメントをもらった側からの「ありがとうございます」のようなお礼の表現が見られた。

(19) J002 そういう構成の方がいいかもしれない。
J001 あっはい。
J001 《沈黙 15秒》あ，じゃ今日は，ありがとう <笑いながら> (<笑い>) ございました。
J002 じゃあこんな感じでがんばってください。
J001 あっはい，ありがとうございます。 (COM-JJ001)

ここでは談話終結部を「コメント終了後の部分」と捉え、そこでのやり取りについて見る。まず、日本語母語場面の談話終結部について、コメントをもらう側の発話を中心にまとめたものを表6に示す。「 」はコメントをもらう側の発話で、〈 〉中にその間にある相手発話の主な機能を示す。「ありがとう」に類する表現には下線を引いた。

表からわかるように「ありがとう」に類する表現が頻出しており、それらが出現しないのは、5組中1組（COM-JJ004）のみとなっている。この傾向は接触場面でも同様で、20組中1組（COM-VJ001）以外では、この種の表現が使用されている。

表6　日本語母語場面の談話終結部のやり取り

データ番号	形式
COM-JJ001	「今日はありがとうございました」〈励まし〉「ありがとうございます」
COM-JJ002	「ありがとうございます」「ちょっとまた書き直してみます」 「ありがとうございます」〈行為の申し出〉「ほんとですか」 「ありがとうございます」「うれしい」〈行為の申し出〉「お願いします」
COM-JJ003	「ありがとうございます」《余談による中断》「じゃあこのへんちょっと入れてみます」
COM-JJ004	「うん」〈応答〉「はい」
COM-JJ005	「ありがとうざいました」〈儀礼的応答〉「いえいえそんな」

接触場面での使用例として以下の（20）を見ておく。

（20）　C003　《沈黙　5.5秒》文法，的な，問題は,,
　　　J003　はい。
　　　C003　ない，です，<よね>{<}。
　　　J003　<はい>{>}。
　　　C003　ありま，もうありません<でした？>{<}。
　　　J003　<ひとま>{>}ず。
　　　C003　《沈黙　3秒》はい，ありがとござい（はい）ます<最後笑いながら>。
　　　J003　<軽く笑いながら>こちらこそありがとうございました。
　　　C003　はい，ありがとございました。　（COM-CJ003）

この（20）では、J003の「ひとまず」がもう話すことがないことを表明するpre-closing（Schegloff & Sacks 1973）として機能し、それをC001が「はい、ありがとございます」で受けている。そして、それに対する「こちらこそありがとうございました」という儀礼的挨拶と、それに続く2回目の「ありがとございました」をもって会話が終結していると解釈できる。

データ中で、pre-closing（コメント部分の終了の発話）の直後に、「ありがとう」類の表現が使用されないケースは、以下の（21）のように不自然なやり取りが見られることが多かった。

（21） J002 <笑いながら>文章ができてます。
K002 ああ，そうですか，じゃあ。
J002 はい。
K002 はい，わかりました。
K002 あー，どうぞ，<笑いながら>失礼しました。
J002 あははははは<二人で笑い>。
K002 助かりました。
J002 よか<ったです>{<}。
K002 <おかげ>{>}で。
K002 うん，じゃ，先に，失礼します。
J002 はい。 （COM-KJ002）

上記では、K002の発した「わかりました」「失礼しました」という発話の意図がよく把握できなかったのか、J002は「あははははは」という笑いで場を持たせようとしているように見える。その後、「助かりました」という表現が出てpre-closing（「文章ができてます」）にK002が応じたことが伝わり、会話は終結に向かっている。このことから、コメントが終わったと感じた際には、「ありがとうございます」などのお礼の表現を述べることが、JLにとって手軽で効果的な終結の手段となりうると言える。

終結部のやり取りにおいて、これ以外に注目すべき点として「〜てみる」による、これからの行動を予告する表現がある。表6にも示しているが、JNSには「ちょっとまた書き直してみます」（COM-JJ002）、「じゃあこのへんちょっと入れてみます」（COM-JJ003）の2例が見られた。一方、JLには、「もう1回直します」（COM-CJ009）という「〜てみる」なしの表現が1例あっただけで、同様の表現は見られなかった。ここでの「〜てみる」は、自分の次の行動を予告することで、このコメントをもらう場から離脱することを暗示していると考えられる。

5. 「コメントをする」役割の分析

ここまで申請理由についてコメントをもらう側の言語使用について分析してきた。ここでは、コメントをする（与える）側のJNSの言語使用からこの課題のポイントになる4点について簡単に示し、解説を加える。

①申請理由を読み始める際の声掛け

コメントの受け手からの依頼の言葉に対応する形で、与え手が申請理由を読み始める場合、そのことを一言告げてから、読み始めることがある。

（22） C009 はいはい，ちょっと確認していただけますか？。
J009 はい。
C009 はい。
J009 ですねー，はい。
J009 ［息を吸う音］えーと，たら［紙をめくる音］。
J009 《沈黙 9秒》じゃ，ちょっと読みますね［息を吸う音］。
（COM-CJ009）

このような「読むこと」を確認・宣言する表現は日本語母語場面で5例中2例、接触場面で20例中7例見られた。「じゃあ」「ちょっと」を伴うことも多く、「じゃあちょっと，読んでみます」（COM-CJ001）のように終助詞「ね」がない場合もある。

②コメントの受け手からの提案に対する否定的意思表明の前触れ

コメントの受け手の文章や、やり取りの中での受け手からの提案に対して、否定的な発言をしなければならない時には、「うーん／んー」や「そうですね」などのフィラーが単独、あるいは組み合わせて使用されていた。

（23） J007 《沈黙 4秒》［読んでいる文章を微かに呟いているが聞き取れない］留学…のこ，んーと，留学のことを無事にでき（うん）れば ,,
C007 はい。
J007 《少し間》っていうのは ,,
C007 うん。

J007　んー，そうすね，なん‘なんか’，“留学のこと”ってあんま言わないかなと（あー）思って<2 人で笑い>。

（COM-CJ007）

最初のJ007はC007が書いた文章を読み上げながら確認し、その後、「留学のこと」という表現は使用しないことを告げている。間や「んー」「そうすね」は、考えている時間を埋めると同時に、この後、表現の不適切性という言いづらいことに言及する前触れとしても機能していると考えられる。なお、この種の「そうですね」について、小出（2011）では、「先行文脈を受け、その話題を捉え直した上で、自身の表出を行うことを示す」(p. 96）とされている。「そうですね」の後に来るのは、相手の使用した表現を、自身の価値基準で捉え直した結果のコメントだと考えることができる。

③修正の提案

コメントをする側から修正案を出す際は、「ここは～に直してください」のような直接的な言い方になることはほとんどなく、婉曲的な表現が多用される。接触場面で特に目立ったのは、「～ほうがいい」という表現で、ほぼ全てのデータに観察された。

（24）　J003　<そうです>{>}ねー，あでもあのー，今までの，たくさん理由を挙げてきたことを，すべてまとめて言いたいので，なので“以上の理由で”のほうがいいと思います。

（COM-CJ003）

「～ほうがいい」という表現を使用することで、「オリジナルも悪くないが、こちらのほうがさらによい」ということを言外に伝えることが可能になる。なお、「～ほうがいい」単独での使用より、上記の「～と思う」や「～かなって思う」「～んじゃないか」「～気がする」「～かもしれない」などの多様なモダリティ形式が後接するほうが圧倒的に多かった。

④希望の成就の願い

談話終結部のやり取りにおいて、接触場面のうち3組で希望の成就を願う表現が使用されていた。

(25) K001 本当に助かりました。

J001 通るといいですね，(あはははは) これで。(COM-KJ001)

他にも「受かるといいですね」(COM-CJ001) などの形式も見られた。終結部のやり取りをスムーズにするための表現として提示したいものである。

6. 「書かれたものへのコメント」課題についてのシラバス

ここまでに得られた知見を元に、中級・上級・超級のシラバスを考える。

まず中級段階のコメントの受け手の役割については、談話終結部でコメントの与え手からのコメントがすべて終わった際に、「ありがとうございます」などのお礼の言葉で受け、終結に向かうことを示しておきたい。

次に、上級段階での受け手の役割だが、受益の表現「～てもらう／ていただく」を使用しての依頼の確認に加え、談話終結部の「また書き直してみます」などの行動予告の表現もフレーズとして押さえておきたい。一方で、与え手としては、**5.** で示した４点は、表現の複雑さも、さほどでないので、この段階で習熟しておきたい。

最後に超級の段階について述べる。背景情報を提示する「～んですけど」については、これを使用せず「書きましたけど」「書きましたから」を使用した場合、多少の不自然さは伴うものの、情報提示としての問題はない。既に依頼は成立しており、失礼な印象も特にない。そのため、「～んですけど」は、この段階で自然な表現として示しておきたい。また、質問攻めのような印象を防ぎたいという要望があれば、「～ですかね」による質問や「これだとなんかただがんばりたいです、みたいな感じかなって思います」のような間接的な質問も紹介してよいと判断される。

ここで述べたことを表７にまとめておく。

表7 「書かれたものへのコメント」課題についてのシラバス

中級レベルを目指す話者へのシラバス
〈コメントの受け手〉 ・「ありがとうございます」などのお礼の言葉によってスムーズに会話の終結を導ける。
上級レベルを目指す話者へのシラバス
〈コメントの受け手〉 ・恩恵の「～てもらう／ていただく」を使用しながら、依頼したことの確認ができる。 ・「また書き直してみます」などの行動を予告する表現によって、コメントをもらう場からの離脱の意思を示すことができる。 〈コメントの与え手〉 ・「じゃ，ちょっと読みますね」等の表現で、申請理由を読み始める際の声掛けができる。 ・受け手からの提案に対する否定的意思表明をする前に、「うーん」「そうですね」などを使用して考える時間を稼ぐとともに、前触れする。 ・「～たほうがいい」＋「と思います」などで婉曲的に修正の提案ができる。 ・会話の終結の際、「通るといいですね」など相手の希望の成就を願う表現を使用し、協調的な雰囲気を保って終えることができる。
超級レベルを目指す話者へのシラバス
〈コメントの受け手〉 ・状況を説明する「～んですけど」を使用しながら、依頼したことの確認ができる。 ・質問攻めの印象を避けるため、「～ですかね」や間接的な質問も織り交ぜながら内容に関する質問ができる。

7. おわりに

本章では、奨学金の申請理由書へのコメント場面をデータとして、特に受け手のポイントとなる①開始部のコメントの依頼、②コメントをもらう側からの質問、③終結部のやり取りの3つに着目して分析を行った。この結果は、チューターや先輩など比較的年齢が近く、親しい間柄での会話であれば、申請理由以外にコメントする場面の指導にも応用が可能だと思われる。

なお、紙幅の関係で紹介できなかったが、コメントの受け手の役割では、少数ではあるが、JLにおいて「ふーん」や「たしかに」など、コメントの与え手の気分を害する可能性が高いあいづちが観察された。このような、「聞き手行動」全体の分析も、よりシラバスを充実させるために必要ではないかと考える。

引用文献

熊野七絵（2000）「文末の「かね」の意味・機能――「疑いの表現」としての位置づけ――」『広島大学留学生センター紀要』10, pp. 31–41.

小出慶一（2011）「応答詞「そうですね」の機能について」『埼玉大学紀要教養学部』47-1, pp. 85–97.

仁田義雄（1991）『日本語のモダリティと人称』ひつじ書房.

野田尚史・森口稔（2003）『日本語を書くトレーニング』ひつじ書房.

山内博之（2004）「語彙習得研究の方法――茶筌とＮグラム統計」『第二言語としての日本語の習得研究』7, pp. 141–162.

Schegloff, Emmanuel and Harvey Sacks（1973）Opening up closings. *Semiotica* 8-4, pp. 289–327.

第5章

「伝言の伝達」課題のポイント

石黒　圭

1．はじめに

言語は、情報を伝達する機能と、感情を伝達する機能を持っている。伝言を書くことは、前者、すなわち情報を伝達する機能を鍛えるうえで、役に立つトレーニングである。

医療の現場で医師の伝言を看護師が患者に伝える場合でも、ビジネスの現場で上司の伝言を部下が取引先に伝える場合でも、この章のように、学校教育の現場で教師の伝言を学生が別の学生に伝える場合でも、伝言は当事者にとって重大な情報を伝えるものである。そのため、誰が何についてどんなことを伝えようとしているのか、ポイントを過不足なく押さえた、適切な提示順での情報提示が欠かせない。日本語の教科書においても、伝言を誰かに言付ける練習こそ見られるが（ボイクマンほか（2004）、中居ほか（2005）など）、伝言を誰かから言付かり、さらにその伝言を別の誰かに言付けるという、受け手・送り手の双方の役割を担う練習は、管見のかぎりでは見あたらない。

伝言ゲームという遊びがあることからもわかるように、伝言は母語話者にとっても高度で鍛え甲斐のある言語技術であり、その点は有元（1996, 1997, 1998, 2000a, 2000b）で示されている。日本語学習者にとってもそれは同じであり、何を選んでどう並べるかという情報伝達の基本をトレーニングできる。また、メールが発達した現在でも、口頭による伝言は廃れておらず、病院における看護師の申し送り場面を扱った永井（2010）の研究が端的に示しているように、実社会において重要な情報伝達が口頭伝言によって行われており、かつ、それがおたがいの信頼関係に基づいて行われている以上、人間関係の構築・維持という観点からも必須の言語技術であると考えられる。

2. 「伝言の伝達」課題のロールカード

この章で扱う伝言の談話は、ある学生Bが指導教員のC先生から受けた伝言を、別の学生Aに伝えるというものである。詳細は次のとおりである。

まず、学生Bは、次のようなロールカードを渡される。そのロールカードは日本語と学習者の母語で次のように書かれている。

ロールカードB（留学生）

> あなたはC先生の｛ゼミ・研究室｝に所属しています。あなたは、授業後にC先生に話しかけられました。その後、偶然同じ｛ゼミ・研究室｝のAさんに会いましたので、C先生の話を伝えます。
>
> ※先生と話しているときにメモをとっても構いません。
> ※少し離れたところから歩いてきて、Aさんと会い、話しかけてください。立って話してください。

そのうえで、ロールカードを持った指導教員（教師役）のところに出むいて話を聞く。教師役のロールカードに渡されたシートには次のように書かれている。

ロールカード（教師）

> ※あなたは授業後、｛ゼミ生の・研究室の｝Bさんを呼び止めます。同じ｛ゼミ生・研究室｝のAさんに伝えて欲しいことがあるからです。話の最後にBさんに話の内容がわかっているか確認しますが、その際、Bさんから確認の質問が出たら答えてください。何度質問が出ても答えて構いませんが、このカード自体を見せて説明することはやめてください。

======================= 以下、伝言内容 ========================

あ、Bさん、今ちょっといいですか？お願いしたいことがあって…。

実は明後日から２週間、海外出張に行くんです。

Aさんに奨学金の書類に判子を押してほしいと言われているんですが、まだAさんが来ていません。奨学金の書類は来週までですが、私は明後日から２週間いません。

Aさんに会ったら、明日までだったら判子を押すことができるので研究室に来るように伝えてもらえませんか？

私の話、わかりましたか？大丈夫ですか？

一方、学生Aは次のようなロールカードの内容を理解したうえで、学生Bと出会う。

ロールカードA（日本人学生）

あなたはC先生の｛ゼミ・研究室｝に所属しています。あなたは、奨学金の申し込みの締切りが来週なので、先生に書類に判子を押してもらいたいと思っています。以前、先生にお願いしたら「いいよ」と言っていましたので、明後日持っていこうと思っています。そんな時、同じ｛ゼミ・研究室｝のBさんに偶然会いました。

※少し離れたところから歩いてきて、Bさんと会い、立って話してください。

このようなロールカードによって指示を受けた学生Aと学生Bが出会ったとき、伝言という活動はどのように行われるだろうか。また、その際にはどのような機能を帯びた表現が使われているだろうか。以降では、そうした点を中心に探っていく。

3. 日本語母語話者の談話例

接触場面の談話の分析のため、母語場面の典型的な談話例を見ることで、伝言の伝達談話の特徴を概観する。

伝言の伝達が行われるとき、伝言をする側に現れる発話機能には、大きく分けて以下の七つが認められる。発話機能のラベル付けは、ザトラウスキー(1993) 以来、様々な方法が試みられているが、ここでは胡 (2015) を参考に、「伝達内容」と「伝達機能」をそれぞれ二字漢語で表したものを組み合わせた四字漢語で示すことにする。たとえば、「話題言及」という発話機能は、「話題」という「伝達内容」と「言及」という「伝達機能」の組み合わせでできている。ラベル名付けの方法は胡 (2015) を参照したが、発話機能のラベル自体は、「伝言の伝達」に合わせて作成したこの章独自のラベルである。

伝言をする側に現れる典型的な発話機能は以下の通りである。

表1　伝言をする側に現れる典型的な発話機能

発話機能	表現例
状況確認	今大丈夫ですか
伝言言及	伝言なんですけど
主体言及	山本先生に会ったんですけど
話題言及	奨学金のハンコの話なんですけど
前提言及	あさってハンコをもらう予定ですよね
事情提示	先生があさって海外出張に行くので
用件提示	明日までに来てほしいと先生が言ってました
対処要求	明日先生の研究室に行ってください

「状況確認」は用件をめぐる発話を開始してよいかどうかの確認である。「伝言言及」は伝言という行為をすること自体に言及するものであり、「主体言及」は伝言主である先生に言及し、多くの場合、先生に会ったという形で言及が行われる。「話題言及」は「奨学金のハンコ」という話題に言及し、「前提言及」は「あさってハンコをもらうことになっていた」という、指導教員と学生Aが共有している約束の内容に言及する。

「用件提示」は「ハンコを押しに来る日を明日までにしてほしい」という伝言の中心となる内容を示し、「事情提示」は用件の内容の背景にある事情を開陳する。これにたいし、「対処要求」は、先生ではなく学生Bが、学生AにA自身の責任で先生のもとに行くよう指示を出すものである。

そのほか、明日先生のところに行けるかどうかを確認する「対処確認」や、先生の今日時点での所在を提示する「所在提示」なども見られた。

一方、伝言をされる側の典型的な発話機能は以下の通りである。

表２ 伝言をされる側に現れる典型的な発話機能

発話機能	表現例
理解応答	そうですか
同意応答	わかりました
否定応答	いや、違います
留保応答	どうしようか
情報確認	明後日でなく明日ですね
対処表明	明日先生の研究室に伺います
事情表明	明後日伺うつもりだったんですけど
感謝表明	ありがとうございました
謝罪表明	すみませんでした

相手の発話に答える「応答」は四つに分かれる。「理解応答」は相手の発話内容を理解していることを、「同意応答」は相手の発話内容に同意していることを示す。「否定応答」は確認の疑問文にたいする否定を表すものと、感謝や謝罪がなされた場合に感謝や謝罪に値しないことを否定で示すものがある。「留保応答」はイエスやノーといった態度を示さず、保留や当惑を示すときの応答である。

相手の伝言を受諾する場合は、「用件提示」や「対処要求」にたいする「同意表明」の形で行われることが多いが、「明日先生の研究室に伺います」のような「対処表明」で宣言することも少なくない。また、受諾するまえに「情報確認」によって用件の内容理解の正確さを期すこともある。先生の伝言が当初の約束と異なるものであるため、「不満表明」が行われることもある一方、わざわざ伝言をしてくれた学生Ｂにたいする「感謝表明」や「謝罪表明」が行われることもある。

以上を踏まえ、ここでは、学生Ａと学生Ｂがいずれも日本語母語話者である典型的な１例を取り上げ、実際の伝言の談話で行われるやりとりを示す。なお、伝言とは直接関わらない、二人が出会ったときの挨拶や別れぎわの挨拶などには、上記のような発話機能のラベルは付さない。

(1)【MES-JJ001】J002：伝言を伝える側、J001：伝言を受ける側

番号	話者	発話内容	発話機能
1	J001	あー，<「J002 姓」さん>{<}。	
2	J002	<あ，「J001 姓」>{>} さん <笑い>。	
3	J001	どうしたんですか，(あっ) 今日。	状況確認
4	J002	せ，今日，あの，先生が「J001 姓」さんに伝えたいことがあるって (あら) 言っていて，あのう，奨学金のはんこの話，《少し間》なんですけど ,,	伝言言及＋話題言及
5	J001	あっ，そう <なの>{<}。	理解応答
6	J002	<あっ>{>}，そう，あの，あさって，(うーん) はんこもらいたいって，<たしか，言っていたって>{<}。	前提言及
7	J001	<そうですそうです，はい>{>}。	同意応答
8	J002	はい，あの，そしたら，あの，先生，あの，あさってから，か ,,	事情提示
9	J001	うん。	
10	J002	しゅ，海外出張 (えー) に行くって言ってて ,,	用件提示
11	J001	えー。	
12	J002	あのう，明日…，(うんうん) じゃないと，はんこ押せないって (えー) 言っていましたよ。	用件提示
13	J001	そうなんですか，私あさってだと思って，あさって空けていたんです <けど>{<}。	留保応答＋前提表明
14	J002	<あー>{>}。	
15	J001	明日 <の時間帯>{<},,	情報確認
16	J002	<そうなんだ>{>}。	理解応答
17	J001	とか言っていました？[↑]。	情報確認
18	J002	いや，時間帯…，<言っていなかった>{<},,	否定応答
19	J001	<言っていなかった>{>}。	留保応答
20	J002	です。	
21	J002	あ，聞い (うーん) とけばよかったな。	謝罪表明
22	J001	あー，いえいえ，そんなそん <な>{<}。	否定応答
23	J002	<う>{>} ん。	
24	J001	え，今，あの，いました？[↑]，あのう，先生。	所在確認
25	J002	あ，そうです。	同意応答
26	J002	授業のあとで，(あー，そうなんですね) 話しかけられたから，まだ，(あー) 近くにいるんじゃない (あー) かな，うーふふ <笑い>。	事情提示＋所在提示

27	J001	あ，でも，あさってからいないっていうことは（うん），もう明日じゃないと駄目 <です，ねー>{<}。	用件確認
28	J002	<そうですね>{>}。	同意応答
29	J001	じゃあ，ちょっと，調整（うん）…，しようかなー。	対処表明
30	J002	はい。	
31	J001	もーー（<笑い>），あさってって言ってたの（うーん）に，あはははは <笑い>。	不満表明
32	J002	<うふふふふ <笑い>>{<}。	
33	J001	<ありがとうございます>{>}，教え <てくれて>{<}。	感謝表明
34	J002	<はーい>{>}，<うん>{<}。	理解応答
35	J001	<はい>{>}，<じゃあ>{<}。	
36	J002	<全然>{>}，あれ,,	
37	J001	<はい>{<}。	
38	J002	<です>{>} けど，ふふ <笑い>。	
39	J001	じゃあ，また <笑い>。	
40	J002	はい，じゃあ，また <笑い>。	
41	J001	はい <2 人で笑い>。	

ライン番号 1 と 2 は社交の出会いの挨拶であり、ライン番号 3 ～ 12 が伝言伝達の話段（佐久間（1987, 2000）、ザトラウスキー（1991, 1993）などを参照）である。話者によってはターンを譲らず、一つの発話でまとめて伝言を伝えることもあるが、この J002 のように相手の理解を確かめながら、順を追って導入するほうが確実である。

一方、ライン番号 13 ～ 34 が伝言受諾の話段である。話者によっては伝言を抵抗なく受け入れるが、この J001 は先生の伝言内容に抵抗を示し、しぶしぶ受け入れている様子が窺われる。なお、ライン番号 33 と 34 は伝言感謝の話段であり、伝言内容に不満を抱きつつも、気を取りなおして「ありがとうございます、教えてくれて。」と伝言伝達者の J002 にお礼を言うことで、会話の終結への起点を作りだしている。ライン番号 35 ～ 41 は社交の別れの挨拶である。

このように、伝言伝達と伝言受諾の二つの話段を挟むような形で社交の出会いと別れの話段が来るという流れが、「伝言の伝達」の典型的なパターンである。

以降では、伝言伝達の話段において伝言伝達者がどのように行動するかを分析する「『伝言を伝達する』役割の分析」と、伝言受諾の話段において伝言受諾者がどのように行動するかを分析する「『伝言を受諾する』役割の分析」に分けて見ていくことにしたい。

なお、この章の分析に用いるデータは、日本語母語場面が5、接触場面が20である。後者の内訳は、日中が10、日韓が4、日英が3、日越が3となっている。

4.「伝言を伝達する」役割の分析

学習者と母語話者の接触場面の「伝言を伝達する」役割を分析してみると、適切な情報伝達のために考慮すべき点が五つほどあるように思われる。

一つ目は、聞き手の頭に入りやすいような情報構成を考えることである。具体的には、話の大枠を最初に示すことと、自然な情報の提示順にすることが重要である。

話の大枠を最初に示すこととは、今から伝えようとする伝言が誰からの何の話題についての伝言なのかを冒頭で明確にすることである。この調査では、先生からの奨学金の話題についての伝言であり、そのことがわかれば、学習者の伝言の内容が少々わかりにくいものであっても、母語話者はその内容についてトップダウン的に理解することが可能である。そのためには、先生からの奨学金の話題についての伝言であることを伝言伝達の話段の冒頭で示す必要がある。

また、自然な情報の提示順にすることとは、伝えるべきいくつかの情報について聞き手にわかりやすい順序で示すことである。この談話では、次の4点の説明を求められている。

①先生に会って聞き手への伝言を頼まれた。

②聞き手は奨学金の件で近々先生と会う予定である。

③ところが、先生は明後日から海外出張に出てしまう。

④そこで、明日までに先生の研究室に来てほしい。

おそらくこの①～④の順で示すのがもっともわかりやすいと考えられる。しかし、③や④の情報から先に始まってしまうと、情報としての唐突感があり、聞き手が混乱してしまう傾向がある。

次の例（２）では、当初、いきなり「「姓１」先生のゼミに，いますね」とC002に聞かれ、J002がC002の言いたいことがわからず、戸惑っている様子が窺える。この調査では直前にロールカードを見せられており、それにまつわる話題が展開されるという心の準備ができているため、「入学金」を「奨学金」と言い直すなど、J002がC002の言いたいことを推測できているが、ロールカードのない現実のコミュニケーションでは、「○○先生から奨学金のことでJ002さんに伝言があるのですが」などと、冒頭で大枠を示さないと、混乱はより深まることが予想される。

また、C002は、奨学金の話題について共有するまえに「先生は，《沈黙　1秒》あー，あさってから海外に出張…し，する予定がありますねー」と切りだしてしまっているため、J002はC002の意図を図りかねている。海外出張のまえに奨学金申請の話をするほうが聞き手にとって自然な順序であろう。

（２）　C002　えっとー，うん，「姓１」…，先生…，のゼミに，い，い，いますね。
　　　J002　そうです＝。
　　　C002　＝えっとー，先生は，《沈黙　1秒》あー，あさってから海外に出張…し，する予定がありますねー。
　　　J002　え?，ほんとにですか?。
　　　C002　はい。
　　　C002　えーと，うん，なんか，入学金，の書類を知ってますか?[↑]。
　　　J002　あ，そ，奨学金の。
　　　C002　あ，奨学金の書<類>{<}。
　　　J002　<そう>{>}。
　　　J002　そう，奨学金の書類の,,
　　　C002　はい。
　　　J002　はんこを，あさって押してもらおうと思ってたんですけど,,

C002　はい。

J002　じゃ，やっぱ，今日か明日行かなきゃですねー。

（MES-CJ002）

二つ目は、伝達する伝言の情報をいくつかに分け、聞き手の理解を確かめながら話すことである。自然な情報の提示順に話されたとしても、一度にまとめて話されると、聞いているほうの頭には入りにくい。とくに、学習者が話すときは、どうしても話が混線しがちなので、一度にまとめて話そうとすると情報が十分に伝わらないきらいがある。いくつかの部分に分けて話し、一つ一つの部分が終わるごとに聞き手が理解できているかどうか、その都度フィードバックを得るようにすると、情報の伝達は確実になる。

韓国語を母語とする日本語学習者の場合、日本語と語順が似ているせいか、次の例（3）のように伝言をまとめて話すことが多く、かつ、その内容が整理されていることが多い。

（3）K002　えっとですね、さっき，（はい）「姓1」先生に会ったんです（はい）けど，「J002 姓」さんが奨学金の件で，（はい）なんか印鑑を，もらう，って聞いたんです（はい）けど，それで，先生が「J002 姓」さんに連絡…しようとしても連絡取れなかったので、（あ，はい）先生あの，あの，連絡を，あの，受け取ったんですけど，（はい）先生があさってから海外出張で ,,

J002　はい。

K002　その，その，あさってからは，もう，印鑑が，あの，押せない…，みたいで ,,

J002　はい。

K002　明日までだったら，<先生が…>{<},,

J002　<あ，明日>{>}，<はい>{<}。

K002　<はい>{>}，印鑑，を，あの，押すことができるっておっしゃったので ,,

J002　はい。

K002　もし，あの，よ，あの，時間があったら ,,

J002　はい。
K002　もし，なんか，先生になんか，あ，連絡を…したり ,,
J002　はい。
K002　明日までだったら，大丈夫なそうです。
J002　あっ，分かりました =。
J002　= ありがとうございます =。
J002　= じゃ，ちょっと明日までにちょっと，連絡して，できれば明日，伺えればいいかなと思います。（MES-KJ002）

しかし、日本語と語順が異なる言語を母語とする学習者や、日本語と語順が同じであっても日本語レベルの低い学習者がこうした話し方をすると、誤解の原因になりがちである。学習者の場合、伝える内容をその場で考えながら話すのでなく、あらかじめ整理してきてそれを他者のまえで再生することが多いが、そうした話し方をすると、整理してきた内容の再生にばかり意識が向き、目のまえの他者が自分の話を理解しているかどうかのモニターがおろそかになりがちである。その場合、同じ韓国語母語話者であっても、次の例（４）のように聞き手の理解を確かめながら話す話し方が参考になるだろう。

（４）　K001　= あ、今ね，（うん）あの、授業終わって、「姓 1」先生にちょっと（はい）呼ばれていったん（はいはいはい）だけど，「J001 姓」さん，あの，奨学金，（あ）あるでしょう，その紙。
J001　そう，なんか締め切り（そうそうそうそう）があって，はんこ，もらおうと思って（そうそうそう）て。
K001　先生がそれで，なんかあの，「J001 姓」さんに伝えてほしいって（うん）言っていて，あのー，あさってから，先生出張なん（あ）だって。
J001　ほんとに？[→]。
K001　うん。
K001　で，もらえるなら、はんこもらえるなら（うんうん），明日 ,,
J001　明日。

K001　うん，(あ)研究室に来てくれ<るって>{<}。

J001　<分かり>{>}ました。

J001　なんかあさって行こうと思ってて。

K001　あ，あさ，海外しゅ，海(あ)外出張に，<####>{<}。

J001　<じゃ明日>{>}，明日ちょっとバイト休んで行きます。

K001　すみ<ません，いちにち>{<}„

J001　<はい，分かりました>{>}。

K001　じゅう，いらっしゃる，<ということで>{<}。

J001　<あ，分かり>{>}ました=。

J001　=ありがとうございます。　(MES-KJ001)

三つ目は、伝言内容の正確な把握である。教師役が伝えた内容を学習者が正確に把握していないケースがしばしば見られた。とくに、奨学金の書類は来週が締め切りで、先生が明後日から2週間いないこと、そのため、明日までだったら押印が可能であることといった日程の把握が不正確になりがちであった。正確な伝言は、情報源に会っているあいだに確かめるしか方法がないため、最初に会ったときに情報で不正確な部分は聞き返すなどして十分に確認しておく必要がある。

次の例(5)は「明日まで」を「明日のみ」と解釈した例であり、こうした誤解は多く見られた。こうした解釈の誤りは母語話者どうしでも起こりがちなので、伝言の情報源である先生が「今日か明日」のように言い換える配慮も必要になるだろう。

(5)　C010　《沈黙　2秒》明日しかできないですね。

J010　明日しかできないですね。

C010　はい。

C010　で，先生は，《沈黙　2秒》えー，「J010姓」さんに，(はい)明日は，奨学金の書類を，(はい)先生の研究室に持って来てくださいて，い，言われた=。　(MES-CJ010)

四つ目は、情報の過不足のない伝達である。伝言内容を正確に把握していたとしても、必要な情報を落としてしまうケースもある。次の例(6)の「「姓1」先生っていつ帰ってくるんですかね」のように、伝言を受ける側からの指摘によって補える場合はよいが、とくに指摘がない場合は肝腎な情報が欠落したままになってしまうこともある。そのため、伝言を伝える側は伝えるべきことを整理し、伝えるべき情報がすべて伝わったかを意識的に確認する必要がある。

（6） E002 あのう，えー，「姓 1」せん，「姓 1」先生は，あのちょっと前に ,,

J002 はい。

E002 あのう，《沈黙 1 秒》「J002 名」について，（うん）話があったんだけど ,,

J002 はい。

E002 あのう，《沈黙 1 秒》あさってから ,,

J002 うん。

E002 あの，がいかい ??，海外 ??,,

J002 海外。

E002 海外…，<出張>{<},,

J002 <あー，そう>{>} なんですか。

E002 そう，（そうなんだ）行きま…すので（うん），その，《沈黙 2 秒》へん ??，へん ??，ハンコ ??,,

J002 ハン <コ>{<}。

E002 <ハ>{>} ンコを，《沈黙 1 秒》「J002 名」は（うん）ハンコを，《沈黙 3 秒》ハンコを，《沈黙 1 秒》して ,,

J002 はい。

E002 《沈黙 1 秒》のお願い，（あーはい）ましたけど（はい），でも「姓 1」先生は出張…,,

J002 うんうん。

E002 するので（あ，そうなんだ），その，ふふ <笑い>，その，（はい）明日まで ,,

J002 はい，《沈黙 1 秒》明日まで。

E002 明日まで，その「姓 1」先生の，部屋に，《沈黙 1 秒》行かな，きゃ，いけないって ,,

J002　はい。

E002　<笑いながら>言われました。

J002　あ，そうなんで<すね>{<}。

E002　<うん>{>}。

J002　え，《沈黙　2秒》っと，「姓1」先生っていつ帰ってくるんですかね，（うん）海外に行ったら。

E002　っと,,

J002　はい。

E002　あのうあさってから,,

J002　はい。

E002　《沈黙　2秒》あの，うん，《沈黙　1秒》あさってから，《沈黙　2秒》海外に，行くので，2週…，間，あと，<で>{<},,

J002　<2>{>}週間かー。

E002　<笑いながら>帰ります,,

J002　あ，そうなんだ。

E002　から,,

J002　はい。

E002　あの，明日は=。

J002　=明日までに。

E002　明日までに，うふ<笑い>。

J002　はい，分かりました。　（MES-EJ002）

五つ目は、表現の正確な使用である。情報の内容だけでなく、表現も正確でないと、個々の表現から情報を再生しようとする母語話者の誤解を招いてしまう。とくに、この談話で問題になりがちだったのは「出張」である。学生のあいだはあまり使わない語であり、拗音と促音が交じる難しい発音も相まって、聞き手に誤って伝わってしまうことが多い語であった。「出勤」「出向」などと取り違えられたほか、「しゅちょう」「しゅうちゅう」などと聞き間違われることもあった。伝言という音声の伝達の場合、発音の正確さもまたコミュニケーション上、重要な要因となろう。

次の例（7）では、「出張」が「しちょう」、「奨学金」が「じゅうがくきん」、「研究室」が「きゅうしつ」、「海外」が「かえがい」と発音されており、いずれも不正確であるため、聞き手に誤解を招くおそれがある。

（７） J001 あ，「E001 名」，やっほー。
E001 うふ <笑い>，はい。
E001 んー，えっとー，んー，《沈黙　１秒》「姓 1」先生から，あー，メッセージ <笑いながら> があります。
J001 あ，本当？[↑]。
E001 あー，はい。
E001 えっとー ,,
J001 うん。
E001 んー，あー，しちょうが…。
J001 《沈黙　１秒》しちょう？[↑]。
E001 んー，すいません。
E001 あ（うん）のー，あー，じゅうがくきん‘奨学金’の，あー，ハンコ…,,
J001 うんうんうん。
E001 あっとー，必要 ,,
J001 うん。
E001 だから，あっとー <笑い>，先生の，きゅうしつ‘教室’に，あー ,,
J001 うん。
E001 い，《沈黙　２秒》行きます，ふふふ <笑い>。
J001 あたし？[↑]。
E001 あ，はい。
J001 あー，あさって行こうと思ってたんだけど。
E001 あー，あさっては…，ちょっと…，あー先生はあさってから…，（うん）あー２週間…，ぐらい，ぐらい，あー，かえ，がい‘海外’に行きますので，明日なら大丈夫です。
J001 そっか。 (MES-EJ001)

以上の考察から、「伝言を伝達する」場合、適切な情報伝達のためには、

①話の大枠を最初に示し、自然な順で情報を提示する、②伝達する伝言の情報を分割し、聞き手の理解を確かめながら話す、③伝言内容を事前に十分に把握しておく、④必要な情報を落とさず、過不足なく伝える、⑤正確な発音を心がけて誤解を防止するという五つのことが重要であることがわかった。

なお、ここで挙げた諸課題と学習者の日本語レベルとの関係であるが、とくに明確な関係は見られなかった。誤解なく相手の発話を正確に聞き取った上で、それに適切に対応して伝えるという行為の複雑さや、奨学金の話題について伝達される側から聞いてくる場合のように、伝達する側が用意したシナリオからしばしば逸脱する複雑さなどがあり、学習者がその場の即時的な対応で混乱し、こうした課題が出現してしまう傾向にあった。そのため、どの日本語レベルの学習者にもこうした点に注意喚起の必要はある。

5. 「伝言を受諾する」役割の分析

「『伝言を伝達する』役割の分析」では、伝言の送り手である学習者の行動を中心に見てきた。一方、「『伝言を受諾する』役割の分析」では、伝言の受け手である母語話者の行動を見ていくことにする。接触場面の会話において、母語話者の果たす役割は小さくない。学習者との接触経験の多寡によって母語話者の対応にも質的な差は見られたが、おおむね好意的で寄り添うような対応が見られた。談話を分析していて気づいた点を 4 点ほど示す。

一つ目は、母語話者が学習者の発話をパラフレーズして確認するストラテジーを用いる点である。学習者の発話の内容がはっきりしなかったり、自己の有する知識と齟齬があったりする場合、自分なりに再解釈をして学習者に確認することで、伝達内容をよりはっきりさせていた。「伝言の伝達」において有効なストラテジーであると言える。次の例（8）では、J003 が「えーじゃあ，あさっては，だめってこと？[↑]」「あ，じゃあ明日までにあたしが先生のとこに行かないといけないってこと？[↓]」などと言い換えることで、自分の知りたい情報を学習者に確認している。

（8）　E003　あの，そして先生がえっと，明日，明日までに ,,
　　　J003　うん。
　　　E003　えと奨学…，《少し間》き ,,

J003　うん。
E003　えっとのハンコ（うん）を，えっと，《少し間》するように伝え，えと，伝えたかったん（あー）です。
J003　えーじゃあ，あさっては，だめってこと？[↑]。
E003　うん。
J003　あさってからいないってことか。
E003　はい。
J003　あ，じゃあ明日までにあたしが先生のとこに行かないといけないってこと？[↓]。
E003　うん。
J003　あっ，そうなんや。　　　　　　　　　　　　　　　（MES-EJ003）

二つ目は、母語話者が理解応答と同意応答を適切に使い分けている点である。日本語では、「はい」「うん」「ええ」が、話の内容を理解しているという理解応答の意味にも、承知した／わかったという同意応答の意味にもなるため、しばしば混乱をきたすとされる。ところが、母語話者の発話を聞いていると、この二つが混同されることはほとんどないように思われる。母語話者の場合、伝言伝達の話段では、話の内容を理解できたとき、「はい」「うん」「ええ」を頻繁に使うのに加え、「そうか」「そうなんだ」のような理解応答の相槌や「明日までね」のような反復を要所で織り交ぜることが多い一方、伝言受諾の話段では、相手の話を受諾するときには「はい」「うん」「ええ」に続けて「オッケー」「わかった」「そうするね」などと同意応答であることが相手にはっきりわかるように回答するからである。これにたいし、学習者のほうは、理解応答と同意応答のいずれにも解釈できるような「うん」や「はい」といった回答のみで済ましがちであり、その場合、聞き手に混乱をもたらすおそれがある。そのため、母語話者に見られる理解応答と同意応答の使い分けは、学習者が伝言の受け手に回ったときに参考になるものであると考えられる。

三つ目は、母語話者が自己裁量に基づく行動をする点である。母語話者の場合、伝言で指示されたとおりに動くわけではなく、伝言の範囲内で自己裁量にもとづいて行動しようとする傾向がある。教員の指定のとおりに明日までに研究室に行こうとする者ばかりではない。とりあえず先生の所在を確かめてその場で何とか連絡を取ろうとする者や、研究室に行かずに済ます方法を考える者などがいた。次の例（9）は、自分が研究室に行かずに、代わりに学習者に研究室に行ってもらうように依頼をする母語話者のストラテジーである。母語話者相手の実際の「伝言の伝達」では、このような予定外の反応もありうるということを考えて教育に当たる必要があろう。

（9）J001　あでも…，私今日も明日も結構忙しくて…，来週が，提出，《少し間》期限なんだけど，奨学金の。
J001　どうしよう。
E001　あー。
J001　《沈黙　1秒》んー。
J001　《沈黙　3秒》どうしよっかなー。
J001　いまから先生に会う？[↑]。
E001　《沈黙　1秒》んー。
E001　あ，あたし？[↑]。
J001　うんうんうん、「E001名」。
E001　あー，《少し間》いや，あははは<笑い>。
J001　そっか。
E001　あははは<笑い>。
J001　えー，どうしよっ<かなー>{<}。
E001　<あ，はい>{>}。
J001　んー。
J001　《沈黙　2秒》まー，今日…，の，《少し間》夜8時くらいだったらある，ある，《沈黙　1秒》空いてるんだけど，それまでちょっとアルバイトで…，今日行けなくて，多分8時だったら帰ってるかな，先生。
J001　明日，学校来る？[↑]。
E001　ああ，はい。
J001　先生，あー，どうしよっかなー。
J001　んー，あじゃあ，《沈黙　3秒》いまこの紙持ってるから，奨学金の，ハンコ先生にもらいたいんだけど，「E001 名」明日とあさっても学校に来る？[↑]。

E001　ああ，はい。

J001　じゃ，《沈黙　１秒》悪いんやけど，ここに，先生のハンコもらって，えっとー，明日??，明日先生にもらって，あさって，これあたしに，くれる？[↑]。

E001　あー，大丈夫です。

J001　本<当？[↑]>{<}。

E001　<ふふ>{>}ふふ<笑い>。

J001　ありがとう。　(MES-EJ001)

四つ目は、談話終結に感謝表明を行う点である。今回の調査では、学習者である学生Ｂは、母語話者である学生Ａと先生のあいだを取り持つ存在である。伝言をしても学生Ｂにとっては何のメリットもない。先生の研究室に明後日行く予定であった学生Ａにとっては、明日までに研究室に来いという先生の突然の通告は心外であろうが、学生Ｂに何の責任もない。むしろ、伝言を知らせてくれたことで奨学金の書類への押印が可能になり、書類を無事に提出できるわけである。とくに、日本語に不自由さを抱えている学習者があいだを取り持ってくれたわけで、そうした苦労に思いを馳せられた母語話者は、学習者にたいしてねぎらいの感謝の言葉をかけていた。伝えてくれたことにたいする感謝で終わるのは伝言終結の一つの典型であり、人間関係を今後も良好に保つための重要なストラテジーであると考えられる。「伝言の伝達」談話終結のストラテジーとして意識しておくべきポイントであろう。次の例(10)は「教えてくれてありがとうございます」や「とっても助かりました」を用いて感謝表明を行っている。

(10)　J002　え，あたしが，(うん) だから，書類書い (はい) て，明日までにはんこ押してもらえばいいんですよね。

C002　はい，先生のところに (あ) 行って。

J002　あ (うん)，そうします。

J002　教えてく (はい) れてありがとうございま<す>{<}。

C002　<はーい>{>}，いえいえ。

J002　とっても（はい）助かりました。
C002　はい。
C002　ふふ<笑い>。　(MES-CJ002)

以上の考察から、「伝言を受諾する」際の母語話者の言語行動には、①学習者の発話をパラフレーズして確認するストラテジーを用いる、②「はい」「うん」「ええ」ばかりを使わず、理解応答と同意応答の表現を適切に使い分ける、③母語話者が自己裁量に基づいて学習者の予想にない行動を取る、④談話終結に感謝表明を行い、談話の終結を予告すると同時に相手の印象を好ましくする、という四つの特徴が見られることがわかった。

6. 「伝言の伝達」課題についてのシラバス

以上見てきたように、この章では、海外出張をする教師が、奨学金の書類への押印の日時について、友人経由で日本人学生に伝言するというロールプレイ談話データを用い、伝言伝達の発話と伝言受諾の発話に分け、談話レベルでのやりとりや具体的な表現を分析した。その結果、母語場面の談話と比較した場合、接触場面の談話では、学習者が伝言内容の伝達に苦労している点が明らかになる一方、伝言内容を受諾する母語話者はストラテジーを駆使して談話レベルでのやりとりを円滑にしている様子が明らかになった。こうした点を踏まえ、「伝言の伝達」課題についてのシラバスとして、以下のようなことを提案したい。

ここで上級レベルを目指す話者へのシラバスとして提案するのは、入念な事前準備や十分な事前練習によって習得が可能な、比較的学習の容易な項目である。これにたいし、超級レベルを目指す話者へのシラバスとして提示するのは、相手の発話やその場の状況に合わせて即興的な対応が必要となる、高度な運用能力を必要とする項目である。

表３ 「伝言の伝達」課題についてのシラバス

上級レベルを目指す話者へのシラバス
〈伝言を伝達する側〉 ・聞き手の頭に入りやすい情報構成を考えることができる。話の大枠を最初に示し、何の話をしようとしているか、聞き手に予測させるように話せ、用件を自然な情報の提示順で示し、聞き手が順を追って整理して理解できるように話せる。 ・伝言の内容を正確に把握することができる。伝言者から最初に伝言を受ける際、伝言の内容の全体像を把握でき、伝言の内容の細部、とくに時間や場所などを誤りなく理解できる。 ・表現を正確に使うことができる。「出張」を「出向」と取り違えるような語形のミスや、「しゅっちょう」を「しゅちょう」と発音してしまうような発音のミスに注意することができる。 〈伝言を受諾する側〉 ・理解応答と同意応答を適切に使い分け、理解と同意を適切に使い分けることができる。理解応答の場合は「うん」「はい」「ええ」に適宜「そうか」「そうなんだ」や語の反復などを交え、話がどこまで理解できているかを示すことができる。同意応答の場合は「うん」「はい」「ええ」の直後に「オッケー」「わかった」「そうするね」などを加えることで、伝言を行動に移すことを示せる。 ・談話の終結に感謝表明を行うことができる。学習者の場合、談話の終結の仕方がわからず、唐突に談話が終わったり、談話が中途半端に終わったりし、相手に不快感を与えることがあるが、伝言を伝えてくれた相手に感謝を示して終わることで、談話の終結を明確にするとともに、相手の感情にも配慮することができる。
超級レベルを目指す話者へのシラバス
〈伝言を伝達する側〉 ・伝達する伝言の情報をいくつかに分け、聞き手の理解を確かめながら話すことができる。上級レベルで学んだ伝言を正確に再生する能力を踏まえ、聞き手の理解をモニターしつつ、聞き手の理解に合わせて情報を小出しにしたり、要点を絞ったりすることができる。 ・情報の過不足のない伝達ができる。上級レベルで学んだ伝言内容を事前に整理する能力を踏まえ、自分が何をどこまで話したのかを聞き手の立場に立ってモニターすることができる。 〈伝言を受諾する側〉 ・伝言を伝えてくる相手の発話をパラフレーズして確認することができる。話し手の伝言内容を話し手の論理で理解するのではなく、自己の有する知識に結びつけて再解釈し、伝言内容に円滑に対処できるように情報を整理して理解することができる。 ・自己裁量に基づく調整をすることができる。聞き手はかならずしも話し手に伝言内容を伝えた伝言者の都合に合わせて行動できないこともあるため、伝言内容を理解するだけでなく、自己の事情に基づいて、伝言内容を相手と擦りあわせることができる。

7. おわりに

この章では、教員の海外出張に伴う、奨学金書類への押印の日時の変更を伝える「伝言の伝達」場面の談話データを用い、伝言を伝達する側と、伝言を受諾する側とに分けて分析を行った。今回扱った談話データは「伝言の伝達」の基本的な内容であるため、学校という環境だけでなく、ビジネスや地域社会という環境や、さらには看護・介護の現場など、多様な環境に適用可能であると考えられる。

上級学習者への教育を考える場合、準備してきた伝言内容を一定の時間をかけて整理し、正確に伝達する能力を十分にトレーニングしたい。一方、超級学習者にたいする教育を考える場合、その場の状況に応じた、相手の感情にも配慮した臨機応変な対応までできるようになることを目指したい。そうした目的を達成するためには、会話授業において学習者に実際に伝言を体験させるとともに、他者が伝言を行う様子をビデオで撮影して共有し、どうすれば伝言がうまくいくのか、そのコツについて意見を出しあい、それをクラス全体で共有することが重要であろう。また、伝言は学習者だけでなく、母語話者間でも巧拙があり、母語話者どうしでもうまく行かないことのある高度な活動であるため、母語話者と学習者の混成クラスでの実践も有効であると思われる。

付記

本研究は科研費 JP21H04417、および国立国語研究所機関拠点型基盤研究プロジェクト「多様な言語資源に基づく日本語非母語話者の言語運用の応用的研究」の研究成果である。

引用文献

有元光彦（1996）「伝言ゲームの言語学的分析」『日本文学研究』31, pp. A25–A35，梅光学院大学日本文学会.

有元光彦（1997）「伝言ゲームに起こる音声的な変化について（2）」『日本文学研究』32, pp. A1–A7.

有元光彦（1998）「日本語における聞き間違いの言語学的分析」『安田女子大学紀要』26, pp. 1–11.
有元光彦（2000a）「伝言ゲームにおける「不十分なエラー」についての試験的考察」『国語国文論集』30, pp. 1482–1474.
有元光彦（2000b）「再訪：伝言ゲームにおける言語変化」『安田女子大学紀要』28, pp. 1–9.
胡方方（2015）「日本語学習者のグループ・ディスカッションに見られる合意形成のプロセス ― ピア・リーディングの談話データをもとに ― 」『一橋日本語教育研究』4, pp. 127–136.
佐久間まゆみ（1987）「文段認定の一基準（Ⅰ）― 提題表現の統括 ― 」『文藝言語研究言語篇』11, pp. 89–135, 筑波大学文芸・言語学系.
佐久間まゆみ（2000）「文章・談話における「段」の構造と機能」『早稲田大学日本語研究教育センター紀要』13, pp. 67–84.
ザトラウスキー・ポリー（1991）「会話分析における「単位」について ― 「話段」の提案 ― 」『日本語学』10-10, pp. 79–96, 明治書院.
ザトラウスキー・ポリー（1993）『日本語の談話の構造分析 ― 勧誘のストラテジーの考察 ― 』くろしお出版.
中居順子・近藤扶美・鈴木真理子・小野恵久子・荒巻朋子・森井哲也（2005）『会話に挑戦！ 中級前期からの日本語ロールプレイ』スリーエーネットワーク.
永井涼子（2010）『情報伝達ストラテジーと会話管理 ― 看護師の「申し送り」会話におけるインターアクションに着目して ― 』筑波大学博士（言語学）学位論文.
ボイクマン総子・宮谷敦美・小室リー郁子（2004）『聞いて覚える話し方 日本語生中継 初中級編 2』くろしお出版.

第6章

「弁明」課題のポイント

永井涼子

1. はじめに

この章では課題「弁明」について取り上げる。弁明とは、怒っている相手に理由を説明して納得してもらう、誤解を解くといった、説明して事情をはっきりさせる言語行動を指す。先行研究では「儀礼的方略の一つで、相手の意向に沿えない理由の表明によって自己の領域を確保すること」(藤森1995)、「「断り」などで相手との間に生じた不均衡を修復するための言語行動」(LEADKITLAX 2014) とされている。これらを踏まえ、この章では弁明を「相手に負担をかけた事柄について謝罪や理由説明を行い、自分の正当性を主張すると同時に、相手に負担をかけることによって生じた人間関係の問題を修復する言語行動」ととらえることとする。

このような弁明は日常生活を送る上で避けては通れないが、習得が難しい談話の一つである。しかし、相手との人間関係に配慮しながら弁明するという内容を扱っている日本語教科書は管見の限りまだない。誘いを断る場面での理由説明や、ごみの出し方を注意されて謝る場面 (中居他 2005: 108–113) がそれに近い。しかしこれらでは各場面で使用できる表現や語彙についての説明があり、誘いを断る場面ではコラムの中で「相手に失礼にならないように、丁寧に断りましょう」と「人間関係に配慮する」ことの重要性に触れられているものの、具体的にどのように配慮を示すのかについては説明されていない。また、失敗や過失により相手に迷惑をかけたり誤解を受けたりしている場合も、相手との人間関係に配慮する必要があるため、今回は人間関係の修復も含めた形で本課題を取り上げることとする。

この章では、自分に不利な状況下でいかに相手との人間関係を保ちながら弁明を行うかについて、謝罪、理由述べ、聞き手への配慮の3点から分析および考察を行う。また事後インタビューで日本語母語話者（以下、JNS）が違和感を覚えたり怒りを感じたりしている談話についてその原因を記述する。

2. 「弁明」課題のロールカード

この章で扱う「弁明」課題のロールカードは以下の通りである。

ロールカードA（日本人学生）

あなたは、レストランでアルバイトをしています。いつもお昼の時間帯は、同じアルバイトのBさんと2人だけで仕事をしています。しかし、今日Bさんは何の連絡もなく、1時間遅れてきました。お昼の時間帯はいつも忙しい時間です。今日のお昼の時間帯もとても忙しかったです。Bさんがいない時間は、お客様を待たせることが多くて、とても大変でした。やっとお昼の時間帯が終わって、休憩時間になりました。休憩室に行くとBさんが入ってきたので、Bさんと話します。Bさんから話しかけてきます。

ロールカードB（日本人学生／留学生）

あなたはレストランでアルバイトをしています。いつもお昼の時間帯は、同じアルバイトのBさんと2人だけで仕事をしています。しかし、今日は{電車が遅れたため／自転車が壊れたため}アルバイトに1時間、遅刻しました。しかも、携帯電話を忘れてしまって、連絡することができませんでした。アルバイトをしているお昼の時間帯は混んでいて、アルバイトが1人いないだけでもとても大変です。あなたがレストランに来たとき、お客様がたくさん待っていて、Aさんは1人でがんばっていました。お昼の時間帯が終わって、休憩時間になりました。休憩室に行くとAさんが先に来ていました。Aさんに話しかけて謝り、遅刻した理由を伝えてください。

なお、母語場面、接触場面ともに同様の内容である。また、遅刻理由は、調査場所や協力者に応じて「電車が遅れたため」と「自転車が壊れたため」の中から１つを選ぶこととした。

3. 日本語母語話者の談話例

この節ではJNSによる弁明の談話例を取り上げ、この章で取り上げる分析ポイントについて概説する。

（1）JNSによる弁明談話【APL-JJ004】J007：弁明される側、J008：弁明する側

ライン番号	話者	発話内容
1	J008	や，っと，お疲れさまです。
2	J007	お疲れさまー。
3	J008	や，ほんとに今日申し訳なかったです。
4	J008	<ほんとにすみません>{<}。
5	J007	<いやいやいや>{>}。
6	J007	今日は，どうしたの？。
7	J008	あー，なんか，その，《沈黙　2秒》なんか，家を，出た時間は，だいじょぶだったんですけど，（うん）その，くる途中に，その，自転車が壊れちゃって,,
8	J007	あー。
9	J008	でー，途中でその自転車置いて，走るかバスで来るかって，こう，いろいろ悩んだんですけど,,
10	J007	うん。
11	J008	どんな，こう，自分なりに，こう，がんばって来ても，どうしても１時間ぐらい遅刻してしまうと思って,,
12	J007	うん。
13	J008	でー，そのー，ま，かなり，か，今日とか，結構混むなーと思って，（うん）で，その，「J007名」さんに連絡しようと思ったんですけど，（うん）そのうち，携帯を今日忘れちゃって，（あー）あー，連絡ができなくて,,
14	J007	うんうん。
15	J008	でー，結構遅れてしまったっていう感じですね。
16	J008	いや，ほんっとに申し訳ないです。

17	J007	やー。
18	J008	とにすみません <でした>{<}。
19	J007	<いやい>{>} や，だいじょぶだいじょぶ。
20	J008	え，ど，どんくらい，結構混みましたか ?，なんか。
21	J007	《沈黙　1 秒》や，ちょっとね，お客さんをねー，待たせることが多くてー，(あー) それがね，わたしは申し訳なか (うっ) ったん (うう) だけど，や，でも，なんも，事故がなくて良かっ <笑いながら><たー>{<}。
22	J008	<やー，ほ>{>} んと申し訳ないです。
23	J008	<ありがとうございます>{<}。
24	J007	<いやいやいや>{>}。
25	J007	うーん。
26	J007	《沈黙　2 秒》ぱ，携帯持っていくことは大事だね，<うっふふふ <笑い>>{<}。
27	J008	<や，そうですね>{>}，ちっち，今日は，結構痛恨のミスをしたなーと <思って>{<}。
28	J007	<うんうん>{>} うんうん。
29	J007	だい ,,
30	J008	<もう>{<}。
31	J007	<連>{>} 絡がとれないとね ,,
32	J008	はい。
33	J007	わから <ないから>{<}。
34	J008	<結構，申し>{>} 訳なかったです。
35	J007	《沈黙　1 秒》うーん。
36	J008	なんか，ほー，そうですよね，やっぱ，1 人だと，ほかの人にも連絡できないですし，結構難しかったですよね。
37	J007	うんうんうんうんうん。
38	J008	や，ほんと申し訳ないです。
39	J007	や，やや，(<笑い>) 今度，わたしがそうなるかもしれ (はい) ないから <2 人で笑い>。
40	J007	ほんと。
41	J008	うん，<だいぶ>{<}。
42	J007	<でも>{>}，疲れたねー，<ふふっ <笑い>>{<}。
43	J008	<はい>{>}，そうですね。
44	J007	あー，ふふふっ <笑い>。

45	J008	ふふふふ <笑い>。
46	J008	はい。
47	J007	はい。

弁明をする側（J008）は談話の冒頭の理由を述べる部分において主導権を握っている。弁明をされる側（J007）に主導権を渡さずに、謝罪の表現やタイミング、理由の述べ方、発話の乱れなどにおいて相手が怒りださないようなストラテジーを使用し、人間関係を修復しながら弁明をしていると考えられる。またそのようなストラテジーを使ったにもかかわらず不満が述べられた場合は、それに同調し相手に大変さを語らせることもしている。

4. 「弁明をする」役割の分析

この節では日本母語場面および接触場面の談話分析の結果を謝罪、理由述べ、聞き手への配慮、の３つの観点から事後インタビューの分析結果も取り入れつつ記述する。

4.1 謝罪

ここでは謝罪の頻度、表現形式、タイミングについて述べる。

まず謝罪の頻度であるが、日本語母語場面では接触場面と比較して謝罪表現が多く使用される傾向にある。以下の表１は、弁明する側の謝罪表現の使用状況を表したものである。数字は謝罪表現を含む発話文数を表し、（　）内に弁明する側の総発話文数における割合を示す。表１からわかるように、弁明するJNSは、平均して総発話文数の4割以上を謝罪表現が占めている。

表１　日本語母語場面における謝罪の使用回数

話者	J002	J004	J006	J008	J010	平均
謝罪の回数	3 （43%）	4 （50%）	7 （41%）	7 （33%）	7 （47%）	5.6 （42.8%）

一方、中国語母語話者（以下、CNS）の接触場面を分析すると、弁明する側のCNS10名分の謝罪表現使用の平均値は3.8発話文であり、総発話数の

26.2%にあたる。この結果はJNSの使用状況42.8%を下回っており、謝罪表現の使用頻度はJNSの方が高い、つまりJNSの方が多く謝っていると言える。なお、CNSの謝罪表現の頻度においては明らかなレベル差は見られない。

次に、謝罪の表現形式について述べる。日本語母語場面および接触場面ともに、「ごめん（なさい）」「すみません」「申し訳ありません／申し訳ないです」といった表現形式が用いられている。これらの表現形式は、それのみで用いられるか、「本当にすみませんでした」のように「本当に」を加えて伝える形が基本的に使用されている。このような表現形式上の特徴は、接触場面のレベル別、母語別に見ても、大きな違いは見られない。

一方で「本当に＋謝罪表現」の形式をさらに分析すると、謝罪表現に「本当に」を加える意義が明らかになった。例えば謝罪表現に「本当に」を加えた場合と加えなかった場合を比較すると（2）のような例が観察された。

（2） C001 遅れまして，すいません。
J001 “すいません”じゃないよ。
J001 なんで，こんな（あー），（はい）忙しい時間帯に，連絡もなしに1時間も遅れた？[↓]。
C001 《沈黙 1秒》あの，ほんと，すんませんでした。
C001 実は ,,
J001 はい。
C001 自転車が壊れて ,,
J001 ふふ <笑い>。
C001 それに，携帯，急いで出たから，（はい）携帯も忘れてしまったんですよ。
C001 ほんとに，（あー）連絡，も（<笑い>），してない，（うん）してなくて，ほんとにすいませんでした。
J001 <軽く笑い>いや，まあ，《沈黙 1秒》いいけど，こんな忙しい時間帯に，次から遅れんようにしてよ。

(APL-CJ001)

当初「すいません」とC001は「本当に」を加えずに謝っている。すると、J001は「“すいません”じゃないよ」と怒りを露わにしている。しかし、その後、C001 が「あの，ほんと，すんませんでした」と「ほんと」を加えたところ、J001 はそれ以上追及していない。その後、C001 が続けて理由説明を行っている発話では、J001 の笑いも見られる。以上から、「本当に」は深い謝意を相手に伝えるための有効なストラテジーではないかと示唆される。

なお、事後インタビューで JNS が「謝罪の仕方が軽い」と言っていた接触場面の談話３つ（APL-CJ002、APL-CJ008、APL-CJ010）を分析したところ、APL-CJ002 では「本当に」が全く使われていなかった。CNS の接触場面では、APL-CJ002 が唯一「本当に」を謝罪表現とともに使用しなかった談話であるが、JNS が「謝罪の仕方が軽い」と言った一因として「本当に」の非用が考えられる。

次に、謝罪のタイミングについてだが、JNS は全員談話の冒頭部分で謝罪している。接触場面では、CNS は 10 名中 7 名が談話の冒頭部分で謝罪を行っている。その他の母語の学習者も英語母語話者（以下、ENS）以外は、CNS と同様に冒頭部分で謝罪しているものが多い。つまりタイミングにおいて一見、JNS と日本語非母語話者（以下、NNS）の大きな違いは見られない。

しかし接触場面の事後インタビューを分析すると、JNS から「最初に謝ってほしかった」というコメントが散見された。当該の談話を観察すると、以下の（３）のようにいずれの談話も談話の冒頭で謝罪をしている。

（３）　E001　あー <笑い>，「J001 名」さん，<笑いながら>申し訳ありませんでした。
　　　E001　あー，遅刻になりました。
　　　J001　なんで遅刻してきたの？。　　　　　　　　(APL-EJ001)

このように冒頭に謝罪をしているにもかかわらず、JNS は「最初に謝ってほしかった」という内容のコメントをしている。それはなぜだろうか。

そこで冒頭部分における謝罪表現の表現形式を分析することにした。前述の結果から、本課題の謝罪表現の形式は主に「謝罪表現」「本当に＋謝罪表現」であることが明らかになっていたので、それに着目して分析を行った。

その結果、JNS は５名中４名が、「いや，き，今日はほんと，すみませんでした（APL-JJ001）」のように談話の冒頭で「本当に」を使用して謝罪しているが、CNS は冒頭で「本当に」を伴って謝罪しているのは 10 名中１名のみであり、JNSとNNSに大きな違いがあることが明らかになった。他の母語で（3）のように冒頭部分で謝っているにもかかわらず、「最初に謝ってほしかった」と言われているNNSの冒頭部分の謝罪の表現形式を分析すると、ENS（APL-EJ001）と韓国語母語話者（以下、KNS）（APL-KJ003）ともに冒頭の謝罪に「本当に」が伴っていなかった。そのため、謝意が伝わりづらかったのではないだろうか。「本当に」を伴った深い謝意を表す謝罪表現で談話を切り出すことで、聞き手に謝意を効果的に伝えられると考えられる。

なお、CNSが「本当に＋謝罪表現」という形式を用いていたのは（4）のような詳しい理由説明の後に「本当に」を伴って謝罪しているものが多く、10名中6名がそれにあたる。

（4） J003　今日どうした？[↑]。
C003　その一，《沈黙　1秒》途中で，自転車が突然，壊れたからは，また，まだ，その，寮に戻りまして，自転車（うん）を，（うん）修，復??，（うん）修復しました。
C003　それで，1時間も遅刻しましたが，本当に，ごめんなさい。
（APL-CJ003）

ただし、詳しい理由説明の後に「本当に」を使って謝罪しているのはJNSも同様で、5名中4名にその使用が認められた。つまり、JNSは「本当に＋謝罪表現」→「理由説明」→「本当に＋謝罪表現」という流れで談話を構成しているのに対し、CNSは「謝罪表現」→「理由説明」→「本当に＋謝罪表現」という流れで談話を構成している。謝罪の表現形式に限って言えば、この冒頭の「本当に」の有無が大きな違いであり、それが「謝罪をしている」という印象を相手に与えるかどうかを左右する可能性があると言える。

以上の分析から、弁明行為において、謝罪に「本当に」を加えることの重要性が指摘された。また一方で談話における謝罪表現の位置、特に「本当に」を加えた謝罪表現の位置の重要性も示唆された。

なお、CNS以外の母語話者との接触場面談話を分析したところ、謝罪表現に関しては以下のような傾向が観察された。まずJNSやCNSとの共通点は謝罪の表現形式であり、「謝罪表現のみ」「本当に＋謝罪表現」が基本的に用いられている。母語別の傾向を見るとKNSの場合、「本当に」を全員が使用しており、謝罪の使用頻度もJNSと同程度であり、JNSに近い印象がある。しかし、談話全体を通して普通形が使われている談話が半数あったのが特徴的であった。次にENSの場合であるが、謝罪表現が全体的に少なく、基本的には最初に謝るのみで、その後の謝罪表現は自発的ではなく、相手の怒りに対応する形で謝罪する傾向が見られた。最後にベトナム語母語話者（以下、VNS）については、謝罪表現の使用回数はJNSと同等であったものの談話全体を通して普通形を使用している話者が３名中２名いた。

4.2 発話権と理由の関連

次に発話権と理由の関連について述べる。ここでいう発話権とは、木暮（2002: 117）の「話し手としてターンを取り、話をする権利」を指す。

JNSの談話では、理由を説明する際、「アルバイトに遅刻した理由」・「遅刻することを連絡できなかった理由」といった２つの理由が１発話権の中でまとめて述べられている。この際の談話構造としては、「すみませんでした」のように謝罪表現のみ、あるいは「遅れてすみません」のような簡単な理由と謝罪を組み合わせて述べた後に、発話権を取り、理由について説明している。例えば、（1）ではライン番号７からライン番号15までJ008が発話権を取り、遅れた理由と連絡できなかった理由について述べている。その間、J007は「うん」「あー」などあいづちは打っているものの、発話権を取ることなく、J008が理由を詳しく説明している。

このように２つの理由を１発話権内にまとめて述べることで自分の状況を意図通りに伝えられる。相手は理由を知ることで無駄に怒ることなく状況を理解し、人間関係のトラブルを避けることができる。実際にJNSの談話の参加者は事後インタビュー内で「理由を聞いて、ああ、仕方なかったんだなと思って納得したから、怒りを感じることはなかった」と述べている。

一方、接触場面の談話を分析すると、J-CATの得点が低めのNNSがJNSのように２つの理由を１発話権内にまとめて伝えられていない傾向が見える。具体的にはJ-CATの得点が214点以下のNNS（５名）が２つの理由を１発話権内で述べられていなかった。なお、KNS（APL-KJ001）が１例のみJ-CATの得点が372点と高いにもかかわらず、１つの発話権内に２つの理由を述べられていなかった。さらに上述のJ-CATの得点が214点以下のNNS 5名のうち4名は、2つの理由のうち遅刻した理由は自発的に述べているが、連絡できなかった理由は（5）のように相手からの指摘や不満表明を受け述べている。

（5） J002　電車が遅れたん<ですね>{<}。
E002　<はい>{>}，そうです。
E002　あのう，《沈黙　1秒》まに,,
J002　うん。
E002　<笑いながら>あわなか（うん）ったんです。
J002　え、でも，なんか，なんの連絡もなかったので，《少し間》<とっても，忙しかった>{<}。
E002　<あ，それはあの，携帯>{>}電話（はい）を，忘れ<ちゃったんだから>{<}。
J002　<あ，<笑いながら>忘れたんだ>{>}，はい。
(APL-EJ002)

このように理由をまとめていない場合は、直接的であれ間接的であれ相手から連絡できなかった理由を聞かれ、そこで相手から不満が述べられていることがある。つまり、談話の前半で理由を述べる際の発話権の維持は相手の不満表明を避けるストラテジーとして機能すると言える。

4.3　理由表現

この節では理由表現について分析を行う。理由を表す節末、発話文末表現の分析を行った結果、次頁の表2のようになった。

中途終了は「携帯電話も，ちょっと調子が…。」のように途中で終了しており従属節で終わっていない発話を指す。言い切りは「連絡できなかったです」のように「です」「ます」「だ」などの形で言い切っている発話である。なお、表内の数字は理由を述べる発話文の数を表す。

表2からJNSの談話ではテ形の使用が73%であり、接触場面と比較してもテ形を多く使用して理由を述べていることがわかる。

表2 理由表現

表現	日本語母語場面	接触場面（中国）	接触場面（韓国）	接触場面（英語）	接触場面（ベトナム）
～て	11（73%）	7（25%）	6（55%）	0（0%）	5（42%）
中途終了	2（13%）	0（0%）	0（0%）	0（0%）	1（8%）
言い切り	2（13%）	17（61%）	4（36%）	2（29%）	3（25%）
～から	0（0%）	1（0%）	1（9%）	2（29%）	3（25%）
～ので	0（0%）	2（7%）	0（0%）	3（42%）	0（0%）
～が	0（0%）	1（4%）	0（0%）	0（0%）	0（0%）
合計	15（100%）	28（100%）	11（100%）	7（100%）	12（100%）

そこでテ形を使用している発話者を分析すると、JNSは5名全員がテ形を使用していた。一方で、接触場面ではテ形を使用しているNNSは20名中9名で、9名のうち6名がJ-CATの得点が上級前半とされる250点以上であった。残り3名も245点が1名、234点が2名であった。つまり、テ形を用いて理由を述べているNNSは日本語のレベルが高めであると言える。

また、理由のテ形には、「今日は本当に遅れてしまってすみません」(APL-JJ002) のように謝罪と組み合わせるものと、「携帯を今日忘れちゃって」(APL-JJ004) のように理由のみを表すものがある。分析の結果、JNSの5名全員が使用していたのは理由のみを表すものであった。接触場面では、理由のみを表す用法を使用していたのはJ-CATの得点でいうと245点以上のNNSであった。理由のみを表す用法を使っているNNSは、その多くが謝罪との組み合わせの形も使用していたが、KNSは4名中3名 (K001: J-CAT 372点、K002: J-CAT 322点、K004: J-CAT 250点) は謝罪表現との組み合わせの使用は見られず、理由のみを表す形式だけであった。このことから、理由のみをテ形で表す方がより自然であるものの、習得が困難な可能性があると言える。

NNSは（6）のように「が」や「ので」などテ形以外の形で理由を述べることが多い。

（6） C004 <すい>{>}ません，忙しかったのに。
　　 C004 あのー，今日，朝，来る途中で，自転車が壊れて（うん）しまいましたが，なんか。

J004　《沈黙　1秒》あ，そう <だったんですか>{<}。
C004　<「J004 名」さんに，れん>{>}，連絡したいんですけど，《沈黙　1秒》携帯電話も家に忘れてしまい（あー）ましたので，はい，<なかなか連絡できないので>{<}。
J004　<そうだったんですか>{>}。　(APL-CJ004)

謝罪場面においてテ形以外で理由を述べることについては、「～てすみません／ごめんなさい」が慣用的な表現である（滝井 1998）ことから不自然な印象を受ける。以上より、弁明談話の中で理由を述べる場合は、理由の節末あるいは文末はテ形を使用するほうが自然であると考えられる。

次に、理由を詳しく説明する部分を見ていく。理由を詳述する場面では、ある種の「発話の乱れ」が見られた。ここでいう「発話の乱れ」とは言いよどみや言葉の詰まり、語彙の重複、フィラーの過重使用など、教科書で見るような整った文とはかけ離れた発話を指す。話しことばは即時に発するものであるため書きことばのように「文」として整っていることは少ない。しかし、ここでいう「発話の乱れ」は通常の発話の範囲を超えるものを指す。特にJNSの談話において、理由説明をする際の発話の乱れが目立つ。具体的には、「あの」「その」などのフィラーの多用、言いよどみなどである。

JNSの談話では（1）ライン番号7～15でも言いよどみや言葉の詰まり、語彙の重複などが見られる。またフィラーを多用する発話（7）も多い。

（7）J004　あの，あの，今日の朝，いろいろあって，実は，電車が遅れ，ちゃってたんですけど，あの，連絡しようと思ったら，あの，携帯が見つからなくて（はー），どうやら，あの，おうちにお，おし，おいてきちゃったみたいで，それで，あの，連絡，取る，手段がなくて ,,
J003　うんうん。
J004　あの，連絡もできずに，あの，<笑い>「J003 姓」さんに1人で，あの，大変な（<笑い>）思いをさせてしまってほんとにすみませんでした。　(APL-JJ002)

このように乱れた発話で理由説明をしている場合、相手からそれ以上の追及は見られない。焦って一生懸命理由を説明する、あるいはそのように見せることで反省している姿勢が相手に伝わり、相手が追求する手を緩めるのではないかと考えられる。つまり、発話を乱れさせることが相手を冷静にさせるストラテジーとして機能している。

接触場面における理由説明の発話の乱れを分析すると、CNSの場合は（８）のように全体的にJNSより乱れた印象を受けない。

（８） C007 えーと，実は，（うん）あのー，あー，謝りたいことがあるんですよ。
C007 え（うんうん）ーと，午前，バイトに，行こうと思ってる途中，じ，急に自転車が壊れました。
J007 あー。
C007 で，えーと，《沈黙 １秒》そのとき，きずついて，「J007名」ちゃんに電話しようと思ってるんです（うんうん）けど，携帯も忘れてしまい（あー）ました。 (APL-CJ007)

（８）では言いよどみもフィラーも使われているが１発話文が（７）に比べると短くフィラーも１発話文中１回だけで、（７）ほど多くない。

JNSは、フィラーの中でも「あの」を多用していた。「あの」は山根(2002: 223)で言う「対人関係に関わる機能」を表し、聞き手を意識し、配慮していることを示す。例えば、（７）では「あの」が１発話文中９回と多用されている。９回のうち７回は節ごとに使用されている。つまり、まとまりのある内容を伝えるたびに「あの」を使い、相手を気遣っていることを伝えながら理由を述べている。このことから、JNSは相手に配慮しながら理由を説明していることがわかる。

接触場面ではレベル別、言語別に見ても、使用するフィラーの種類にははっきりとした傾向が見いだせず、個人差が大きい。ただJ-CATの得点が250点以上の上級前半レベルのNNSの場合、９名中６名（67%）が「あの」を使用しており、それ以下の中級レベルのNNSの使用（11名中５名：45%）と比べてより多くの発話者が使用する傾向にある。

以上の分析から、NNSは理由を説明する場合、発話の乱れがそれほどなく簡潔に説明していることが多いと言える。つまり発話をあえて乱れさせ、反省の姿勢を伝えるというストラテジーは使用していない。定延（2016）では単なる情報伝達ではない「あからさまにやってみせる」という発話観を示している。これは例えば長い廊下でずっと向こうにいる知り合いに気が付いた場合、二人の距離が近くなった際に「あ」と初めて相手に気が付いたようにふるまうことで、その後の談話や行動を自然にすることを指す。あえて「あ」と「相手に気づいてみせる」ことは実際に「相手に気づく」ことに代用できる程度の実質性も備えているとしている。本課題でも、弁明の際に言葉に詰まったりフィラーを多用したりして発話を乱れさせ「相手に負担をかけている状況に動揺し反省している」姿勢をあからさまに相手に見せることで、謝罪や弁明行為が受け入れられやすくなると考えられる。

しかし、日本語力が低いNNSの場合、日本語を話す時に言葉に詰まるなど、発話が乱れることは多い。そのようなNNSが上述のストラテジーを用いてもただ単に日本語力が低いと勘違いされる恐れがある。つまり「発話の乱れ」は、日本語力が十分にあって初めて成立するストラテジーでもある。そのため、中級レベルのNNSにとっては難しく、使用したとしても日本語力不足ととらえられる可能性がある。

4.4 相手への配慮

ここでは、弁明する際に相手への配慮を示すことで、人間関係の悪化を防いでいると思われるストラテジーについて分析する。具体的には相手への労い表現および、相手の不満への対応について述べる。

まず労い表現についてであるが、ここで扱う労い表現とは、自分が遅刻したことによって相手が大変だったことに何らかの形で言及しているものを指す。JNSの労い表現は以下の表3の通りである。

表3 JNSの労い表現　　数字は発話文数

	J002	J004	J006	J008	J010	合計
よね	1	0	0	1	1	3
テ形＋謝罪	0	1	0	0	0	1
平叙文	0	0	1	1	0	2
質問文	0	0	0	1	1	2

「テ形＋謝罪」とは、「あの，連絡もできずに，あの，<笑い>「J003 姓」さんに1人で，あの，大変な（<笑い>）思いをさせてしまってほんとにすみませんでした」（APL-JJ002）のように、テ形＋謝罪の形で相手が大変だったことに言及している発話文を指す。平叙文とは、「いそがし，1人って，めっちゃ大変」（APL-JJ003）のように、相手が大変だったことについて終助詞をつけたり疑問文の形をとったりすることなく述べている発話文を指す。質問文とは、「え，ど，どんくらい，結構混みましたか?，なんか」（APL-JJ004）など、相手が大変だった程度について質問する発話文である。

表3から、JNSは「大変でしたよね」（APL-JJ001）と「よね」を使って相手の立場に立つような表現を用いていることがわかる。また、「あの，連絡もできずに，あの，<笑い>「J003 姓」さんに1人で，あの，大変な（<笑い>）思いをさせてしまってほんとにすみませんでした」（APL-JJ002）といったテ形＋謝罪表現、「いそがし，1人って，めっちゃ大変」（APL-JJ003）といった平叙文のように、「忙しくて大変だ」ということを事実としてとらえていることを相手に伝えていることも読み取れる。

それ以外には、「え，ど，どんくらい，結構混みましたか?，なんか」（APL-JJ004）のように大変な状況に関する具体的な質問をして相手が大変だった程度について聞き出している。相手から事前に「結構，混んでいた（から大変だった）」（APL-JJ005）という発話があった場合も、談話後半で「結構しんどかったですか，バイトは」などと再度言及し、どのぐらい大変だったのかを聞き出し、再度謝っている。自分がかけた迷惑ではあるが、大変だったことについて質問することで相手は自分が大変だった話を聞いてもらいストレスが解消され、人間関係の修復につながると考えられる。

接触場面におけるNNSが用いた労り表現について見ていくと、相手の忙しさや大変さに全く言及しない非母語話者は20名中7名（35%）おり、そのうち6名がJ-CATの得点が250点以下であった。NNSの用いた労り表現を表現形式ごとにまとめると、以下の表4のようになる。なお、「その他」は「昼時間，結構，混むからさ」（APL-KJ003）のような発話がそれにあたる。上級はJ-CATの得点が250点以上のもの、中級はそれ以下のものを指す。

表４　NNS が用いた労り表現の表現形式

	よね	ね	でしょう	その他	合計
上級	3	2	2	2	9
中級	0	1	1	3	5

上級、中級ともに「大変だったでしょう？」のような「でしょう？」という不自然な形式が見られた。なぜ「でしょう？」が不自然かというと、お昼の時間帯に仕事が忙しい、というアルバイト仲間である会話参加者双方にとって自明のことについての言及だからである。「～よね」は聞き手も自分と同意見であるという見込みのもとに使われる念押しであるため、この場面で使用されることは自然である。一方で、「でしょう？」は聞き手に完全な自信がないため確認する表現であり自明のことに「でしょう？」を使って確認するのは不自然である（庵他 2001: 258）。つまり、アルバイトが２人しかいない状況で、自分が遅れたために１人で忙しいお昼の時間帯に仕事をすることが大変だったことは自明のことであり、それに対して、わざわざ「大変だったでしょう？」と確認をしているため不自然になってしまうのである。

また、どのぐらいアルバイトが大変だったかという具体的な質問をすることで相手に１人でアルバイトをした大変さについて話を促す談話はほとんどない。VNS の１例「っと，んー，今日は…，えっ，《少し間》あ，んーと，お客様が，多いすから，えっとー，んー，問題が，ないんですか？」（APL-VJ003）のみである。（９）のように JNS の方から話を聞き出す素地を作りだしているが非母語話者はそれがわからず話が終わってしまうこともある。

（９）　K004　すごく，混ん…，で，たと思いますから，（あー）一人で大変だなって思って，本当に申し訳ありません。
J004　結構忙しかったー <笑い>。
K004　はい。　(APL-KJ004)

（９）では JNS が「結構忙しかったー」と自ら大変だったエピソードについて再度触れている。つまり、NNS の反応次第では仕事の大変さを話すきっかけとなり得たが、KNS は「はい」と反応したのみで終わってしまった。

以上から、怒っている相手にあえて大変だった場面を語らせるという行為は一見怒りを再燃させる恐れがあるように思えるが、逆に人間関係の修復につながる機能があると考えられる。また「大変だったよね」のように「よね」を使った発話は相手と自分の関係を「遅れて迷惑をかけた者（弱者）と迷惑をかけられた者（強者）」という力関係から「同じアルバイトの仲間」という対等な関係へとシフトさせていると考えられる。同じ立場から「大変だったよね」と言うことで自分を責めて相手の怒りを代弁し、相手の不満を封じ込めるような機能を果たしているのではないだろうか。「でしょう？」を使うと自分とは関係ないといった印象を与えてしまいがちである。

次に相手の不満に対する表現を分析する。JNSの場合、相手が不満を述べると謝るだけでなく、「や，ほんとそうですよね，まじで」（APL-JJ003）のように相手の不満に同意する。あるいは「今日は，結構痛恨のミスをしたなーと思って」（APL-JJ004）のように自分自身に対して文句を言ったり、「やっぱ，１人だと，ほかの人にも連絡できないですし，結構難しかったですよね」（APL-JJ004）のように相手の気持ちを代弁したりする発話が見られる。つまり相手の不満に共感し、自分も相手の立場に立ち自分自身を責めることで、さらなる追求を逃れていると考えられる。

一方、接触場面におけるNNSは相手の不満に対し、基本的に謝るのみで共感するような表現はほとんど見られない。

（10） J002　でも，やはり連絡のほうは，ちょっと，公衆電話とか，えー，携帯電話じゃなくても連絡はできると思いますので，これからはちょっと，あのう，事前に連絡をしてから，遅刻の場合は，あの，お願いしたいかなと思います。

K002　分かりました。

K002　今回のことは反省して，（はい）次からは，あの，携帯電話は，とか，まー，途中，まー，携帯電話がなくても，,

J002　はい。

K002　途中，まー，遅れるたびには連絡を，しようと思いますので，,

J002　はい。

K002　よろしくお願いします。　（APL-KJ002）

(10) の場合、J002の発話の後でK002は「分かりました。」とJ002の発話を理解したということを示している。しかし、J002の発話は情報を提供するだけでなく不満も含まれている。つまり相手の発話の理解を表明するだけでは不十分であると考えられる。もし「そうですよね。すみません」のように相手の不満に共感した上で謝罪があったら自然なやりとりに聞こえる。

また（5）のように不満を述べているにもかかわらず謝罪がない例も多い。

（5）（再掲）J002　え，でも，なんか，なんの連絡もなかったので，《少し間》<とっても，忙しかった>{<}。
E002　<あ，それはあの，携帯>{>}電話（はい）を，忘れ<ちゃったんだから>{<}。　(APL-EJ002)

（5）の場合、JNSは連絡がなかった理由を聞きたいのではなく、謝罪などを求めているにもかかわらず、NNSは連絡できなかった理由を述べるにとどまっている。E002はJ-CATの得点が198点で中級レベルであったが、この場合、JNSの要求を無視したのではなく、謝罪が求められているという状況が理解できていなかったと考えられる。

このように相手が不満を表明している場合は、謝罪だけでなく、相手が大変だった状況を理解し、大変さに共感したり、自分自身を責める発話をしたりすることが、相手からのそれ以上の追及を避けるストラテジーとなる。

これ以外にも、弁明をする際は相手が友人であっても丁寧体で話すことが必要であると考えられる。JNSは全員丁寧体で話していたが、NNSは全20談話中5談話で普通体が用いられていた。JNSの事後インタビューで「ラフすぎる」「軽すぎる」といったコメントが見られたことからもわかるように、相手が友人であっても場面に応じて丁寧体で話すことで、反省の姿勢を示すことができると考えられる。

5.「弁明を受ける」役割の分析

この節では接触場面の談話において弁明される立場にあるJNSがどのような発話をしているのかについて分析を行う。

まず相手が謝っている状況でどのように不満を表明しているのかを分析した。その結果、不満を述べたり、相手に助言（苦言）を言ったりするような発話には以下の（２）(11)（12）のような３つのパターンが挙げられる。（２）はいきなり不満を表すパターン、(11）は理由を述べてから不満を表明するパターン、(12）は外堀を埋めるように相手の状況を確認してから不満を表明するパターンである。

（２）（再掲）C001　遅れまして，すいません。
J001　“すいません”じゃないよ。
J001　なんで，こんな（あー），（はい）忙しい時間帯に，連絡もなしに１時間も遅れた？［↓］。
(APL-CJ001)

（11）J001　あー，結構１時間，「E001 名」がいない間結構忙しくて，大変やって，すごい心配したから，なんで連絡してくれへんのかなって，（あー）思ったんだけど。
E001　携帯電話を ,,
J001　うん。
E001　あー，りよう‘寮’で忘れてしまいました（あー）のでー，（そっかー）連絡，できません。(APL-EJ001)

（12）J002　それ，でも，家で，使えないことが分かったなら ,,
C002　はい。
J002　家に戻って電話ができたんじゃないですか?。
C002　うーん，《沈黙　２秒》でも，《沈黙　１秒》うーん，こう，いう時間は，私は直接，うーん，《沈黙　１秒》えと，このれすた，レストランに，えー，着く時間は大体同じと思いますから，えーと，すぐここ，に，来ましたから。
J002　うーん，ま，でも，遅れたわけですから，家で分かった場合は，電話をするのが先だと思います。
C002　そうですか？。
J002　はい，で，連絡が，なかったら，来ないことが分からないから，《沈黙　１秒》ま，１人でずっと，“ちょっとなんで来ないの？”って思いながら，（うーん）準備しなきゃいけないし，対応しなきゃいけないけど，最初から，１時間遅れて来ることが分かっていたら，《沈黙　1秒》あの，《沈黙　1秒》ね，あ，今日は1時間遅れて来るんだって，最初から分かってるから,,

C002　はい。

J002　最初にいろいろと，なるべくできることは，準備しておいて，こう，やっていこうという心構えができるから，やり（うーん）やすくなるでしょう?。　(APL-CJ002)

分析の結果、（2）のように突然不満を表明しているのは1例のみであった。つまり、弁明を受ける側が不満に思う理由を述べてから不満を表明するか、相手の退路を断つように相手の状況を確認した上で不満を述べる方法が主にとられている。後者については詳細な理由を聞くことにより、相手の状況を理解し、その上で自分の不満を述べるようにしていると考えられる。

次に弁明する側が理由を述べるときの対応についてであるが、JNSの談話の事後インタビューの中でうまくできたと思うところを聞いたところ、「相手に理由を尋ねることができた」という回答が複数得られた。また逆に「相手に理由を聞くことができなかったから聞いてあげればよかった」という意見もあった。理由を聞くことができた／聞いてあげればよかったという両方の意見に共通していたのは、弁明する側ではなく弁明される側が理由を聞くことで、相手が理由を説明しても言い訳に聞こえないから、ということであった。つまり、弁明を受ける側も相手が弁明しやすくするような配慮をしていると考えられる。

6.「弁明」課題についてのシラバス

この節ではこれまでの分析結果から、課題「弁明」のシラバスについて述べる。シラバスをまとめた結果、以下の表5のようになる。

表５ 「弁明」課題についてのシラバス

中級レベルを目指す話者へのシラバス
＜弁明する側＞
・自分の過失や失敗、誤解について、テ形を使って理由を説明できる。
・弁明の冒頭部分で「本当に」を加えて謝罪することで謝意と反省を伝えることができる。
・談話全体を通して友人であっても丁寧体を使って話すことができる。
＜弁明をされる側＞
・不満に思った理由を述べてから、不満を述べることができる。
上級レベルを目指す話者へのシラバス
＜弁明する側＞
・発話権を維持しつつ過失や失敗の理由を詳細に語ることができる。
・相手の困難な状況に「よね」などを用い共感を示すことができる。
・自分自身を責めることで相手からの追及を避けることができる。
＜弁明される側＞
・弁明する側に詳細な状況を確認する質問を行い、相手の状況を理解した上で、不満を述べることができる。
超級レベルを目指す話者へのシラバス
＜弁明する側＞
・過失や失敗について理由や状況を説明する際、フィラーなどを多用してあえて発話を乱れさせ焦りや反省の意図を伝えることができる。
・相手の困難な状況について質問し詳しく聞き出すことができる。
＜弁明される側＞
・弁明する側に配慮して理由を聞き出すことができる。

全体を通して重要なポイントは、相手との人間関係の修復を図ることである。つまり単に弁明ができるようになるのではなく、相手を刺激することなく、自分の正当性を主張できるようになる、という点を重要視している。

まず中級レベルの段階では、「本当に＋テ形＋謝罪」という形で謝る、場面に応じて丁寧体で話す、といった場面やタイミングを意識して既習項目を使えるようになることを目指す。また、弁明をされる側としては、相手に不満があったとしても、不満を急にぶつけるのではなく、不満に思う理由を伝えてから不満を述べるという述べ方を習得しておきたい。

次に上級レベルの段階では、「よね」を使って相手の不満に共感する、過ちを犯した自身を責めるといった相手の立場を意識したストラテジーの習得を目指す。また弁明をする側では理由を述べている間の発話権維持、弁明をされる側では相手の外堀を埋めた上での不満表明といった談話管理に関する運用力も身につけたい。

最後に超級レベルの段階では、発話を乱れさせる、怒っている相手にその原因を詳しく聞くといった、「あえて」行うことで意味を持たせるストラテジーが使えるようになることを目指す。

7. おわりに

この章では「弁明」を課題として取り上げ、人間関係を修復しながら自己の正当性を主張する方法について分析を行った。その結果、テ形を使って理由を述べる、発話権を維持して詳細な理由をまとめて述べるといった弁明する自分自身に焦点を当てた言語行動のみならず、自らの失敗や過失により迷惑をかけた相手の意見に共感し、相手の困難だった状況を聞き出す、といった相手に配慮した言語行動も必要であることが明らかになった。また、言いよどむ、言葉に詰まる、フィラーを多用するなど、発話をあえて乱れさせることで反省の意図を伝えるという、正確な日本語を伝えるという従来の日本語教育とは一見逆の結果もストラテジーとして明らかになった。

今回の課題では音声特徴にまで触れることができなかった。特にあえて発話を乱れさせるポイントなどは発話のスピードなども重要になってくると考えられる。また、反省の意図を音声特徴で示している場合もあるかもしれない。今後はそのような分析を加える必要がある。また今回の分析結果は断りの場面でも応用できるのではないかと考えられる。

引用文献

庵功雄・高梨信乃・中西久実子・山田敏弘 (2001)『中上級を教える人のための日本語文法ハンドブック』スリーエーネットワーク.

木暮律子 (2002)「母語場面と接触場面の会話における話者交替 ── 話者交替をめぐる概念の整理と発話権の取得 ── 」『言語と文化』3, pp. 163–180.

定延利之 (2016)『コミュニケーションへの言語的接近』ひつじ書房.

滝井洋子 (1998)「原因・理由の「て」形接続についての一考察」『日本語・日本文化』24,

pp. 81–93.
中居順子・近藤扶美・鈴木真理子・小野恵久子・荒巻朋子・森井哲也（2005）『会話に挑戦！中級前期からの日本語ロールプレイ』スリーエーネットワーク.
藤森弘子（1995）「NNSにみられる「弁明」意味公式の形式と使用――中国人・韓国人非母語話者の場合――」『日本語教育』87, pp. 79–90.
山根智恵（2002）『日本語の談話におけるフィラー』くろしお出版.
Triktima LEADKITLAX（2014）「タイ・日接触場面における「誘い／依頼-断り」談話における弁明の発話行為の研究」『国際交流基金バンコク日本文化センター日本語教育紀要』11, pp. 81–90.

第7章

「訂正」課題のポイント

堤　良一

1. はじめに

本章では訂正という課題をとりあげる。会話において、聞き手が何らかの勘違いや思い違いをしており、それを正すということは往々にして起こることであり、重要な課題である。本章では、このような場合にどのような方略（ストラテジー）がとられ、そこではどのような表現や文法項目が用いられるのかについて、ロールプレイ会話を分析することにより見ていくことにする。

訂正に関する先行研究は、筆者が見た限りでは見当たらないようである（日本語非母語話者同士の会話のストラテジーが、母語話者同士のそれとどのように異なるかを論じた論考にボイクマン（2009）がある）。一方、日本語のテキストには、訂正をとりあげて練習させているものがある。たとえば『会話に挑戦！ 中級前期からの日本語ロールプレイ』（中居他 2005）では「相手の気分を害さずに、訂正を求めることができる」ことを目的として、先生に対して成績を確認し、訂正を要求するロールプレイを行う課がある（第14課、pp. 91–95）。そこであげられている表現・語彙は次のようなものである。

（1）　あのう、～んですが、～じゃないでしょうか。

（2）　～じゃないかとおもうんですが…。～のに…。

（3） あのう、すみませんが、〜ていただけないでしょうか。〜てもらえないでしょうか。〜てほしいんですが…。

このロールプレイは本章で扱うロールプレイの内容とは話し相手も違うし、訂正する目的が「自分の益のため（つまり、成績が悪かったので、間違っているか確認してもらい、間違っていたら訂正してもらう）」という点も異なっている。

2. 「訂正」課題のロールカード

本章で調査に使用したロールカードは次のようなものである。仲のよい友達同士の会話であり、「相手の益のため（つまり、書くべきレポートを勘違いしている相手に対して勘違いを正す）」ものである。

ロールカードA（日本語母語話者学生）

あなたとBさんは、「社会と言語」という授業をとっていて、授業の時は隣に座ったり、時々昼食を一緒に食べたりするような関係です。その授業で、次の授業までに、「日本語の方言」についてレポートを書くという課題が出ましたが、方言の何について書いたらいいのかよく分からないので、Bさんに聞いてください。あなたから会話を始めてください。

（実はあなたは一つ勘違いをしていることがあります。Bさんのいうことを注意して聞いてください）

ロールカードB（留学生）

あなたとAさんは、「社会と言語」という授業をとっていて、授業の時は隣に座ったり、時々昼食を一緒に食べたりするような関係です。Aさんが、次の授業で提出することになっているレポートについて聞いてきました。Aさんは、レポートのテーマが「日本語の方言」だと思っています。しかし、それは、期末レポートの課題で、今回の課題は、「インターネットで使われる日本語」です。Aさんの勘違いを直してください。まずは、Aさんが話し始めますから、あなたは、聞いてください。

先述のテキストの課題と、本章で扱う課題との違いは当然、話を切り出す順番や話し方など、様々な点に差異をもたらすものであるので、単純に比較することはできない。会話というものは、話し手、相手、内容（訂正することがどのような益をどちらに与えるか等）によって様々に変わりうるものであるので、本章で分析し提案するシラバスが訂正するうえで常に網羅的なものではないことは、この段階で断っておくべきであろう。しかし、それでも一方で『会話に挑戦！　中級前期からの日本語ロールプレイ』の目的には見るべき箇所がある。それは、筆者が原文に下線を施した部分である。

（4）「相手の気分を害さずに、訂正を求めることができる」　(p. 91)

訂正するということは、簡単に言えば「あなたは間違っていますよ」ということを表明して、聞き手の情報を話し手の情報に置き換えることであるから、直接的な言い方は聞き手が気分を害する元となる。

ところで、上記（1）～（3）のように話すことで、本当に先生が気分を害さないかどうかは注意を要する問題である。

（5）　あのう、先生、私の成績が間違っていると思うんですが、すみませんが、直していただけないでしょうか。

「間違っている」ということを直接指摘することは妥当か、「すみませんが」という言い方は本当に気分を害さない方向に働いているか、「あのう」というフィラーを用いさえすれば、聞き手は気分を害さないという保証はあるか、など、検討する余地はあるだろう。

本章では以上のような問題意識もふまえつつ、訂正に必要な項目について1つのシラバスを提案することを目的とする。本章は以下のように構成される。まず次節で日本語母語話者同士による会話（日本語母語場面）を紹介し、訂正が日本語母語場面においてどのようになされるかを見る。どのようにして、「相手の気分を害さずに」会話が運ばれるかを見たあとで、**4.** では本章で分析の対象とする調査について見る。まず、「気分を害さずに」会話を遂行することが、調査参加者から重視されており、ただ訂正に必要な表現を指導するだけでは不十分であることを浮き彫りにする。その上で、どのように会話が展開するかを見る（ストラテジー）、会話を「気分を害さずに」うまく展開させるために必要な文法的な表現を洗い出す。**5.** では訂正される役割の話者がどのような反応をするかについて簡単にまとめ、**6.** で「訂正」課題についてのシラバスを提示する。**7.** はまとめと今後の課題である。

3. 日本語母語話者の談話例

調査により得られた母語場面（日本語母語話者同士の会話）のうち、1つを例示する。

（6）【COR-JJ001】J001：訂正される側、J002：訂正する側

ライン番号	話者	発話内容
1	J001	あのさー ,,
2	J002	うん。
3	J001	社会と言語の，授業とっとるじゃん。
4	J002	うん。
5	J001	あれで…，《沈黙　1秒》なんだっけ，日本語の方言，っていうさー，（あーあー）テーマのレポート??，書かなきゃいけないじゃん。
6	J002	うんうん。
7	J001	《沈黙　2秒》なんか方言についてなに書いたらいいか，ちょっとさー，（あーあー）あんまよく分かってなかっ，たんだけど。
8	J001	教えてくれないかな。
9	J002	あ，え?，でも，こ，え，今回の課題って，それじゃなくてインターネットで使われる日本語じゃないっけ?[↑]。
10	J001	えっ?[↑]，そうなの?[↑]。
11	J002	<うん>{<}。
12	J001	<なん>{>}かだいぶ違うね<2人で笑い>。
13	J002	えー，なんか，そのさっきのあの日本語の方言が…，前??，えっとーなに?[↑]，期末…の，期末レポートの課題で，今回の課題がインターネットで使われる日本語だったと思うんだけど。
14	J001	あ，来週の課題?[↑]。
15	J001	来週までの，課題って，インターネットだっけ?。
16	J002	うん，そうそう，らい，来週までのがインターネット??[↑]。
17	J001	あー。
18	J001	《沈黙　1秒》あ，それのことだったのかー。
19	J002	うん。
20	J001	日本語の方言は期末?[↑]。
21	J002	うん，日本語の方言が期末。
22	J001	あー，じゃあまだ先だったんだね。
23	J002	うん，そうそう，<笑いながら>まだ先。

24	J001	あら，それは（うん）すごい勘違いだったわ。
25	J002	までも先にやっとっても，ま，ね，（うん）特に損することないし。
26	J001	<ちょっとやりかけっとわー>{<}。
27	J002	<あとで楽になるし>{>}<2 人で笑い>。
28	J001	あー，そうなんだ。
29	J001	分かった。
30	J001	ありがとう。
31	J002	んー。
32	J002	《少し間》いーよいーよ。

今回のロールカードを用いた会話において、日本語母語話者同士の会話（以下、日本語母語場面という）と、日本語母語話者と非母語話者の会話（以下、接触場面という）でさほど大きな違いはないと言える。大きな流れとしては、（７）のようになっている（カッコ内の数字は（６）の、該当するライン番号である）。

（７） 訂正される側（J001）が勘違いをしているということに訂正する側（J002）が気づいてみせる（9〜13）→訂正する（9〜16）→聞き手の勘違いが訂正されたことを追認する（16〜23）

しかし、1つひとつの場面で何をしているかということを細かく見ていくと、日本語母語話者は「聞き手の気分を害さないように」いくつかの特徴的な工夫を行っていることが見えてくる。たとえば、ライン番号９の「〜じゃないっけ?」という表現は、非母語話者の発話からは採取されにくく、母語話者から多く採取されるものである（後述）が、話し手の記憶と聞き手の記憶が食い違っていることを言っているものの、直接的に訂正をしているわけではない。感動詞「え？」も、話し手の知っている情報と聞き手の発話に齟齬があるということに対して驚いてみせるものである。驚く、という行為自体はなんら相手の間違いを指摘するものではないが、驚いてみせることによって、話し手の認識が相手のそれとは異なることを示すことになる。このようにして直接的で攻撃的な発話を避けているということが言える。

同様にライン番号 13 の「えー，なんか」「その」「えっとーなに？」「〜だったと思うんだけど」と、フィラーや言いさしを連発しながら、流ちょうでない発話にすることによって、訂正が緩やかに行われるような印象を受ける。これはこの本の第6章「「弁明」課題のポイント」でも論じられている「発話の乱れ」である。発話の乱れは、話者の自信のなさ、はっきりとは伝えたくない気持ちといったものを表出する効果があると思われる。筆者が実際に聞いたことがある次のような発話も、途切れさせることにより、話者の恐縮した態度を表出すると思われる。

（8）　もう、発注している、、と、お、もい、ま、す、の、で、、、、いまーからー、の、キャンセルはーちょっ、、、とむずか、しい、かなー

発話の乱れを消し、（6）のライン番号13の発話を記せば（9）のようになる。

（9）　さっきの日本語の方言が、期末レポートの課題で、今回の課題がインターネットで使われる日本語だったと思う。

もちろん、このように表現することも可能ではあるが、流ちょうな発話は話し手の自信ありげな態度を感じさせ、結果として聞き手が間違っているということを主張するようなニュアンスになる。

これまでの日本語教育では、訂正する表現を正確に使うことに重点がおかれていたために、（9）でよいということになったであろう。この章では「気分を害さない話し方」について検討する。この点に関しては、定延(2015: 9–10)も、我々がいかに「いい人」でいることに苦心しているかについて論じているので参照されたい。

これまでのことを踏まえて、この章では中級と上級では次のように到達目標を設定するのが適切ではないかと考え議論を進める。

表1　それぞれのレベルで求められる訂正の技術

レベル	ストラテジー
中級	適切な表現を使って、訂正することができる。
上級	フィラー、感動詞、発話の乱れなどを駆使しながら、相手の気分を害さないように訂正することができる。

この節ではまず、日本語母語場面における会話を１つ紹介し、どのように会話が運ばれているかを見た。そこでは相手の気分を害さないための、いくつかの特徴が観察されることを示した。次節では調査概要を述べ、ロールプレイ後のインタビューから話者が何を重視して会話をしたか、そしてそのためにどのようなストラテジーを用いたかを見ることにする。

4. 「訂正」する役割の分析

この節でははじめに調査概要を見る。その後、ロールプレイのあとに行われたインタビューの内容を見ることによって、調査に参加した者が何を重視していたかを見る。シラバスを構築する際に、彼らが会話の遂行に求めたもの（ニーズ）を取り込むことは重要であると考えるからである。そこから、ただ訂正するための表現を教授するだけでは不十分であり、「相手の気分を害さずに」会話を行う能力の涵養が必要であることが見えてくる。

この章で主に用いたデータは、上記ロールカードに基づいて行われた、接触場面（日本語母語話者と非母語話者）20 組、日本語母語話者による母語場面５組である。接触場面の被験者の母語は、中国語…10 名、韓国語…4 名、英語…3 名、ベトナム語…3 名、（合計 20 組）である。

この節ではまず、ロールプレイ後に行われたインタビューの内容を見ることから始めてみよう。このコメントから、被験者がなにを重視してロールプレイを行ったか、ひいてはコミュニケーションをとろうとしたかを見てとることができる。コミュニケーションにおいて重視されることができること、このことこそが会話をスムーズに遂行することができる能力であると捉えられるべきである。

4.1 インタビューの内容について

ロールプレイ後にロールプレイの担当者がそれぞれの被験者に同じ質問項目を用いて、ロールプレイを行った感想を聞いている。質問項目は次の通りである。

（10） 質問 1：今回の会話をやってみてどう感じたか。
質問 2：うまくできたところ。なぜそう思うか。

質問3：会話の相手についての印象。

質問4：会話の相手の話し方やことばの使い方、気になったところ。

回答の中に、聞き手の話し方や、話し手の話し方が聞き手にどのような印象を与えたかというようなことに言及するコメントが多いことに気づく。母語場面は日本語母語場面を見ると、10名中8名（80%）、接触場面においては、日本語母語話者20名中15名（75%）、中国語母語話者が10名中10名（100%）、韓国語母語話者が4名中4名（100%）、英語母語話者が3名中0名（0%）、ベトナム語母語話者が3名中3名（100%）、それぞれなんらかの形で聞き手の印象や話し手自身の話し方が聞き手にどのような印象を与えたかについてのコメントを行っている。このことは、コミュニケーションを行う上で、聞き手に好印象を与えつつ話す（気分を害さない）ということがいかに重視されているかをうかがわせる。求められる技術であるとしてシラバスの中に取り込まれるべきであろう。

レベルとコメントの内容との間に関係はあるだろうか。J-CATが200点以下の話者で印象についてコメントしている者は、4名中1名、201点～250点の話者は、9名中8名、251点～300点で4名中4名、300点以上の話者では3名中2名である。レベルが高くない間は文法面での正確さに気を取られ、自分が相手にどのような印象を与えているかにまで気が回らないということは大いにありそうである。シラバスを構築する上では、印象に関することは少しレベルが上がった段階（上級）で教えるのがよいことを示唆していると言えよう。先掲の表1のレベル分けは、このことを反映したものである。

話を元に戻そう。具体的には彼らは次のようなコメントをしている。(11)に好評価と思えるコメントの一部を、(12)にやや否定的と思われるコメントの一部を記す。なお、母語場面と接触場面、訂正する側、される側を特に区別していないが、それは、どちらの話者もこのようなコメントをしていて、どちらか片方が問題にしているわけではないからである。

(11) ・相手は優しく答えてくれていい人だと思った。 (COR-CJ010-C010)

・頼りがいがあると思った。 (COR-KJ002-K002)

・どうやって相手を傷つけずに指摘するのかを気をつけた。

（COR-JJ002-J003）

・上から目線の物言いではなかったのでよかった。

（COR-JJ002-J003）

（12）・（自分の発話は）失礼だったと思う。（COR-CJ010-C010）

・ズバッと指摘してきたので少しびっくりした。特にいやな気はしなかったが。（COR-JJ004-J007）

・もっと強く言えば良いのではないかと思った。遠慮みたいなものを感じた。（COR-JJ002-J004）

このようなコメントが、母語場面、接触場面を問わず多く現れるということは、ことばの教育において「どのようにタスクを遂行するか」ということのみならず、「どのように、気持ちよく、相手の気分を害することなくタスクを遂行するか」ということを考慮するべきであるということである。

以上のことを踏まえた上で、次節では訂正するときのストラテジーについて見てみよう。

4.2　ストラテジー

「聞き手の勘違いを訂正する」という場面においては、（６）や、今回で採取された母語場面の会話から、おおよそ（13）–（14）のように流れるのではないかと思われる。なお、かっこ内はデータ番号である。例えば「COR-CJ001」はCOR（RECT；訂正）のC（中国語）J（日本語）母語話者同士の接触場面を表す。JJは日本語母語場面である。

（13）聞き手が勘違いしていることに対して、驚いてみせるなどして話し手との認識の違いを表明する。（そうだっけ COR-JJ002、えー？［↑］。広島人の方言？［↑］COR-JJ004、どういうこと？［↑］COR-JJ004 etc.）

（14）聞き手の勘違いに対して、話し手は認識が異なると表明する。（あ，え？，でも，こ，え，今回の課題って，それじゃなくてインターネットで使われる日本語じゃないっけ？［↑］COR-JJ001、私は，インターネットが使われる日本語やったと思ってて COR-JJ002、え，なんか，え，それ期末の…，レポートじゃない？［↑］

COR-JJ003、etc.)

日本語母語場面においては (13) の発話が、訂正として働くことが多いようである。つまり、「あなたは間違っている。次の課題はインターネットで使われる日本語だ」というような直接的な表現が用いられることは少なく、ただ、「あなたと私とは認識が違うのですが」と言えば、聞き手は自分が勘違いしていることに気づくというわけである。(13) は (14) の前置き的役割を担う。

ところで、日本語母語場面でも次のような直接的なストラテジーをとる会話が1組観察されている。

(15)　直接的な表現での訂正

J005　<あれ？[↑]，違った？[↑]>{<}。
J006　<え，違う，違う>{>}。
J006　次の授業はあれじゃ（うん）よ。
（中略）
J006　インターネットで,,
J005　うん。
J006　<使われる日本語だよ>{<}。
J005　<インターネットで使わ>{>}れる日本語。
J005　<え，そうだったけ>{<}。
J006　<え，なんか課題が違>{>}うじゃん。
J005　うそ，あたし寝てたのかなー。
J006　え，<寝てたっけ>{<}。
J005　<え，居眠りしてた>{>}のか<笑い>なー。
J006　分かんない，<全然>{<}。
J005　<え，え，>{>}あれー，次の，課題あたしなんか,,
J006　いや，それ【【。
J005　】】スケジュール帳に日本語の,,
J006　<ほんとう？[↑]>{<}。
J005　<方言>{>}のレポート書くって書いてるんだけどー。
J006　それ絶対期末だよ。

J005　え？[↑]，ほんと <にー？[↑]>{<}。
J006　<危>{>} ないよ。
J005　<え>{<}。
J006　<危>{>} 険だよ。　(COR-JJ003)

このような会話は「親しい間柄」でのやりとりを想定していると思われる。このグループでもここではない場面では「え，なんか，え，それ期末の…，レポートじゃない？」というような表現も用いており、日本語母語話者同士では直接的な表現を用いた間違いの指摘は避けられると言うことができよう。

次に接触場面での非母語話者の発話に目を向けてみよう。

(16)　認識の違いの表明
　a.　《沈黙　１秒》え，それ，って，あの，期末レポートじゃなかった？[↓]。　(COR-CJ003)
　b.　と，今回のレポートのテーマは，うんと，インターネットで使われる日本語じゃない？。　(COR-CJ006)

(17)　直接的な指摘
　a.　いや，そっちではないよ。　(COR-KJ001)
　b.　テーマ，ちょっと違いますと思います。　(COR-CJ010)
　c.　ま，違い…，ますね。　(COR-EJ002)

(16) では、「～じゃなかった？」や「～じゃない？」というような表現を用いて、聞き手の勘違いを頭ごなしに否定することを避けようとしている。一方、(17) では、はっきりと聞き手の勘違いを否定するような表現が使用されている。

直接的な表現を用いた群を見てみると、まず母語別には中国語が３名、韓国語が２名、英語が２名と、その数は決して多くない。特徴的なのは中国語母語話者で、これらの話者はJ-CATの点数が239・241・244と、200点台前半である。一方、直接的な表現を用いなかった中国語母語話者は、J-CATの点数の最低点が248、最高が308と、明らかに得点が高い。このことを考えると、「間違っている」という直接的な表現を用いる訂正のストラテジーは、やや日本語能力が低い話者に見られるということができるようである。

(13) (14) で示したように、ここまでで抽出できるストラテジーは、まず聞き手の認識に対して驚いてみせ（(６) の9〜13)、次に訂正するということである（(６) の9〜16)。訂正の段階では、直接的に聞き手の勘違いを否定するよりも、間接的に聞き手の勘違いの可能性に言及するような方法をとる方がより自然であるということが言えそうである。具体的な表現については次節以降で検討することにしよう。

ところで、日本語母語場面での会話には、訂正が行われたあとに特徴的な会話が続く。それは冒頭であげた会話でも見られるが、訂正される側が何度も確認を繰り返すということである（(６) の14〜24)。「インターネット（で使われる日本語）だっけ？→日本語の方言は期末？［↑］→じゃあまだ先だったんだね」というように、聞いていることは同じであるが、ことばを変えて何度も確認している。それによって、感動詞（応答詞）「うん／はい」の類が非常に多く繰り返されることになる。母語場面では、「うん／はい」というような感動詞（応答詞）が非常に多い。一方、接触場面ではフィラーが多くなる。

ここまでで、i) 相手の気分を害さずに目的（本章の場合「訂正する」）を達成する、ii) そのためのストラテジー、を見てきた。中級では、訂正するための適切な表現（後述）を用いて、なおかつあまりに直接的な表現を避けながら目的を達成することができることが必要であろう。上級になると、相手の記憶と自分のそれが異なることに驚いて見せ、自分の記憶を表明することで、相手の記憶違いに気づかせ、相手が記憶を訂正する過程で協力的に繰り返し同意することが求められるということを論じた（なお、本章で述べる余裕がないが、韓国語母語話者や英語母語話者は、訂正を行う際に、手帳を見る、インターネットで調べ直す、第三者に問い合わせるなど、客観的証拠を提示しようとする傾向があるようである)。

表２ 訂正のストラテジー

レベル	ストラテジー
中級	直接的すぎる表現（「違います、間違っています」など）を多用せずに、相手との思い違いについて言及しながらやんわりと訂正することができる。
上級	相手との思い違いに驚いて見せ、やんわりと訂正しながら正確な情報を伝えながら相手の気分を害することなく勘違いを指摘できる。相手の記憶の修正の過程に、同意することにより協力することができる。

4.3 文法項目について

ここまでで、中級と上級の話者に求められるストラテジーについて考えてきた。中級の段階では訂正できること、上級では気分を害さずに訂正できること、が重要であると考える。

この節では、これらの目標を達成するために必要な文法項目について見ていこう。

まず、中級として必要な項目（訂正そのものに関わるもの）として、以下の表現をあげる。それぞれ「訂正する」、「自分の認識と相手の認識の違いを指摘する」、「追認する」ために主に必要になる。以下、それぞれに必要と思われる文法項目を示す。

(18) ～よ、Nは～です、～と思います、Nは～ではないですか？ Nのみをオウム返しする

・訂正する（～よ、Nは～です、～と思います）

相手の認識が間違っていると思う場合に訂正するための表現である。

(19) うん，次の授業，次の授業は，期末レポートで，インターネットだよ。 (COR-JJ005)

(20) あー，それは…，方言なら多分（うん）きまっつー‘期末’レポートの課題ですよー。 (COR-CJ007)

(21) <笑いながら>イン，<笑いながら>イン，インターネットで，使われる日本語だよ。 (COR-JJ003)

(22) えー、なんか，そのさっきのあの日本語の方言が…，前??，えっとーなに？［↑］，期末…の，期末レポートの課題で，今回の課題がインターネットで使われる日本語だったと思うんだけど。

(COR-JJ001)

(23) 次の授業…，あ，課題は，インタネット‘インターネット’で，つく，使われる日本語と思います。 (COR-EJ003)

・自分の認識と相手の認識の違いを指摘する（N は〜ではないですか？）

「〜ではないですか？」と、疑問形にすることで自分の認識と相手の認識が異なっているということを伝える。疑問形で表現することで、断定的に訂正する「N は〜です」や「〜と思います」より控えめに相手の間違いを指摘することができる。

(24) 期末の，レポートの課題じゃない？[↑]。 (COR-JJ004)

(25) あ，それは，《少し間》ちょっと間違ってるじゃないですか？[↓]。 (COR-CJ009)

・追認する（N のみをオウム返しする）

間違いを指摘された場合、相手は多く「え？　××？」と聞き返す。その場合、ただ「××」を繰り返すという方法がとられることが多い。

(26) そう，日本語。 (COR-JJ002)

(27) ネットで使われる日本（うんうん）語の，テーマ。 (COR-KJ002)

表2の、中級のストラテジーを遂行するために必要と思われる文法表現を見た。次に上級の表現を検討しよう。

上級として必要な項目（気分を害さずに訂正するもの）として以下の表現をあげる。それぞれ「相手の認識の違いに驚いてみせる」「自分の記憶が相手のものと違うことを表現する」「直接的に訂正するのではなく、自分も間違っているかもしれないという含みを持たせる」「その他」である。

(28) え？（声質やイントネーションの調節）、〜っけ？、N って、発話の乱れ、フィラー、感動詞等、 N1 が〜で N2 が…です

・相手の認識の違いに驚いてみせる（え？）

相手の認識の違いに対して驚いてみせることで、これから訂正を始めるというようなシグナルになっている。この部分は日本語母語場面ではすべての会話に存在する。（6）に加えて、たとえば次のようなものが確認される。

(29) え（COR-JJ002）、ほんま？（COR-JJ004）、あれ？（COR-JJ005）

また非母語話者からもこのようなデータが採取できる。

（30） え、そうなの ?=（COR-VJ001）

一方、接触場面の非母語話者の発話にはこの部分がないものがある。

（31） J004 あれでさー，日本語と方言ていう，レポート出すように，言われたと思うんだけど，（うん）あの僕どうやって書いたらいいか分かんないんだよね。
K004 んー，あー，これは，期末レポートだが ,,
J004 うん。
K004 あー，こん，今度のレポートは，インターネットで使われる日本語だよ。（COR-KJ004）

（32） J001 <え>{>} っと，なんか，レポート出されて，（うんうん）えっと，なんかあったよね。
K001 <うん>{<}。
J001 <なん>{>} か，日本…語の，方言について ,,
K001 いや，そっ <ちでは>{<},,
J001 <書く>{>}。
K001 ないよ。
J001 え ?［↑］。
K001 インターネットで，使われる日本語だよ。（COR-KJ001）

このような訂正の方法は、日本語の会話においては唐突に感じられるだろう。なお、今回の調査では (31) (32) のような方法は韓国語母語話者に特に見られるようである。

・自分の記憶が相手のものと違うことを表現する（〜っけ？、N って）

最も特徴的なのは、「〜っけ」である。この形式は日本語母語話者からは 5 名中 4 名によって発話されているが、接触場面では 20 名中 3 名にとどまっている（COR-CJ001、COR-CJ007、COR-VJ001）。この 3 名の J-CAT の点数は 248〜308 である。日本語母語話者の多くが使用しているという点で訂正のために必要な表現であると思われるが、非母語話者には難しい項目であると言える。

（33） = 日本語の方言だったっけ。（COR-JJ002）

（34） = あの，インタネットで，（うん）使われる日本語じゃないだっ

け?[↑]。 (COR-CJ007)

次に「Nって」をとりあげる。この形式は日本語の母語場面で頻繁に現れるが、非母語話者には用いにくい形式であろうと思われる。「Nって」というのは、その形式をメタ的に捉え(つまり、Nそのものの(その文脈における臨時的なものも含めて))意味を問題にし、その意味やその場面での属性を再定義するために用いられる。

(35) あ, え?, でも, こ, え, 今回の課題って, それじゃなくてインターネットで使われる日本語じゃないっけ?[↑]。 (COR-JJ001)

この発話は、聞き手にとっての「今回の課題」が「方言についてのレポート」と定義づけられているのを、「インターネットで使われる日本語」へと再定義するために用いられている。このような一種の話し手と聞き手の知識のあり方を問題にするような形式は、英語、中国語などの、今回調査された言語では使用されない。このことが母語干渉として働き、習得が遅れることはあり得るだろう(なお、韓国語には日本語の「って」に相当する라고(rago)という形式が存在するが、このような話し手と聞き手の知識の調整をするような場合には用いられない)。「って」の有無が、会話における話し手の印象に影響を与えることはないと思われるが、話し手と聞き手の知識のあり方に敏感な日本語では、重要な形式であろう。

なお、非母語話者でこの形式を使用した発話は今回の調査では20名中3名で計4例(中国語母語話者1名が2例、韓国語母語話者1名、ベトナム語母語話者1名)であった。J-CATの点数は、305〜273である。

(36) こう, うん, あのー, 方言のやつって(うん), 期末のレポートじゃないのかなー。 (COR-VJ001)

(37) で, あの今回, 出さないといけないのは, インターネットで使われる日本語,《少し間》っていうテーマ。 (COR-CJ003)

(38) 《沈黙 1秒》え, それ, って, あの, 期末レポートじゃなかった?[↓]。 (COR-CJ003)

どれも自然な発話であり、適切に使いこなせている。しかし、使用例が少ないことから、非母語話者にとっては使いこなすのが難しいことが窺われる。

・直接的に訂正するのではなく、自分も間違っているかもしれないという含

みを持たせる（発話の乱れ、フィラー、感動詞など）

母語話者は、母語話者であるだけに、様々な形で発話を乱すことができる（ただし、このような乱れがいついかなる形でも、どのような形でも自由に起こりうると言っているわけではない（定延 2005 等））。このような言い直し、言いよどみ、発話途中での内容の変更などは、淀みなく流れるような発話に比べると、「私も自信をもって正しいと言えるかどうか分からない」といったような含みを伝えるようである。それによって、相手を直接攻撃しないような効果が表れるのであろう（母語話者が意図的に発話を乱していると主張しているわけでもない）。

他方、非母語話者の場合、このような乱れを作るのは難しいと思われる。これらの乱れを教育することも難しい。我々日本語教師はとかく、「完璧」を求めがちである。しかし、我々が「完璧ではない」と思っているものの方が、むしろ使用されるべきである場合があるということである。このことは注意しておく必要があるだろう。

（39） うん，そうそう，らい，来週までのがインターネット ?? [↑]。
（COR-JJ001）

（40） そうだね，やっぱ，一回ちょっと，（<笑い>）でもー，あれ？ [↑]。
（COR-JJ003）

・その他（N1 が〜で N2 が…です）

これは今回の課題に応じて表れた形式であろう。「来週のレポートがインターネットの日本語で、期末のレポートが方言です」というものである。

（41） で，最初，それ，今回が，なんだったっけ，インター，ネット，で，<笑い>つか（<笑い>），使われる日本語で，最終的なのが，その方言。
（COR-JJ003）

以上、本節で議論した文法項目について表 3 にまとめておく。

表 3　訂正の文法項目シラバス案

レベル	文法項目
中級	〜よ、名詞だけ、N は〜です、〜と思います、N は〜ではないですか？
上級	え？（声質やイントネーションの調節）、〜っけ？、N1 が〜で N2 が…です、N って、発話の乱れ、フィラー、感動詞等

5. 「訂正される」役割の分析

本節では、「訂正される」役割を演じた日本語母語話者の発話を少し分析したい。大きな特徴としては、日本語母語場面においては**4.2**で指摘したように、訂正されることが複数ある場合に、訂正される側は、それを一度に納得するのではなく、1つずつ確認していくという点である。(6)の該当する部分を再掲しよう。この場合、訂正内容は「来週の課題がインターネットの日本語であり、日本語の方言は期末である」が、J001はそのことを「来週の課題?」「来週までの，課題って，インターネットだっけ?」「日本語の方言は期末?」「じゃあまだ先だったんだね」と、4つに分けて確認している。その都度、訂正する側は「うん」「そう」などと答えている。

(42)　J002　えー，なんか，そのさっきのあの日本語の方言が…，前??，えっとーなに?[↑]，期末…の，期末レポートの課題で，今回の課題がインターネットで使われる日本語だったと思うんだけど。
　　　J001　あ，来週の課題?[↑]。
　　　J001　来週までの，課題って，インターネットだっけ?。
　　　J002　うん，そうそう，らい，来週までのがインターネット??[↑]。
　　　J001　あー。
　　　J001　《沈黙　1秒》あ，それのことだったのかー。
　　　J002　うん。
　　　J001　日本語の方言は期末?[↑]。
　　　J002　うん，日本語の方言が期末。
　　　J001　あー，じゃあまだ先だったんだね。
　　　J002　うん，そうそう，<笑いながら>まだ先。　(COR-JJ001)

では、接触場面において日本語母語話者はどのように反応しているだろうか。結論だけを述べれば、基本的には日本語母語場面と同様の反応をしている。以下、該当する確認の発話に下線を施して示す。

(43)　C009　あのー，来週…，提出…するのは，あのー，インターネットで使われる日本語です。

C009　あ。
J009　インターネットで使われる日本語?,,
C009　はい。
J009　ていうレポートが，出てるの?。
C009　はい。
J009　<あ>{<}。
C009　<あ>{>}のー，日本語の，ほ，方言は，あのー，期末…レポートです。
J009　あー，なるほど，そういうことか。
C009　<い>{<}【【。
J009　】】<じゃ>{>}，来<週>{<},,
C009　<い>{>}【【。
J009　】】出すのは，《少し間》インターネットで使われる，日本語っていうレポートを書いて来ればいいってことかな。
C009　はい。　(COR-CJ009)

6. 「訂正」課題についてのシラバス

ここまで議論したことをシラバスとしてまとめておく。

表４ 「訂正」課題についてのシラバス

中級レベルを目指す話者へのシラバス
〈訂正する側〉 ・聞き手の勘違いを直接的な表現で指摘することができる。 （聞き手の勘違いについて、訂正することができる） 〈訂正される側〉 ・訂正された内容について確認することができる。
上級レベルを目指す話者へのシラバス
〈訂正する側〉 ・聞き手の勘違いに対して驚いてみせることができる。 ・聞き手の勘違いに対して、話し手とは認識が異なると表明することができる。 ・聞き手の勘違いを、気分を害することなく訂正することができる。 〈訂正される側〉 ・訂正された内容について、１つ１つ区切って確認することができる。

7. おわりに

本章では訂正について、訂正する側の発話からシラバスを考えてみた。まず本章で検討するデータから、話者が「気分を害さないように訂正する」ことを重視している姿が浮かび上がった（**3.**）。ロールプレイの後に行われたインタビューでも、相手に対する印象や、話者自身が相手に与えた印象についてコメントする話者が多く存在することが明らかになった（**4.1**）。そこで、彼らが好印象を維持して、訂正を行うために用いているストラテジーを分析した。直接的に相手の間違いを指摘するよりは、相手が間違いに気づくような発話を行うなど、様々な方略がとられていた（**4.2**）。また、上記ストラテジーを実行するために用いられる文法項目を見た（**4.3**）。「訂正される」役割の発話としては、日本語母語場面では訂正された内容について1つずつ確認するという傾向が見られた（**5.**）。以上をまとめてシラバスを提案した（**6.**）。

「訂正する」ことができるというだけであるなら、「次のレポートはインターネットで使われる日本語です」などという表現を導入すれば事足りる。しかし、今回の調査からは、被験者がいかに相手を攻撃することなく、かつ自分自身が悪く思われることなく訂正という目的を達成したいと思っているかが明らかになった。そうであるならば、フィラーや感動詞、言いよどみ、言い直しなどの、これまでのシラバスに明記されてこなかったような項目をより大きく扱う必要があるだろう。ポーズ、話速など、本章では描ききれなかった要素にも目を向けた研究が必要とされるであろう。今後の課題としたい。

今後の日本語教育では、「何を話すか」に加えて「どのように話すか」ということが重要になってくる。今後、このような観点からの研究が現れることの一助となれば幸いである。

引用文献

定延利之（2005）『ささやく恋人、りきむレポーター ―― 口の中の文化』岩波書店.
定延利之（2015）「日本語コミュニケーションにおける偽のタブーと真のタブー」鎌田修・

嶋田和子・堤良一（編）『談話とプロフィシェンシー』pp. 6–31, 凡人社.
中居順子・近藤扶美・鈴木真理子・小野恵久子・荒巻朋子・森井哲也（2005）『会話に挑戦！　中級前期からの日本語ロールプレイ』スリーエーネットワーク.
ボイクマン総子（2009）「「聞いて話す」プロフィシェンシーとその養成のための教室活動」鎌田修・山内博之・堤良一（編）『プロフィシェンシーと日本語教育』pp. 189–219, ひつじ書房.

第二部
楽しく話すための目的別シラバス

第8章

ことばをつなげて長く話すコツ

柳田直美

1. はじめに

自分が持っている情報を会話の参加相手に提供する場面は日常的に多く存在する。次の談話例（1）と談話例（2）は、自分の印象に残っている旅行について、相手に情報提供を行っている場面である。

談話例（1）は、日本語母語場面の会話である。日本語母語話者のJ002が、家族旅行で飛行機に乗り、北海道に行った旅行のことを日本語母語話者のJ001に話している。

（1）J002　なんか，こう毎年，なんかおと，お父さんが，こうバイク好きだから，こうバイクの，なんか，サーキットがあるとこに，いつも旅行行くみたいな，毎年の（へえー）恒例だったんですけど，なんか，その年，私が，飛行機に乗りたいって言ったら，<（笑い）><笑いながら>北海道に連れてってくれて,,

J001　え、すごいですねえ<笑い>。

J002　北海道に連れてってくれて，それでー，なんか，飛行機乗るの初めてだったから，すごいドキドキしたし。

（EXP-JJ001）

次の談話例（2）では、学習者のE003（英語母語話者）が日本語母語話者J003に、東京タワーに行ったこと、東京タワーが美しかったことを話している。

（2） J003　一番楽しかった旅行ってありますか?。
E003　あのー，3，か月前に（おー），東京行きま（おー）した。
E003　えっと，あの，そこで，東京タワーへ（うんうん）見に行きました。
E003　すごく美し（うん）かったです。　(EXP-EJ003)

談話例（1）では日本語母語話者が、談話例（2）では学習者がそれぞれ自分の経験を語っているが、ここには談話の進め方の上で大きな違いが見られる。日本語母語話者が「バイク好きだから」、「行くみたいな」、「恒例だったんですけど」、「乗りたいって言ったら」、「連れてってくれて」、「ドキドキしたし」のように、文の終わりが明示されない形で談話を進めているのに対して、学習者は「行きました」、「見に行きました」、「美しかったです」と文をはっきりと言い切る形で談話を進めている。

このような文をはっきりと言い切る形は、発話の終了のサインとして重要な役割を担っているとされる（Tanaka 1999）。逆に言うと、発話終了を示す要素が現れなければ、話し手は聞き手にターンを譲らずに延々と発話を続けることが理屈としては可能になるということである。

実際に談話例（1）のような話し方は、話し手であるJ002が相手にターンを譲らずに自分の経験をある程度話し終わるまで話し続けるための技術であるともいえる。一方、談話例（2）の学習者E003のような発話は、発話終了を示す要素を用いて発話の終了を明示してしまっているため、意図的でないにしても、発話権を維持することを放棄してしまっているととらえられる可能性がある。

このように、日常的な会話の中でも、発話権を維持し、相手に自分の意図を十分に伝えるためには、ある程度まとまりのある談話を構成して途中で発話を遮られないような工夫が必要になる。

ある程度まとまりのある談話を構成するためには、ことばをつなげて長く話すための技術が必要である。そこで本章では、自分の印象に残った旅行についての経験を語る談話を分析し、相手に自分の意図を十分に伝える際に必要な「ことばをつなげて長く話す」ためのコツを明らかにする。

2. 先行研究

OPIでは、中級は文レベルで発話のコントロールができる段階、上級レベルは段落レベルで発話のコントロールができる段階であるとしており（牧野他 2001）、ある程度発話を長く続け、まとまりのある談話が構成できることは、中級から上級に移行するために重要であると考えられる。

では、どうすれば発話を長く続けることができるのだろうか。会話を扱った教科書は多くあるが、「発話を長く続けるため」の課を設けている教材は管見の限り見られない。唯一、『聞いて覚える話し方 日本語生中継 中〜上級編』において、母語話者の自然な談話例として、以下のようなインタビュー談話が別冊のスクリプト（第７課、p. 30）に掲載されているが、聞いて理解することが目的となっており、学習者がこのように発話を長く続けることは課の目的とはなっていないようである。

> インタビュアー：はい、すいません。最近、環境に対する意識が高まっていますが、あなたのお勤めの会社ではどんなことに取り組んでいらっしゃいますか。
>
> 男性：あ、環境。難しいね。あの、そうね、一度ねえ、うちの会社、会社じゃねえ、あの、工場の近くの海岸のね、ゴミ拾いしようかって案が出てたんだけど、社内では反対が多くって、結局ボツになっちゃったんだよね。なんか、あの、そんな地味なことやってても宣伝効果もないしとかでね。私としては、地域のみなさんに会社のことを知ってもらうのにいい機会なんじゃないかなと思ってたんですけどね。

インタビュアーの質問に対して、男性は「あの、そうね、」「あの、」「なんか、あの、」などのような表現を文の合間に用いて、自分の発言が続くことを示している。

本章では、日本語母語話者と学習者の発話を比較・分析し、相手に自分の意図を十分に伝える際に必要な「ことばをつなげて長く話し続けるコツ」を明らかにする。

3. 分析

3.1 分析方法

分析の対象とするデータは、対話コーパス「説明」の談話資料である。この談話は、懇親会で隣り合った初対面の学生同士が、他の懇親会参加者の会話をきっかけに、お互いの印象に残った旅行について情報交換をするというものである。本章では、談話例（1）、談話例（2）に挙げたような自分の印象に残った旅行について情報提供を行っている部分を分析の対象とする。

分析の対象とする情報提供部分の発話について、まず、中級学習者グループ、上級学習者グループ、日本語母語話者グループの発話量の違いを量的に明らかにする。分析にあたっては、量的分析を行うにあたり便宜的に、中国語母語話者、韓国語母語話者はJ-CATの250点を境に、ベトナム語母語話者、英語母語話者はJ-CATの200点を境に、上位群・下位群に分けた。そのうえで、情報提供部分の発話を対象に形態素解析を行い、中級学習者グループ、上級学習者グループ、日本語母語話者グループで分散分析を行う。

次に、情報提供部分の発話がどのように構成されているかについて、「節単位」（丸山・高梨・内元 2006）という区分法を用いて質的に分析する。

3.2 情報提供部分についての量的分析

まず、自分の印象に残った旅行について情報提供を行っている発話を文字化資料から抽出し、文字化資料中に含まれる聞き手のあいづち、同時発話、両者の笑い等の記号をすべて除去した。その後、Mecabを使用して形態素解析を行った。辞書はunidic-csj-2.3.0を使用した。

情報提供部分の形態素数について、表1に母語場面の日本語母語話者のターン数および形態素数、表2に上級学習者のターン数および形態素数、表3に中級学習者のターン数および形態素数の結果を示す。ターンとは一人の話者の発話が始まって次の話者が話し始める前まで（発話途中に入れられたあいづちは除く）、形態素とは意味をもつ表現要素の最小単位のことである。上級学習者、中級学習者の識別番号のCは中国語母語話者、Kは韓国語母語話者、Eは英語母語話者、Vはベトナム語母語話者を示す。

表１　日本語母語話者のターン数および形態素数（情報提供部分）

話者	ターン数	形態素数	平均形態素数（1ターン当たり）
J001	21	484	23.0
J002	15	379	25.3
J003	37	875	23.6
J004	28	1,105	39.5
J005	27	857	31.7
J006	11	596	54.2
J007	21	532	25.3
J008	23	399	17.3
J009	22	402	18.3
J010	14	225	16.1

表２　上級学習者のターン数および形態素数（情報提供部分）

話者	ターン数	形態素数	平均形態素数（1ターン当たり）
C001	8	283	35.4
C002	3	47	15.7
C003	2	236	118.0
C004	16	234	14.6
C005	16	184	11.5
K001	30	541	18.0
K002	11	363	33.0
K003	17	152	8.9
E001	87	363	4.2
V001	35	479	13.7
V002	11	203	18.5

表 3　中級学習者のターン数および形態素数（情報提供部分）

話者	ターン数	形態素数	平均形態素数（1 ターン当たり）
C006	40	565	14.1
C007	60	405	6.8
C008	29	185	6.3
C009	19	422	22.2
C010	40	244	6.1
K004	34	250	7.4
E002	41	229	5.6
E003	54	313	5.8
V003	14	83	5.9

表 4 に各グループの情報提供部分の形態素数の平均と標準偏差を示す。分散分析の結果、表 5 のとおり、各グループの差は有意であった（$F(2, 27) = 7.48, p<.01$）。

表 4　形態素数の平均と標準偏差

	人数	平均	標準偏差
中級学習者	9	299.5	136.3
上級学習者	11	280.5	138.6
日本語母語話者	10	585.4	261.1

表 5　分散分析表

要因（SV）	平方和（SS）	自由度（df）	平均平方（MS）	F
条件	587294.8172	2	293647.4086	7.48 **
誤差	1060403.3495	27	39274.1981	
全体	1647698.1667			

**p <.01

HSD 法を用いた多重比較の結果、中級学習者と日本語母語話者の間（$MSe = 225.7388, p<.05$）、上級学習者と日本語母語話者の間（$MSe = 214.6663, p<.05$）に有意差が認められた。しかしながら、中級学習者と上級学習者の間の差は有意ではなかった。このことから、情報提供部分において、日本語母

語話者は中級学習者、上級学習者よりも形態素数が多いことが明らかになった。つまり、日本語母語話者は自分の経験を語る際、学習者よりも多くの形態素を用いて情報提供を行っているということである。このことは、日本語母語話者の情報提供部分は中級学習者、上級学習者よりも長いことを示唆している。

では、日本語母語話者はどのような形で学習者よりも長く発話を続けているのであろうか。また、形態素数の解析では中級学習者と上級学習者に差は見られなかったが、質的にも差は見られないのだろうか。そこで次節では情報提供部分の談話の進め方について、中級学習者、上級学習者、日本語母語話者を比較し、分析する。

3.3　情報提供部分についての質的分析

本節では聞き手からの質問を受け、話し手が自分の印象に残った旅行について説明を行う情報提供の発話を中心に質的な分析を行う。

分析対象は、1ターン当たりの平均形態素数が中級学習者グループ、日本語母語話者グループの中でもっとも多い話者とする。平均形態素数がもっとも多い話者を対象とするのは、談話構成の分析にあたって、話し手からの十分な情報量があり、それがどのような形で構成されているかを見る必要があるからである。

ただし、上級学習者についてはC003が形態素数236（平均形態素数118.0）もあるにもかかわらず、ターン数が2しかなく、他の上級学習者とまったく異なる傾向を示しているため外れ値として扱い、平均形態素数が2番目に多いC001を分析の対象とする。それぞれの話者のターン数、形態素数、1ターン当たりの平均形態素数を表6に再掲する。

また、分析にあたっては、「節単位」（丸山・高梨・内元 2006）を用いて三者の発話を「節境界の一覧」（表7）の「絶対境界」「強境界」「弱境界」の3種類に分類し、比較する。節境界は、寺村（1981）や益岡・田窪（1992）などの記述文法書で記述されている従属節の種類を参考にして分類された境界である。

表6　分析対象者のターン数および形態素数（情報提供部分）

話者	ターン数	形態素数	平均形態素数（1ターン当たり）
J006（母語）	11	596	54.2
C001（上級）	8	283	35.4
C009（中級）	19	422	22.2

表7　節境界の一覧（丸山・高梨・内元2006をもとに作成）

A（絶対境界）：いわゆる文末表現に相当する境界
文末，文末候補，と文末
B（強境界）：いわゆる文末表現ではないが、構造的に大きな切れ目を成すと考えられる節境界
並列節ガ，並列節ケド，並列節ケドモ，並列節ケレド，並列節ケレドモ，並列節シ
C（弱境界）：通常は発話の切れ目になることはないが、稀に発話の切れ目になり得る従属節の境界
タリ節，タリ節-助詞，テカラ節，テカラ節-助詞，テハ節，テモ節，テ節，テ節-助詞，トイウ節，トカ節，トカ節-助詞，ノニ節，フィラー文，ヨウニ節，引用節，引用節-助詞，引用節トノ，感動詞，間接疑問節，間接疑問節-助詞，条件節タラ，条件節タラバ，条件節ト，条件節ナラ，条件節ナラバ，条件節レバ，並列節ダノ，並列節デ，並列節ナリ，理由節カラ，理由節カラ-助詞，理由節カラニハ，理由節ノデ，連体節テノ，連用節
D（接続詞）：接続詞，接続詞L，接続詞C，接続詞CL
E（体言止め）

以下、談話例の対象者J006、C001、C009の情報提供の発話について、上記A～Eの基準に沿って分類する。

①日本語母語話者J006

まず、日本語母語話者J006の情報提供部分の発話を分析する。

J006は印象に残った旅行として、普段行く国内旅行ではなく、高校生の時に参加した学校の短期研修について情報提供を行っている。短期研修はアメリカで行われ、J006はアメリカが初めての海外経験であった。J006は、研修は楽しかったものの、当時は英語があまりできず、友だちと日本語で話してばかりいたことを後悔していると語っている。J006の情報提供の途中、

J005が途中であいづちを入れたり「アメリカ。」と一度、確認を行うが、それ以外はJ006が途中考え込みながらも、発話を継続している。

（3）～（5）の発話例では、節境界で改行し、右に節境界の記号を示す。本章では情報提供部分のみ分析の対象とするため、相手の質問や確認、あいづちへの応答部分は「–」とする。

（3）【EXP-JJ003】日本語母語話者の情報提供

J005	なんか，そっちから話題聞こえて来たんですけど， （はい）なんか，「J006姓」さんって，どっか，旅行行って， なんか，印象に残った場所とかありますか？。	
J006	旅行に行って印象に残った場所。	E
J006	えーと，そうですね，	A
J006	あの，普段は，っと国内旅行，日本国内，ばかり 旅行に行くんですけど，	B
J006	あの，高校生のときに一度，あの，なんか，一応， 学校のプログラム，的なものなんですけど，	B
J006	なんかでも，	D
J006	その，観光要素が強い，（うん <笑い>）その， 短期研修で，	C
J006	アメリカに，，	–
J005	アメリカ。	
J006	行ったことがあって，（へー）	C
J006	西海岸のロサンゼルスのほうだったんですけど。	B
J006	《沈黙　2秒》なんか，初海外だったので，（はい）	C
J006	やっぱりそれが印象に今でも，結構残ってて。	C
J006	《沈黙　2秒》うーん，なんだろう	A
J006	《沈黙　2秒》結構，その《沈黙　2秒》観光，あの， なんだっけ，	A
J006	ハリウッドとかの（はい）観光地にも行きつつ，	C
J006	なんかホームステイもしつつみたいな，<笑いながら> いろんな要素がごちゃごちゃの，こ，旅行だったんで	

	すけど。	B
J006	うーん，なん，なんだろう	A
J006	《沈黙　2秒》なんか，そのときはすごく，あの， 初めて海外に行ってたし，(はい)	B
J006	英語も当時そんなに得意じゃなかったし，	B
J006	結構，その，友達とばっかり話しちゃ (はい，うん) ったんですけど，	B
J006	なんだろう，	A
J006	こう，もうちょっと現地の人と交流ができたら， 良かったなって思って，	C
J006	その，楽しかったのと，ちょっと後悔があるのと， (うん) どっちも，なんか，あって，	C
J006	印象に残ってるっていう感じです。	A

J006の場合、談話例中のA (絶対境界) は6、B (強境界) は7、C (弱境界) は7、D (接続詞) は1、E (体言止め) は1であった。

A (絶対境界) については、6回中5回は「えーと，そうですね」、「うーん，なんだろう」、「あの，なんだっけ」などの次の発話内容を考えている独話的な発話であり、情報提供におけるA (絶対境界) は最後の「印象に残ってるっていう感じです。」の1回しか出現していない。このことから、J006は一定の情報提供が終了するまでの間、主にB (強境界)、C (弱境界) を用いて発話を維持していると言える。

談話例 (1) のJ002と談話例 (3) のJ006を見てもわかるように、母語場面において母語話者はA (絶対境界) をほとんど用いず、明らかな文末表現ではないB (強境界)、C (弱境界) を多用して会話を進めていくのが特徴と言える。

②上級学習者 C001

次は、上級学習者C001の情報提供部分である。

C001は、印象に残った旅行として、サイパン島への新婚旅行を挙げている。C001はサイパン島に4泊したが、海やビーチの美しさに魅了され、最後に帰りたくないという気持ちになったと語っている。C001 の情報提供の途中、J001 があいづちを入れるが、それ以外は C001 が発話を継続している。

（4）【EXP-CJ001】上級学習者の情報提供

J001	逆に（はい）「C001 姓」さんは，<何か思い出とかあったり>{<}【【。	
C001	】】<あ，僕はですね>{>}，	A
C001	あの，まあ，ま，今までいろんな，（はい）ところに行って，	C
C001	ま，いろんなところに行ったんです，	A
C001	ま，旅行とか。	C
J001	はい。	
C001	行ってみたんですけど，	B
C001	ま，やっぱり一番印象に残ったのは，えーと，しん，ま，新婚旅行，（はい）ていうか，	C
C001	ま，ま，妻と結婚して，	C
C001	（ああ）まあ，新婚旅行のときに，サイパンという，	C
C001	あのー，サイパン島という	C
C001	（はい）あの南の島に行ってみたんですね。	A
C001	あのー，まあ，アメリカの，（はい）しゅ，領土なんですけど。	B
C001	もう，そ，そこに行ってみて，	C
C001	もうほんとに美しい風景に魅了されて，	C
C001	ま，4 泊,,	−
J001	<ああ>{<}。	
C001	<えーと>{>}，5 日なっ，だったんです。	A
C001	もうほんとに帰りたくないという，	C
C001	（ああ，ですよね）最後，	E
C001	はい。	C
C001	もう海も美しいし，（はい）	B
C001	まあ，えーと，ま，白い，えーと，ビーチとか，	C

C001　はい,　C
C001　ほんとに, 美しかったんですね。　A

C001の場合、談話例中のA（絶対境界）は5、B（強境界）は3、C（弱境界）は12、D（接続詞）は0、E（体言止め）は1であった。

J006と異なるのは、A（絶対境界）が用いられている箇所の発話内容である。J006は6回中5回が独話的発話であり、情報提供でのA（絶対境界）は発話最終部に1回見られただけであったのに対し、C001のA（絶対境界）は、5回すべてが「いろんなところに行ったんです」、「5日なっ, だったんです」、「美しかったんですね」など、情報提供にかかわるものであった。一方、B（強境界）は3、C（弱境界）は12であり、C001もJ006同様にB（強境界）やC（弱境界）を用いて発話を維持していることがわかる。

このように、上級学習者になると、B（強境界）やC（弱境界）を用いた複文レベルの発話が出現していることがわかる。しかし、A（絶対境界）の使用に関しては母語話者ほどの低頻度とはいえなかった。

③中級学習者 C009

最後に、中級学習者C009の情報提供部分を示す。

C009はJ006、C001とは異なり、相手の情報要求に対して、まとまりのある発話が継続しているわけではない。一番好きな場所は台湾であること、台湾には半年ぐらい滞在したこと、半年の滞在は交換留学生としての滞在だったこと、台湾人が親切だということ、台湾と中国の違いなどをJ009の「台湾ですか?」、「半年ですか?」「同じですか?」などの確認に応答する形で談話を展開させている。

（5）【EXP-CJ009】中級学習者の情報提供
J009　はい,「C009姓」さんは, 旅行,,
C009　旅行は【【。　–
J009　】】行かれますか?, よく。
C009　はい, そう, 旅行は, 私は（はい）一番大好きは台湾です。　A
J009　あ, 台湾<ですか?>{<}。

C009	<あ，台湾>{>}，はい，行ったことがあります。	A
J009	あります。	
C009	半年ぐらい。	E
J009	半年ですか ?。	
C009	そう，<そう>{<}。	–
J009	<あ>{>}，長いですね。	
C009	半年，交流，（はい）交流生，交流，交換生です。	A
J009	ああ。	
C009	そう，	–
C009	あのー，台湾は，（はい）あの，台湾人は，（はい）静かな，あのー，親切です。	A
J009	あー。	
C009	その，日本人より親切です<笑い>。	A
J009	あ，ほんと<ですか<笑い>>{<}?。	
C009	<そうそう，	–
C009	でも>{>}，	D
C009	あのう，中国，大陸‘だいりょく’人より，あの，うん，あのー，もう親切です。	A
J009	ああ。	
C009	そう，温かいの，<そう>{<}。	A
J009	<へえ>{>}，<台湾>{<}。	
C009	<あの>{>}，台湾。	E
J009	物価はどんな感じですか ?。	
C009	すいま【【。	–
J009	】】物価は。	
C009	ブッカ，（はい）	–
C009	ああ，はい，	–
C009	ブンカ。	–
J009	中国と比べて。	
C009	はい，	–

C009	文化は，あー，大体同じです。	A
J009	同じですか?。	
C009	そう，そう，	–
C009	しかしの，	D
C009	あのー，あ，1949‘せんきゅうよんじゅうきゅう’年（はい）後の，（はい）ここ，大陸‘だいりょく’と台湾は違います。	A
C009	《沈黙　1秒》だい，あ，中国の大陸‘だいりょく’と（はい）台湾の，あー，発展路線は違い<ます>{<}。	A
J009	<ああ>{>}，ああ。	
C009	そうそう，	–
C009	あのー，う，台湾は，あの，中国のいろいろな昔の文化を（はい）保存しています。	A
J009	ああ，ああ，ああ，ああ。	
C009	そう，	–
C009	あのー，あのー，しかし	D
C009	日本文化もあります。	A
J009	ああ，ああ，ああ。	
C009	あの，台湾人，自分の文化（はい）もあります。	A
J009	ああ。	
C009	あー，その西洋文化をあります。	A
C009	その，いろいろな文化，たぶん（あー），あー，混ぜ，混ぜて??,,	C
J009	<混ざっています>{<}。	
C009	<混ぜています>{>}，	A
C009	そう。	A

C009の場合、談話例中のA（絶対境界）は16、B（強境界）は0、C（弱境界）は1、D（接続詞）は3、E（体言止め）は2であった。

C009の発話で特徴的なのは、J006やC001に見られたB（強境界）が見られないことである。その代わり、「しかしの，あのー，あ，1949‘せんきゅうよんじゅうきゅう’年（はい）後の，（はい）ここ，大陸‘だいりょく’と台湾は違います。《沈黙　１秒》だい，あ，中国の大陸‘だいりょく’と（はい）台湾の，あー，発展路線は違います。そうそう，あのー，う，台湾は，あの，中国のいろいろな昔の文化を（はい）保存しています。」のように、C009の発話が継続する箇所でもA（絶対境界）が用いられていることがわかる。A（絶対境界）は多いものの、発話を維持できているのにはフィラーの存在がうかがえる。山根（2002）は、話し手が情報を小出しにしていく際に、聞き手が打つ相槌の後の話し手のフィラーは，発話権保持のためのフィラーであると指摘しているが、C009の「あのー」はまさにそのような機能を果たしていると考えられる。

談話例（２）のE003や談話例（５）のC009に見られるように、中級学習者にはあまりまとまりのある談話は現れず、母語話者とのやりとりをしながら、単文レベルで情報を少しずつ提供していることがうかがえる。

日本語母語話者、上級学習者、中級学習者の一例ずつではあるが、各グループで発話量の多い３名を分析した結果、以下のような特徴が明らかになった。

・日本語母語話者

A（絶対境界）を情報提供途中では用いず、終了時にのみ用いる。B（強境界）、C（弱境界）を用いて発話を維持する。

・上級学習者

A（絶対境界）を情報提供中に用いる。B（強境界）、C（弱境界）を用いて発話を維持する。

・中級学習者

A（絶対境界）を情報提供部分において多く用いて発話を維持する。一方、B（強境界）、C（弱境界）はあまり用いない。

３名という限られたデータの比較であるため、一般化することは難しいが、日本語母語話者、上級学習者、中級学習者の各グループにおいて、発話量が比較的多いという共通点を持っている３名であっても、それぞれ異なった談話構成の特徴をもっていると言えるだろう。

3.4 ことばをつなげて長く話すためのポイント

これまでの分析から、日本語母語話者と学習者は経験を語る際の情報提供の発話量に差があること、絶対境界や強境界など、統語的境界に出現する表現に差があることが明らかになった。このことから、相手に自分の意図を十分に伝える際に必要な、ことばをつなげて長く話すポイントは、発話の量を増やすだけでなく、A（絶対境界）の使用を減らし、B（強境界）や C（弱境界）の使用を増やすことだということが示唆される。

しかし、ただ B（強境界）、C（弱境界）の使用量を増やすだけでは、かえって発話の意図が相手に伝わりにくくなる可能性がある。例えば、日本語母語話者 J006 は A（絶対境界）を情報提供の途中ではあまり用いず、終了時に用いていたが、文の切れ目がなく、冗長に続くこのような発話は、必ずしも聞き手にとってわかりやすいとは言えないのではないだろうか。

一方で、談話例（5）（中級学習者 C009）のように、A（絶対境界）が一つの情報ごとに使用されるのも不自然さを感じさせる要因となろう。

したがって、発話の意図のわかりやすさと談話構成の自然さのバランスを考慮する必要がある。その意味で、談話例（4）（上級学習者 C001）のように、B（強境界）を使って発話を維持しつつも、A（絶対境界）を適切な個所で使用できることを目標とすることが重要となるのではないだろうか。そのためには、授業において自分の経験や意見を語る練習を取り入れる場合、どのように談話を構成するかを発話する前に意識させたうえで実際の発話に移るという活動を行っていくことが効果的ではないかと思われる。

4. 「ことばをつなげて長く話すコツ」についてのシラバス

分析結果からこの章が提案する初級から上級までの「ことばをつなげて長く話すコツ」は以下のようなものである。

表９ 「ことばをつなげて長く話すコツ」についてのシラバス

中級レベルを目指す話者へのシラバス
・自分の経験などについて、何を話すか（あるいは話さないか）を意識し、複数の文のレベルでの情報提供ができる。 ・「～です（よ）」「～ます」「～んです」などの明示的文末表現を用いて情報提供ができる。 ・「あのー」「えーと」などのフィラーを用いて、発話を維持することができる。
上級レベルを目指す話者へのシラバス
・自分の経験などについて、何を話すか（あるいは話さないか）を意識し、中級段階よりも多くの情報を談話としてのまとまりをもって提供できる。 ・「～です（よ）」「～ます」「～んです」などの明示的文末表現の使用を減らし、接続助詞ガ・ケド・シや、条件節、理由節、並列節などの表現を使用して複文を構成し、発話を維持することができる。

5. まとめ

本章では、相手に自分の意図を十分に伝える際に必要な「ことばをつなげて長く話し続けるためのコツ」を明らかにすることを目的とし、自分の印象に残った旅行についての経験を語る談話について、日本語母語話者、上級学習者、中級学習者の情報提供の発話量と統語的境界に用いられる表現を比較した。その結果、日本語母語話者は学習者よりも情報提供の発話量が多いこと、統語的境界に使用される表現に差があることが明らかになり、分析結果をもとに「ことばをつなげて長く話すコツ」についての初級から上級までの会話のコツを提案した。

今後は、日本語としての自然さと聞き手にとってのわかりやすさを考慮した会話シラバスを構築するために、効果的な練習方法を検証していきたい。

謝辞

分析にあたり、多大なご協力と示唆をいただいた若松史恵氏に感謝申し上げます。

引用文献

相本総子・宮谷敦美（2004）『聞いて覚える話し方 日本語生中継 中～上級編』くろしお出版.

寺村秀夫（1981）『日本語の文法（下）』国立国語研究所.

牧野成一・鎌田修・山内博之・齊藤真理子・荻原稚佳子・伊藤とく美・池崎美代子・中島和子（2001）『「ACTFL - OPI 入門」紹介』アルク.

益岡隆志・田窪行則（1992）『基礎日本語文法 改訂版』くろしお出版.

高梨克也・内元清貴・丸山岳彦（2006）「『日本語話し言葉コーパス』における節単位認定」『『日本語話し言葉コーパス』DVD 付属マニュアル』国立国語研究所. https://pj.ninjal.ac.jp/corpus_center/csj/doc/manual/ （最終更新 2015/04/28）

丸山岳彦・高梨克也・内元清貴（2006）「第 5 章　節単位情報」『報告書　日本語話し言葉コーパスの構築法』国立国語研究所. https://pj.ninjal.ac.jp/corpus_center/csj/doc/k-report/

山根智恵（2002）『日本語の談話におけるフィラー』日本語研究叢書 15 くろしお出版.

Sacks, H., Schegloff, E. A., & Jefferson, G.（1974）A simplest systematics for the organization of turn-taking for conversation. *Language*, 50, pp. 696–735.

Tanaka, H.（1999）*Turn-taking in Japanese conversation: A study in grammar and interaction*. Amsterdam: John Benjamins.

第9章

生き生きと話すコツ

俵山雄司

1. はじめに

私たちが日常行う会話は、音声を介した情報伝達的な側面だけでなく、会話に参加する人が、会話の相手を楽しませたり、あるいは、相手と一緒になって会話という行為自体を楽しんだりという娯楽的な側面も持っている。後者の娯楽的な側面を構成する要素の1つとして、生気に満ち溢れた、活力を感じさせる話しぶりがあると考える。

この章では、「生き生きと話すコツ」として、上記のような話しぶりを支える技術、具体的には、事物や経験を語る中で使用される引用と、事物や経験に対して思いを込める語の効果的な使用を取り上げる。例えば、以下の談話例の実線部分と点線部分のようなものである。

（1） J009　で，土日がまあ，2回（うんうん）と，そのプログラムが始まる前とあとも，ちょっと，早めに行って遅めに帰ってきたから，（うんうん）めっちゃ余裕があって，<そう>{<}。

J010　<え>{>}，めっちゃ楽しそう。

J009　<笑いながら>もう，楽しかった。

J010　<えー，めっちゃめちゃ>{<}【【。

J009　】】<ベネチア，めちゃくちゃ>{>}きれいだった。

J010　へー。
J009　もう，なんか，あ，ディズニーシーだみたいな<2人で笑い>，すごい,,
J010　<#####>{<}。
J009　<陳腐な感>{>}想だけど，あ，メディテレーニアンハーバーだ（<笑い>），ここは，みたいな<笑い>。
J010　めっちゃ楽しそう。　(EXP-JJ005)

ここでは、J009が日本語教育実習でヨーロッパに行った経験が話題となり、J010との間でやり取りが続いている。J009がベネチアを見たときの感想「きれいだった」に伴われる「めちゃくちゃ」という語が、その経験に対する思い入れの強さを伝え、滞在経験についての「楽しかった」に伴われる「もう」という語からは、感情の高ぶりを抑えきれない様子がにじみ出ている。さらに、J009が「あ、ディズニーシーだ」「あ、メディテレーニアンハーバーだ、ここは」と発話の引用の形で風景を表現することで、その時の感動を時空間をまたいで再現しているかのような効果が生まれている。

上記の例では、「めちゃくちゃ」のような語がなくても経験の伝達は可能であるし、引用の代わりに「まるでディズニーシーのような風景だった」とシンプルに言い表すこともできる。しかし、上記のような語や引用を使って経験を表現することで、生き生きとしたやり取りが生まれていると言える。

この章では、上記の2項目について、日本語母語話者と日本語学習者の談話データを観察し、そこから日本語教育で取り扱うべき「生き生きと話す」ための技術について分析する。**2.** で先行研究に触れた後、**3.** では引用について、**4.** では思いを込める語について扱い、その分析結果を踏まえて**5.** で「生き生きと話すコツ」を提示する。

2.　先行研究

まず、引用と思いを込める語の言語表現としての性質を扱った研究について述べる。引用研究において、「生き生きと話す」ことに言及しているものに砂川（2003）がある。砂川は、大学生の自由会話から採った以下の（2）を示し、大学生が自分と医者とのやり取りを「その場で取り交わされたそのままの発話であるかのように、生き生きと再現して伝えている」(p. 128) と説明している。

（２）　月曜まで我慢して、月曜日に朝早く一番に診てもらってー、うん、ちょっと見せてごらんなさいとか言って脱いだら、うわーとか言われて、中毒症だわーとか言って。食べ物か薬で出るはずだから、薬飲んでる？って言われて、なにも飲んでないですって言ったの。　(砂川 2003: 128)

ここで使用されている引用の方法は「もとの発話をそのままの表現として再現する」直接引用だと位置づけられ、「伝達の場を基軸にした表現に言い直されて発話が再現される」間接引用と対置されている。砂川に基づいて直接引用と間接引用の特徴をまとめておく。

直接引用：音声的な特徴や話し癖を再現可能。無意味語や単なる音声、方言や外国語の再現も可能。

間接引用：表現できるのは命題内容を伴った表現（感嘆詞や応答詞は不可)。完全な文としての体裁を保っていない形式（倒置文や言いさし文）は引用句に取り込めない。発話・伝達のあり方にかかわる終助詞「よ・ね・さ」や聞き手に対する丁寧さを表す助動詞「ます」などは伝達の場に調整した表現に変えられない（間接引用句には現れない)。

また、鎌田 (2000) も感動詞などを含む直接引用が「劇的効果」を生むと述べている。これも引用を使用して「生き生きと話す」ことを、別の側面から表現したものと捉えられる。以上から考えると、引用のうち、特に音声的な特徴や話し言葉に特有の表現が含まれる直接引用が、元の発話を時空間をまたいで再現しているような感覚を呼び起こし、生き生きとした話しぶりに繋がっていることがわかる。

次に、事物や経験に思いを込める語であるが、ここでは副詞「もう」についての研究を紹介する。渡辺 (2001) は、「もう」を以下の３つのモデルで説明している。

（Ⅰ）Ｎはもう Ｐだ

例：宿題ならもう先週のうちにすませてしまったよ。

（Ⅱ）もう Ｑ。　Ｑは数量 (Quantity)

例：もう三十万円たまったらスペインまで足がのばせるわよ。

（Ⅲ）もうAだ　Aには心情形容詞が立つのが普通

例：息子がそう言ってくれた時は、もう嬉しくてたまりませんでした。

このうち（Ⅰ）は「事態Pの実現が予想以上に早い」こと、（Ⅱ）は予想量に達するまでの増減量をこれだけと限ろうとするもので、（Ⅲ）は感情を「コントロール内に留めるにも限界点があって、その限界を既に超えている」ことを表すとされている。本章で扱う「もう」は、この（Ⅲ）に該当するものである。また、「モデル（Ⅲ）の行きついた、あきれ感情表出専用の用法」として、「なんてことするのよ、あなたって人はもう。」という例も挙げられている。

最後に、視点を変えて、上記2項目を扱った日本語教材を見る。まず、思いを込める語を扱った教材は、管見の限りなかった。引用については、『日本語上級話者への道　きちんと伝える技術と表現』（スリーエーネットワーク）の第10課「最近の出来事を話そう」で学習項目として取り上げられている。会話における引用について「話し方に変化が出て話を生き生きとさせる」（p. 81）ことができると述べられ、引用文における引用箇所の特定、「ほめられました」につなげる形での引用文の作成などの練習問題も付けられている。ただ、日本語学習者が実際に「話を生き生きとさせる」段階まで運用力を向上させるには、さらに詳細な説明が必要だと考えられる。

3.　引用についての分析

分析に入る前に、データについて確認しておく。ここで用いるのは「説明」の談話データである。これは、サークル（もしくはゼミ）の懇親会で初対面の人と話すという設定のロールプレイにより収集した談話である。具体的な内容は、周りの会話から聞こえてきた旅行の話をきっかけに、今までで一番印象に残った旅行についてお互いに話すというものである。

データの種類は、日本語母語場面（日本語母語話者同士）が5組（データ番号 EXP-JJ001 から JJ005）、接触場面（日本語学習者と日本語母語話者）が20組で、両者を対比しながら見ていくことにする。なお、接触場面の内訳は、中国人日本語学習者と日本語母語話者が10組（データ番号EXP-CJ001からCJ010）、韓国人日本語学習者と日本語母語話者が4組（データ番号EXP-KJ001からKJ004）、英語圏出身日本語学習者と日本語母語話者が3組（データ番号EXP-EJ001からEJ003）、ベトナム人日本語学習者と日本語母語話者が3組（データ番号EXP-VJ001からVJ003）となっている。日本語学習者には収録後に、日本語力判定のためJ-CATを受験してもらっている。

最初の手順として、全てのデータから発話や思考の引用と思われる箇所を抜き出した。その際、砂川（1987）の引用文における「場の二重性」を参考にし、「私はその話は面白いと思います」のように、思考と伝達の場が明白に重なっているものは除外した。一方で、発話とは別の場での発話・思考が再現されていると解釈できるものであれば典型的な引用構文（{と／とか／って} 思う、{と／とか／って} 言う）以外の形式の引用も拾った。日本語母語話者（以下、JNS）と日本語学習者（以下、JL）の引用表現の使用数を以下の表1・表2に示す。

表１　日本語母語話者が使用した引用表現の数

JNS（日本語母語場面）		JNS（接触場面）			
データ番号（話者）	使用数	データ番号	使用数	データ番号	使用数
EXP-JJ001（J001）	4	EXP-CJ001	5	EXP-KJ001	1
EXP-JJ001（J002）	6	EXP-CJ002	0	EXP-KJ002	3
EXP-JJ002（J003）	4	EXP-CJ003	3	EXP-KJ003	4
EXP-JJ002（J004）	43	EXP-CJ004	8	EXP-KJ004	9
EXP-JJ003（J005）	4	EXP-CJ005	4	EXP-EJ001	0
EXP-JJ003（J006）	12	EXP-CJ006	4	EXP-EJ002	3
EXP-JJ004（J007）	9	EXP-CJ007	1	EXP-EJ003	0
EXP-JJ004（J008）	2	EXP-CJ008	1	EXP-VJ001	1
EXP-JJ005（J009）	4	EXP-CJ009	6	EXP-VJ002	1
EXP-JJ005（J010）	3	EXP-CJ010	3	EXP-VJ003	0
合計	91			合計	57
平均	9.1			平均	2.85

表 2　日本語学習者が使用した引用表現の数

JL（接触場面）					
データ番号	J-CAT	使用数	データ番号	J-CAT	使用数
EXP-CJ001	323	2	EXP-KJ001	301	0
EXP-CJ002	318	0	EXP-KJ002	296	6
EXP-CJ003	284	1	EXP-KJ003	252	4
EXP-CJ004	261	2	EXP-KJ004	247	4
EXP-CJ005	259	1	EXP-EJ001	249	0
EXP-CJ006	247	8	EXP-EJ002	162	0
EXP-CJ007	203	0	EXP-EJ003	149	1
EXP-CJ008	187	0	EXP-VJ001	229	2
EXP-CJ009	165	0	EXP-VJ002	211	0
EXP-CJ010	156	0	EXP-VJ003	135	0
			合計		31
			平均		1.55

使用数を見ると、JNS（日本語母語場面）が最も多く、JNS（接触場面）、JL（接触場面）の順で少なくなっていることがわかる。JNSは日本語母語場面では10名全員が使用しており、接触場面でも20名中16名が談話中で少なくとも1度は使用している。それに対して、JL（接触場面）は20名中10名しか使用しておらず、その10名でも3回以上使用したのは、CJ006（8回）・KJ002（6回）・KJ003（4回）・KJ004（4回）の4名だけに留まっている。

JNS（日本語母語場面）の引用の使用数の多さは、そもそもの発話量の多さもあるが、引用を旅行に関する事物や経験の説明に積極的に使用していることが理由だと考えられる。その積極性の1つの現れが引用の連続使用である。冒頭で紹介した（1）や砂川の提示した（2）でも引用の連続が見られるが、以下の（3）では、話者（J003）が1発話内で5つの引用を使用しながら、中国人の先生に勧められて辛い料理を食べた時の経験を述べている。

（3）　J003　なんか《沈黙　2秒》“辛いの無理です”っていう話を，なんか，中国人の先生と，1対1で，授業とってたから，まあそ，仲良くなってたんやけど，その人が，中国の辛い料理??，麻婆豆腐とか（うんうんうん），そういうのを出してくれて，その前にずっと“辛いの無理です”って（うん），“僕食べれないんですよ”って言ってたんやけど，“すっごい辛さおさえたの”って言って（<笑い>），僕に勧めてきて，“あっ辛いの抑えてくれたんやったら食べれるわー”と思って食べたらむっちゃ辛かったん <やけど>{<}。

（EXP-JJ002）

JNS（母語場面）について、1つの発話文内、あるいは聞き手の短い反応を挟んだひとまとまりの発話間で、連続して使用された引用は、全 91 回中の 63 回と 7 割を超えていた。また、人数からみても、話者 10 名中 8 名が、説明の過程で引用を連続して使用していた。それに対して、JL（接触場面）のデータで引用の連続使用が見られたのは、CJ006（8 回中 5 回）と KJ002（6 回中 2 回）のみであった。JL の引用の多くは、以下の（４）のように単独で用いられているものである。C004 は長野県の旅行で見た電子望遠鏡について引用の形式で「すごいなあと思った」と当時の感動を述べている。

（４） C004　そうそう，あの，望遠鏡 ??《沈黙　2 秒》あのー，電子望遠鏡も（ああ）あそこにありますよね。
C004　日本最大の，（ああ）日本より，世界最大の <電子>{<}【【。
J004　】】<世界>{>} 最大の。
C004　そうそう，電子望遠 <鏡>{<}。
J004　<望遠鏡>{>}，あるね。
C004　そうですね，“すごいなあ”と思っ <た>{<}。
J004　<見た ?>{>}，それは。
C004　はい，見ました。　（EXP-CJ004）

次に、引用に用いられる表現形式について見る。JNS と JL が引用に使用した表現形式（2 回以上使用されたもの）とその数を以下の表３・表４に示す。各表の中の「その他の形式」は 1 回のみ使用された形式の合計数である。

表3　日本語母語話者が引用に用いた表現形式

	JNS（日本語母語場面）	使用数		JNS（接触場面）	使用数
1	{って／とか} 言う	15	1	{って／と} 思う	24
2	みたいな	13	2	{って／と} 言う	17
3	{って／と} 思う	12	3	って感じ	2
4	みたいな感じ	10	3	って聞く	2
5	ってなる	9	4	とか	2
6	って	6			
7	っていう話	2			
7	っていう感じ	2			
7	みたいな話	2			
7	みたいな {名詞}	2			
	その他の形式	18		その他の形式	10
	合計	91		合計	57

表4　日本語学習者が引用に用いた表現形式

	JL（接触場面）	使用数
1	{って／と} 言う	6
2	って	6
3	{と／って} 聞く	5
3	{と／って} 思う	5
5	なし	2
	その他の形式	7
	合計	31

JNS（日本語母語場面・接触場面）とJLの共通点は、「{って／と／とか}）言う」「{って／と} 思う」が上位3位以内に入っていることである。

一方で、JLは、「{って／と} 言う」「{と／って} 聞く」という過去の音声化された実発話を引用する形式が目立つ。また、2位の「って」のうち約半数、5位の「なし」（特定の引用標識なしで引用句のみ提示）も同様に実発話と解釈されるものであったことから考えると、JLの引用の大半が過去の音声化された実発話の引用であると言える。

それに対して、まず、JNS（日本語母語場面）は上位の「みたいな」「みたいな感じ」が目に付く。これらの形式によって引用されるのは、ほとんどが心内発話で、そうでないものも実発話か心内発話かの区別が難しいものであった。JNS（接触場面）で「{って／と} 思う」が最も多かったことも考慮すると、JNSは相対的に、心内発話の引用が多いと言える。以下の（５）はJ005が修学旅行で行った奈良公園のシカにエサのせんべいをやる時に感じたちょっとした恐怖について、その時の感情を引用の形で聞き手に伝えている。

（５）　J005　中学校で，なんか，なんだろう，シカ，めっちゃシカが寄ってくるみたいな，（あー）覚えてるんです<けど>{<}。
　　　J006　<シカ>{>}怖かった，<私>{<}。
　　　J005　<怖い>{>}，怖いですよね=。
　　　J005　=あの，おせんべいちょっと持ってるだけで寄ってくるし，（うんうん）もう，なんか，え，ゆ，指を食べないでくれみたいな。
　　　J006　<<笑い>ほんとに>{<}。
　　　J005　<なんか，こうさし>{>}，（こ）ちょっと差しだしてるだけなのに，がっ突かれて，“怖っ”みたいな<笑い>。
（EXP-JJ003）

「みたいな」で導かれる２つの引用句が、実際に発話されたかどうかは判別が難しいが、「～でくれ」といった命令表現や「怖っ」といった音便の使用から直接引用らしさが伝わり、その時の感情を情感たっぷりに表現していることがわかる。この直接引用的な表出が、鎌田（2000）のいう「劇的効果」を生み出していると言える。

この種の「みたいな」について、加藤（2005）は、その基本機能を「先行文脈に既出の概念（X）を取り上げ、その状態や程度を『Xは、一例をあげるなら、言わばYだ』のような形で言語表現化して説明する」ことであるとした。例（５）も、まず「シカが寄ってきて怖かった」と経験の概要を述べた後、「みたいな」を使った引用による感情表出で、その経験に臨場感と具体性を付加しているように見える。

ここまで見てきたことをまとめておく。事物や経験の説明の際、JNSはJLに比べ、引用を多く用いている。また、引用の連続使用もJNSの特徴である。JLとJNSでは共通して、「って言う」「って思う」という形式を多用していたが、全体を見ると、JLはJNSに比べ、過去の音声化された実発話の引用が目立つ。また、JNSは「みたいな」を使って、直接引用的な表出を行うことで、語りに臨場感や具体性を付与する行為が見られた。

このような、引用の多用・連続使用・「みたいな」を使用した直接発話的な表出により、生気に満ち溢れた、活力を感じさせる話しぶりが実現されていると考えられる。

4. 思いを込める語についての分析

この章の冒頭で「思いを込める語」として、「めちゃくちゃ（きれいだった)」「もう（楽しかった)」を挙げた。共通点として、両者とも、文構造の中で副詞的なはたらきを担っているということがある。

前者の「めちゃくちゃ」は、程度が局限的に大きいことを表すことで、説明対象である事物や経験に思いを込めることが可能である。今回のデータ中で見られた同様の表現に「すごい」「すごく」「めっちゃ」「とても」などがあるが、数としては「すごい」が最も多く用いられていた。

後者の「もう」は、**2.** で見たように、感情を「コントロール内に留めるにも限界点があって、その限界を既に超えている」(渡辺 2001: 144) ことを表すものである。この限界を超えたという感情の表現が、思いを込めた話し方につながると考える。

続く **4.1** では「めちゃくちゃ」「すごい」と類似の表現（以下、「すごい」で代表させ「すごい」類と呼ぶ)、**4.2** では「もう」について詳しく見る。

4.1 「すごい」類

「すごい」は、品詞としては形容詞であるが、連用形「すごく」と同様に発話文中で副詞的に用いられているものが多数見られた。今回のデータでは同様の表現として、「めっちゃ」「とても」が複数見られたが、いずれも品詞は副詞である。

まず、今回のデータで、「すごい」類のうち、どのような表現がどの程度使用されているかを量的な面から確認する。ここでは自らの経験の説明の際に、副詞的に用いられている例のみをカウントした。そのため、述語用法（「あの店はすごいね」など）、相手の説明した内容に対する評価としての使用（「それはすごい良い」など）は数に入っていない。また、データ番号EX-JJ002の話者J004は、一人で日本語母語場面（10名）の使用総数45例のうち約半数の22例を使用していたため、全体的な傾向を見るという目的を鑑み、集計からは抜いている。

JNS（日本語母語場面・接触場面）・JL（接触場面）の使用状況は、以下の表5・表6のとおりである。表中の使用数の後ろの（　）内に使用人数を示す。

表5　日本語母語話者が使用した「すごい」類の表現

JNS（日本語母語場面）9名		
	形式	使用数
1	すごい	8（6）
2	めっちゃ	5（3）
3	すごく	3（1）
4	とても	2（1）
5	すげー	1（1）
5	超	1（1）
5	むちゃくちゃ	1（1）
5	めちゃくちゃ	1（1）
5	めちゃめちゃ	1（1）
	合計	23

JNS（接触場面）20名		
	形式	使用数
1	すごい	32（11）
2	すごく	18（9）
3	めっちゃ	11（5）
4	すんげー	1（1）
4	とても	1（1）
4	めちゃくちゃ	1（1）
	合計	64

表6　日本語学習者が使用した「すごい」類の表現

JL（接触場面）20名		
	形式	使用数
1	すごく	19（7）
2	すごい	10（4）
3	とても	3（3）
3	めっちゃ	3（2）
5	すげー	2（1）
6	超	1（1）
	合計	38

JNS（日本語母語場面・接触場面）もJL（接触場面）も上位3つの表現は共通している（JLは「とても」も同数で3位）。JNSの「すごい」は、それぞれ半数以上（9名中6名、20名中11名）の人が用いているという点で、この類の語の中では頻繁に用いられる語であると言える。一方、JLでは「すごい」は20名中4名しか用いておらず、使用数トップの「すごい」も7名と、半数に満たない。

この背景には、JLでは「すごい」類全体のそもそもの使用人数が少ないという事実もある。JNSでは、日本語母語場面で10名中8名、接触場面で20名中18名が、この類の語を説明の中で少なくとも一度は使用しているが、JLでは20名中12名と、相対的な使用人数は少なくなっている。

次に、具体的なやり取りの中で「すごい」類のはたらきを考えてみる。以下の（6）は、韓国人日本語学習者が、大阪への旅行の思い出について説明しているやり取りの一部である。K003が、この談話で使用した「すごい」類の表現は、以下の例の中ほどにある、引用形式を伴わない自己の発話・思考の引用中の「めっちゃ高い」の繰り返しである。

（6） K003 それで??，なんか次にはうめだーにあるな，こうちゅう，空電??，空中くうでんか。
J003 あ，空中…。
K003 はいはい。
J003 空<中…>{<}。
K003 <空中，空電>{>}?。
K003 なんか，スカイビル（うんうんうん），スカイビル。
J003 うんうんうんうん。
K003 そこーに行ったんですけど。
K003 “うわめっちゃ高い，めっちゃ<高い #####>” {<}。
J003 <####<笑い>>{>}，俺行ったことある。
K003 はい。
J003 そこすごいよね。
K003 はい。
J003 夜景，が…。

K003　<笑い> あるある。
K003　そうですね，夜に行ったんですけど，なんか，元々計画になかったんですけど，（うんうん）なんか時間が空いて，行ったんですけどあの一…,,
J003　フフフ <笑い>。
K003　良かったです。
J003　良かった。
K003　はい，なんか写真いっぱい撮りました <2 人で笑い>。
J003　あの，なんかね，冬だと，そこらへんにクリスマスツリー，めっちゃでかい，（あーそうですか）クリスマスツリーがたぶん，あった，気がする。　(EXP-KJ003)

この部分では、K003 が語り手となり、J003 は全体として聞き役に回っている。当初 K003 は、自分が訪れた場所の名前を何と表現してよいか戸惑っているようだったが、J003 からの助けで「スカイビル」だということがわかる。そこで、K003 が「うわめっちゃ高い」と「すごい」類の表現を伴った引用で「スカイビル」に言及することで笑いが生まれている。その後も、J003 は「そこすごいよね」と受けたり、笑いを挟んだり、冬にその周辺に設置されるクリスマスツリーについて「めっちゃでかい」と言及することで、会話の盛り上がりを維持しようとしていることがうかがわれる。

K003 は、談話中で、先の引用部を除いては、一度も「すごい」類を使用していない。そこで、例えば、後半の「良かったです」を「すごい良かったです」、「写真いっぱいとりました」を「写真めっちゃいっぱい撮りました」とすると、会話に活力が生まれ、共同で会話の盛り上げに貢献することが可能になると思われる。

もちろん、どんなエピソードについてもやたらに「すごい」類を連発する必要はないが、総体として JL の使用数がかなり少ない現状を考えると、「ここぞ」というエピソードについては使用を推奨してもよいと考える。ちなみに、大阪は K003 がいくつかの旅行先で「一番良かった」とした場所であり、このエピソードが最初に披露されたものであることから考えると、「ここぞ」だった可能性が高い。

なお、「すごく」「すごい」の対照的な使用は、Skypeを利用した遠隔会話活動のコーパスを使用し、接触場面における使用語彙を分析した中俣(2016)でも触れられている。Skypeを使用した9ペア、38会話の分析で、JNSは「すごく」を76回、「すごい」を204回使用したのに対し、JLはそれぞれ13回、12回だったと報告している。また、JLの「すごい」は全て述語用法であったが、JNSは約半数が連用修飾用法だったとしている。調査対象や分析の範囲は異なるが、本章の調査結果と同様の傾向だと言ってよい。

4.2 「もう」

次に、思いを込める語としての「もう」を取り上げる。このタイプの「もう」の使用状況は以下のとおりである。

表7 思いを込める語としての「もう」の使用

	使用例数	使用人数
JNS(日本語母語場面)	20	10名中7名
JNS(接触場面)	8	20名中6名
JL(接触場面)	7	20名中3名

JNS(日本語母語場面)が使用数・使用人数ともに圧倒しており、JL(接触場面)は両者ともわずかである。JNS(接触場面)は両者の中間と言える。

次に、「もう」の談話中のはたらきについて考えてみる。渡辺(2001)は、このタイプの「もう」の用法について、感情を「コントロール内に留めるにも限界点があって、その限界を既に超えている」と記述しており、「もう」に後接するのは「我慢できない」「嬉しい」「悔しい」といった心情形容詞であった。しかし、今回のデータ中での使用例を見ると、(7)の「ハチミツかけて、チョコソースかけて、ジャム乗せ、みたいな」といった独立した発話といってもよい長い言語単位だったり、(8)のように「すごい」「きれい」といった性状形容詞であったりするものが多い。

(7) J006 <ホームステイ>{>}, 本当に, なんか, ステイって言っても2泊3日とかなんですけど, なんか, すごい印象に残ってるのが, ご飯がとにかく多くて<2人で笑い>,

<多いし>{<},,

J005　<なんか，話は聞いたこと>{>}（そう）あります。

J006　多いし，味が濃いし，なんか，朝ご飯が，うーん，なんか，ワッフルだったんですけど，（はい）なんかもう，ハチミツかけて，チョコソースかけて，ジャム乗せ（<笑い>），みたいな，そ，（えー）飲み物も全部なんかイチゴジュースとかオレンジジュースとかで，（えー）本当になんか，“本当にこういう暮らしなんだ”っていう感じ，でした。　(EXP-JJ003)

（８）J007　（前半部省略）やっぱね，友達と行くのも楽しー（うん）いんだけど，（うん）やっぱ，場所がさ，（うん）１回沖縄に行ったんだよ。

J008　はいはいはいはい，いいね。

J007　もーうすごくて，<海が>{<}。

J008　<何が>{>}いいの？。

J007　海がもう（あー）きれ<いで>{<}。　(EXP-JJ004)

ただ、渡辺（2001）の記述の、感情を「コントロール内に留めるにも限界点があって、その限界を既に超えている」という点については、うなずけるところがある。これを文レベルでなく、発話・談話レベルで考える場合、「興奮を抑えきれない様子で話す」と一般化するのが適切だと考える。（７）は、ホームステイ先の朝食がいかにもアメリカ風の朝食といったものだったことを、（８）は沖縄の海の美しさを語っているが、両者とも、その時に感じた感情の高ぶりを思い出すと、今も興奮が蘇るといった様子で語っている。

先にも述べたように、JLでは、この種の「もう」はほとんど使用されておらず、わずか７例（３名）のみである。以下の（９）は、その中の１名の使用例である。

（９）K001　<うん，結構>{>}，何だろう，もう，その，山の上で見る景色がすごいきれいで（へー），何か，普段，雲の上で見る感覚とか，あんまり（あー）なかったですけど，その，結構，富士山の上だと結構高くて（ふーん），そこで，何だろう，いろいろ景色がすごい，もう，雲が海みたいに見えるほどすごい，もう，美し，美しくて，すごい面白かったです。 (EXP-KJ001)

K001は富士山の上でみた景色の素晴らしさについて、「もう」に続いて、「雲が海みたいに見えるほどすごい」や「美しくて」といった描写をしながら、その興奮を伝えようとしているように見える。

この「もう」を使用したJLは、やや不自然な使用だった1名（C008）を除いては、J-CATの高得点者（C001：323点、K001：301点）であり、日本語能力がかなり高いもののみが使用可能な表現であると推測できる。なお、同様の傾向は、KYコーパスの中国語・英語・韓国語話者のデータを分析した張（2017）でも報告されており、この種の「もう」は中級から見られはじめ、上級・超級で多くなるとしている。

5. 「生き生きと話すコツ」についてのシラバス

分析の結果から、「生き生きと話すコツ」についてのシラバスを示す。「中級レベルを目指す話者へのシラバス」に配置した2項目は、データ中で学習者の使用が一定程度観察されたものである。それに対して、「上級レベルを目指す話者へのシラバス」に配置した3項目は、学習者の使用がなかった、あるいは、非常に少なかった項目である。

表8 「生き生きと話すコツ」についてのシラバス

中級レベルを目指す話者へのシラバス
・過去の音声化された実発話の引用に加え、過去の心情（心内発話）を引用形式「って思う」「って」などを使用して伝えられる。 ・「ここぞ」というエピソードを語るときに、「すごい」「すごく」を使って、事柄の程度を強調して表現し、会話の盛り上げに貢献できる。
上級レベルを目指す話者へのシラバス
・過去のエピソードについて、演劇のように引用を連ねることで、その場の雰囲気を再現できる。 ・経験の概要を述べた後、「みたいな」を使った発話の引用によって、経験に臨場感と具体性を付加して話せる。 ・「もう」を 使って、ある経験をした時に感じた感情の高ぶりを再現できる。

上記で示した項目のうち、「すごい」「みたいな」は、俗語的に響くこともあり、相手や場面によってはカジュアルすぎるという印象を与える可能性もある。相手や場面から学習者が使用の可否を判断できればベストだが、それが難しい場合は、会話の相手が同じ表現を使用している時には使用して構わないと告げてもよいだろう。

6. おわりに

この章では、会話の娯楽的な側面を構成する要素の１つとして、生気に満ち溢れた、活力を感じさせる話しぶり、すなわち「生き生きと話す」コツについて論じた。分析の結果から、引用と思いを込める語の使用を「生き生きと話す」コツとして提案した。

ここで分析対象としたデータは「印象に残った旅行の説明」のみであり、その点で、この提案は限定的なものである。他のタスクや話題でも、これらの項目が適用できるかどうかの検証が必要だろう。

引用文献

荻原稚佳子・増田眞佐子・齊藤眞理子・伊藤とく美（2005）『日本語上級話者への道　きちんと伝える技術と表現』スリーエーネットワーク．

加藤陽子（2005）「話し言葉における発話末の「みたいな」について」『日本語教育』124, pp. 43–52.

鎌田修（2000）『日本語の引用』ひつじ書房．

砂川有里子（1987）「引用文の構造と機能 ── 引用文の３つの類型について ── 」『文藝言語研究言語篇』13, pp. 73–91.

砂川有里子（2003）「話法における主観表現」北原保雄（監修・編）『朝倉日本語講座５　文法Ⅰ』pp. 128–156, 朝倉書店．

張希朱（2017）「第Ⅲの意味を表す「もう」について ── インタビューデータにおける「もう」の使用実態から ── 」『横浜国大国語研究』35, pp. 64–78.

中俣尚己（2016）「学習者と母語話者の使用語彙の違い ── 『日中 Skype 会話コーパス』を用いて」『日本語／日本語教育研究』7, pp. 21–34.

渡辺実（2001）『さすが！日本語』筑摩書房．

第10章

ターンの受け渡しのコツ

宮永愛子

1. はじめに

楽しく会話をするために必要な要素の一つとして、スムーズなターン（発話の順番）の受け渡しが挙げられる。会話において、適切なタイミングでターンをとったり、相手にターンを渡したりというのは、普段我々は無意識に行っていることであるが、第二言語でそれをするのは難しいのではないかと考えられる。日本語教材を概観すると、例えば、『にほんご会話上手！』のように、会話の始め方や終わらせ方、相手に話を続けてもらう方法など、ターンの受け渡しに関連する要素をシラバスとして取り上げるものもあるが、ターンの受け渡しそのものを扱うものはない。

この章では、まず、ターンの受け渡しがどのように行われているのかを整理し、日本語母語場面（以下母語場面とする）と接触場面のターン交替形式の出現状況を見たうえで、学習者にとって、ターン受け渡しにおける難しいポイントは何かを探る。そして、最後に、ターンの受け渡しの観点からみた楽しく話すために必要なポイントをシラバスとして提案する。

2. 日本語のターン交替システム

ここでは、まず、ターン交替というものがどのように行われているのかを整理する。ターン交替がどのように行われているのかを体系的に示した最も基本的な研究として、Sacks, Schegloff and Jefferson (1974) がある。会話分析 (CA) の枠組みで実際の会話データを詳細に分析したSacksらは、ターンを構成する最小の単位を、順番構成単位 (Turn Construction Unit、以下、TCUとする) と呼び、このTCUには、単語、句、節、文などの様々な文法的単位がなりうるとした。この本の談話データの文字化に用いる「BTSJ文字化の原則」では、話者が交替するたびに改行が行われるが、この各行をTCUと同等のものであるとみなす。そして、Sacksらは、ターンの移行には適切な場所 (Transition Relevance Place、以下、TRPとする) があるとし、このTRPが来れば、「他者選択」、それがなければ、「自己選択」、さらにそれがなければ、「自己継続」という順で優先的に、ターン交替が起こるというルールを記述している。以下に、この3つのタイプについて、この章で扱ったデータ中に出現した例とともに示す (該当するターンを矢印で示す)。

a.　他者選択　現在の話し手によって次の話し手が選択された。

これは、(1) のように、質問に対する応答が行われた場合が、相当する。

(1)　J001　】】あ、急に決まったですか?, 行くとかは。
　　→J002　うん, なんか急に (へえー), なんか,,
　　　J001　すごい ###<笑い>。　(EXP-JJ001)

b.　自己選択　現在の話し手によって次の話し手が選択されなかった場合に、別の人物が自分自身を次の話し手として選んだ。

(2)　J002　ま, 修学旅行よりも先に思い出す旅行は, その北海道旅行かなっていう感じです。
　　→J001　え, あの, お父さんがバイク見に行くときって, 一緒に行くんですか?, そういうの。　(EXP-JJ001)

c.　自己継続(再保持)　現在の話し手によって次の話し手が選択されなかった場合に、別の人物が自己選択をしなかったので、現在の話し手が話を続けた。

(3)　J004　そう, そんなに積極的にどっかに行ってやろうとはあんまり思わんけど, ま行きたいなっとは思うかな <2人で笑い>。
　　→J004　行きたいなーみたいな感じ (<笑い>), ずっと <笑い>。

(EXP-JJ002)

さらに、大浜 (2006) は、日本語会話を観察していると、英語会話を分析したSacksらの3タイプだけでは説明ができないような例もあるとし、以下の4つのタイプを加えた。

d.　取得放棄　現在の話し手によって次の話し手が選択されなかった場合に、別の人物が自己選択をしなかった。

このタイプは、「へえ」、「そうですか」、「確かに」のような短い発話であることが多いが、TRPで起こるため、相手のターンの途中で打たれる相づちとは区別される。

（4） J002　<笑いながら>結構楽しい，(<笑い>) アトラクション性のある ,,
J001　あるんですね<笑い>。
J002　そういう，とこに連れて行ってもらってて，いつも。
→J001　<へえ>{<}。
J002　<そう>{>}，北海道だけ，すごい (<笑い>) 楽しい思い出が，いや，バイクも楽しかったけど<笑い>。(EXP-JJ001)

e.　取得再放棄　取得放棄の後に、自己選択や再保持が行われなかった場合

このタイプは、(5) のように、繰り返されることもあるという。

（5） J003　外人が多いです，外国の人が<多い ##>{<}。
E003　<そうですねぇ>{>}<笑い>。
J003　めっちゃ多いです。
E003　うーん。　(取得放棄)
→J003　そう。　(取得再放棄)
→E003　ふっふ<笑い>。　(取得再放棄)
→J003　《沈黙2秒》<へー>{<}　(取得再放棄)
→E003　<そうです>{>} ねぇ。　(取得再放棄)
J003　他には，どこか，行きました ?。(最終自己選択)

(EXP-EJ003)

f.　最終自己選択　取得再放棄の後に、いずれかの話者によってターンの取得が行われた場合

これは、上の（5）の最後のターンが、相当する。

g.　割り込み　現在の話し手が話している最中に別の人物が自己選択をした。

これは、TRP ではないところ、すなわち TCU の途中で自己選択が行われるもので、ここには、結果として割り込まれた側が、発話を中断させられたものを含める。

（6）　J002　“ヤッター” ってなって，で，なんか北海道行って，海鮮丼とか（うん），なんか，よ，夜にジンギスカンのみ，お店を 2 軒，(<笑い>) はしごするとかなんか水餃子を食べるとか，<して>{<}【【。

→ J001　】】<あ，結構>{>} 食べまくった感じですか？。

（EXP-JJ001）

この章では、大浜 (2006) に従い、これら 7 タイプが、母語場面と接触場面において、どのように出現しているのかを見ていく。

3.　分析

分析対象とした談話は、説明場面のロールプレイ談話で、母語場面 5 談話と接触場面 20 談話の計 25 談話である。説明場面を対象とするのは、例えば、謝罪を行う側と受ける側というように話者の役割が非対称的な場面と異なり、説明場面は、どちらも、印象に残った旅行について話すという両者の役割が対等の関係にあるため、話者ごとのターン交替形式の出現状況の比較がしやすいと考えたからである。

この節では、まず、25 談話に出現したすべてのターン交替が、それぞれ大浜 (2006) の 7 タイプの中のどのタイプに相当するのか分類した。そして、その出現状況にどのような傾向が見られるのかを見たあと、日本語母語話者（以下、JNS とする）に特徴的に見られた現象を詳細に見ていく。

3.1　ターン交替タイプごとの出現状況

表 1 に示すのは、JNS の母語場面のターン交替タイプ別出現数、表 2 は、接触場面の学習者（以下、NNS とする）によるターン交替タイプ別出現数、

表 3 は、接触場面の JNS によるターン交替タイプ別出現数である。

JNS（母語場面）と、NNS（接触場面）のターン交替タイプごとの出現割合を比較するために、χ^2 検定および残差分析を行ったところ、次の 4 項目で、有意差が認められた（$\chi^2(4)=150.785, p<.001$）。なお、「取得再放棄」と「最終自己選択」は、期待値が 5 以下であるため、コクランルールに抵触するので、分析対象から除外している。JNS は、NNS と比較して、「自己選択」（37.1%、NNS 32.0%）、「取得放棄」（10.4%、NNS 5.7%）、「割り込み」（4.9%、NNS 0.1%）の使用割合が高く、NNS は、「他者選択」（34.6%、JNS 15.5%）の使用割合が高かった。また、接触場面における JNS と NNS の比較を行うために、χ^2 検定および残差分析を行ったところ、4 項目で有意差が認められ（$\chi^2(5)=111.503, p<.001$）、接触場面においても、JNS は NNS と比較して、「自己選択」（44.0%、NNS 32.0%）、「取得放棄」（8.5%、NNS 5.7%）、「最終自己選択」（0.8%、NNS 0.1%）の使用割合が高く、NNS は、「他者選択」（34.6%、JNS 19.2%）が高かった。なお、「割り込み」は、上述の理由から、分析対象から除外している。

表 1　JNS（母語場面）のターン交替タイプ別出現数

タイプ／話者	a. 他者選択	b. 自己選択	c. 自己継続	d. 取得放棄	e. 取得再放棄	f. 最終自己選択	g. 割り込み	合計
J001	7	7	8	13	0	1	10	46
J002	14	6	18	8	1	0	2	49
J003	8	66	16	11	1	0	9	111
J004	31	42	49	6	0	1	1	130
J005	7	33	35	6	2	1	4	88
J006	18	24	19	3	0	1	1	66
J007	10	24	23	12	1	0	3	73
J008	8	24	20	5	0	1	1	59
J009	5	24	24	5	0	0	2	60
J010	6	22	13	7	0	0	3	51
合計（%）	114（15.5）	272（37.1）	225（30.7）	76（10.4）	5（0.7）	5（0.7）	36（4.9）	733（100）

表2　NNS（接触場面）のターン交替タイプ別出現数

話者＼タイプ	a. 他者選択	b. 自己選択	c. 自己継続	d. 取得放棄	e. 取得再放棄	f. 最終自己選択	g. 割り込み	合計
C001	24	27	28	11	0	0	0	90
C002	8	9	9	1	0	0	0	27
C003	19	26	16	7	0	0	0	68
C004	14	31	8	13	0	0	0	66
C005	20	55	12	2	0	0	0	90
C006	80	53	45	1	1	0	0	181
C007	33	19	12	2	0	0	0	66
C008	19	6	4	1	0	0	0	30
C009	23	16	45	5	0	0	0	89
C010	15	20	8	3	1	0	0	47
K001	9	3	8	2	2	0	1	25
K002	60	33	27	7	0	0	0	127
K003	36	19	36	4	2	0	0	97
K004	37	38	75	1	0	1	0	151
V001	10	15	2	4	0	1	0	31
V002	2	13	8	2	0	0	0	25
V003	23	42	43	5	0	0	1	114
E001	36	34	9	11	1	0	0	91
E002	28	4	6	0	0	0	0	38
E003	25	19	5	4	1	0	0	54
合計（%）	521（34.6）	482（32.0）	406（26.9）	86（5.7）	8（0.5）	2（0.1）	2（0.1）	1,507（100）

表3　JNS（接触場面）のターン交替タイプ別出現数

タイプ／話者	a. 他者選択	b. 自己選択	c. 自己継続	d. 取得放棄	e. 取得再放棄	f. 最終自己選択	g. 割り込み	合計
CJ001	13	31	32	6	0	0	0	82
CJ002	2	12	1	6	0	0	0	21
CJ003	32	12	19	8	0	0	0	71
CJ004	13	27	15	7	0	0	0	62
CJ005	24	56	34	2	0	0	0	116
CJ006	29	104	24	3	0	1	2	163
CJ007	10	47	42	4	0	0	0	103
CJ008	4	19	19	4	0	2	0	48
CJ009	10	26	18	8	0	0	0	62
CJ010	6	29	27	4	0	1	2	69
KJ001	3	9	3	4	1	1	0	21
KJ002	20	80	33	18	1	1	0	153
KJ003	10	48	21	10	1	3	0	93
KJ004	36	25	45	24	0	0	0	130
VJ001	14	16	4	1	1	0	0	36
VJ002	11	5	2	3	0	0	0	21
VJ003	27	31	19	12	1	0	0	90
EJ001	21	51	30	2	4	2	1	111
EJ002	4	26	13	3	0	0	1	47
EJ003	11	32	14	3	1	1	0	62
合計（%）	300 （19.2）	686 （44.0）	415 （26.6）	132 （8.5）	10 （0.6）	12 （0.8）	6 （0.4）	1,561 （100）

日本語と英語のターン交替形式の使用傾向を比較した大浜（2006）によると、日本語は英語と比較して、「取得放棄」、「取得再放棄」、「最終自己選択」が多く使用され、日本語話者は、ターンを回避する傾向があることを指摘している。本調査でも、「取得放棄」に関しては、母語話者のほうが使用割合が高く、ターンを回避する傾向は母語話者のほうがあると言える。しかし、母語場面で最も多いタイプは、「自己選択」である。これは、大浜

(2006) のデータは自由会話であるが、本調査は、印象に残った旅行について話すという課題の与えられたロールプレイであるということから、課題を達成するために、会話を滞りなく進めることが求められていたためであると考えられる。また、大浜の調査とは異なり、本調査で母語場面に特徴的に見られたものとしては、「割り込み」が挙げられる。割り込みは、JNS (母語場面) では 36 例あったが、NNS では 2 例しかなかった。NNS に割り込みがほとんど見られなかったのは、母語の言語行動規範の影響を受けているからであろうか。日本語と英語でターンの種類の比較を行った村田 (2015) によると、割り込み (村田では「奪い取りのターン」とされている) は、日本語よりも英語のほうに多く出現しているという報告もあり、割り込みという現象は、必ずしも日本語の特徴というわけでもないようである。割り込みがどのように行われているのかについては、**3.3** で詳しく見ていく。

一方、NNS に特徴的なのは、JNS と比較して「他者選択」が多いことである (521 例 34.6%)。これは、JNS が質問をし、NNS がそれに答えるというパターンが多かったことの表れと言えよう。三牧 (1999) は、相手に質問することによって会話を主導することがあると指摘している。また、中井 (2003) や岩田 (2005) は、接触場面の会話の非対称性について指摘している。本データでも、「JNS による質問 − NNS による応答」というパターンが多い会話では、JNS が会話のイニシアティブをとる傾向があったと思われる。例えば、(7) は、他者選択が多かった談話であるが、印象に残った旅行について話している C008 に対して、J008 が、誰と、何人ぐらいで行ったのかと、一問一答のようにして質問をするというやりとりが続いている。

(7) J008　《沈黙　3 秒》行くときに，誰かと一緒に行きましたか ?。
C008　あん，あの，研究室の先輩 <が>{<}。
J008　<研>{>} 究室の先輩と (はい) 一緒に。
J008　何人ぐらいで行ったんですか ?。
C008　あん，3，あー《沈黙　2 秒》5 人ぐらい。
J008　5 人ぐらい。
C008　<あ，はい>{<}。
J008　<あー，じゃ>{>}，結構たくさんで。

C008　あ，はい。　(EXP-CJ008)

しかし、全体的に見ると、「自己選択」、「自己継続」の使用割合も、「他者選択」に続いて高く、NNSが積極的にターンを取得する場面も多く見られた。本調査に協力したNNSにとっては、ターンを取得したり、保持したりすることはそれほど難しくなかったと言えよう。

3.2　JNSに特徴的に見られたターン交替形式1：取得放棄

自己選択以外に、NNSと比べJNSに使用割合が高かったものとして、取得放棄がある。このタイプは、（8）のように、相手が内容的にまとまりのある談話をしている際に使用され、相手に話を続けさせるために使われることが多い。

（8）J010　うん，学校関係なく，（うん，うん）なんか，あのー，推薦とかで，（うん）早く決まった人が（うん，うん）企画してくれたんだけど。
→J009　あー，なるほど。
J010　それで，江の島行って，,
→J009　あー，いいね。
J010　そう，めっちゃ楽しくて，仲良かったから。
→J009　うんうんうん。
J010　それ，すごい，な，ふつ，あ，1泊だけだからあんまり時間なかった（うん，うん，うん）んだけど，いろいろ回って。　(EXP-JJ004)

これは、串田(2009)が「継続支持」と呼ぶものに近い。「継続支持」とは、「語りが「まだ続く」と見なしうるとき，「続きを聞く用意ができている」ことを示す・主張することによって，語り手が継続するのを支持すること」(p. 13)だという。したがって、語りの途中だけでなく、語りが一段落したところで用いられることで、さらに相手が話を続けやすくなることに貢献している。（9）では、J008が最近行った旅行先について話しているが、「温泉とか山とか」があり「そういう感じ」の所だとまとめようとしている。その後、J007が「いいね」と取得放棄したことで、J008は、「あとは，なんか」と話し続け、「アニメの聖地」にも行ったことを補足的に述べている。

（9） J008 まあ，<笑い>本当に温泉とか,,
J007 あ，<温泉か>{<}。
J008 <なんかその，山>{>}とか（あー）そういう感じだね。
→J007 いいね。
→J008 うん。
→J008 あとは，なんかその，ま，アニメを，その，あるアニメをね，（うん）一緒に見てて，（うん）で，その，その聖地（うーん），がそこで，秩父で。
J007 あー。
J008 で，それで，まあ，あ，ちょっと行ってみるかみたいな（うん）感じになって，行ったかなって感じ<する>{<}。
J007 <あ，そうなの>{>}。
J008 はい，って感じかな。 （EXP-JJ004）

通常、ターンの受け渡しが学習項目として扱われる際には、積極的にターンを取得することに焦点が当てられることが多いが、このように、ターン取得を回避することで相手に話を続けさせることも、楽しく会話をするためのストラテジーの一つとして紹介してもよいのではないだろうか。

3.3 JNSに特徴的に見られたターン交替形式2：割り込み

次に、もう一つ、JNSに特徴的に見られた割り込みがどのように行われているのかを詳細に見てみよう。(10) では、J004が、ディズニーランドに詳しい友人と一緒に、パレードを見ていた際に、すべて詳しく説明をしてくれたという話をしているが、その話に割り込む形で、J003が「順番まで知ってんの」と質問をしている。割り込みをされたJ004は、一旦中断はしているが、J003の質問の後も話を続けており、J003による割り込みは、結果として、J004の話を遮ったことになっていない。

（10） J004 “そうなんやそうなんや”って言って，しかもパレードとかも（うん），もーすっごいもう1から10まで全部説明してくれて，“次こういうのが来る次こういうのが来る”

<と何回も>{<},,

→ J003　<順番まで>{>} 知ってんの <笑い>?。

J004　何回も行っとるからもう全部言われたから，(<笑い>) “あーそうなんやーそうなんやー” って言いながらそれは，ありがたかったけど，もうちょっと自由にさせて欲しかったなー <笑い> って (あー) 思うかなー。　(EXP-JJ002)

(11) も同様である。J004 が、ソフトボールチームで旅行に行った時の話をしている際に、J003 が割り込む形で、「それいつのとき ?」、「それ旅行 ?, 合宿じゃなくて ?」と質問をしているが、J004 はそれに答えた後、また自身の旅行の話を続けている。

(11)　J004　あ，でも一回あるわ，旅行。

J004　なんか，ソフトボールやっとって，その…【【。

→ J003　】】それいつのとき ?。

J004　え，学部のときに ,,

J003　あー。

J004　あのーサークルじゃなくて社会人のソフトボールチームに ,,

J003　えーすごい。

J004　入っとって，でーそのー大会の，があって，山梨に行って，そこ男だけで山梨まで行って (<笑い>)，2 泊か 3 泊ぐらいして【【。

→ J003　】】それ旅行 ?，合宿じゃなくて ?。

J004　まあ一応旅行かな。

J003　えへへ <笑い>。

J004　気分，気分は。

J003　あっ気分は <旅行>{<}。

J004　<気分>{>} は旅行。

J004　でー，“あ，これが，男との旅行なんや” って <2 人で笑い>，そんときに，すごい感じた。　(EXP-JJ002)

このような質問形式の割り込みは、母語場面の総割り込み数 36 例中 15 例見られた。

また、割り込みは、(12) のように、即座に反応する必要があるときにも出現する。

(12) J002 なんだっけな，北海道の，札幌と，なんか小樽??，（うんうん）小樽ってわかります?，<なんか>{<}。
→J001 <あの，>{>} 私，北海道出身で。
J002 えっ (<笑い>)，あ，<そうなんだ>{<}。
J001 <ああ>{>}，そうですね。
J002 そう，小樽行って <2 人で笑い> レン，レンガ見て，レンガの，何，運河みたいなの，<何，あるから>{<},,
J001 <ああ，>{>} ありますね。 (EXP-JJ001)

(12) は、J002 が北海道旅行の話の中で、小樽について説明をしようとした際に、J001 が、自分は北海道出身であると述べている。J002 の「なんか」と J001 の「あの」が重なっており、J002 が話し終わるのを待たずに、結果として割り込んだ形になっている。しかし、そこから、話がそれることはなく、また J002 は、自身の北海道旅行の話を続けている。ここで、J001 が自分は北海道出身であると述べることは、J002 が小樽についての詳しい説明をする必要がないことを示すことになる。そのため、相手の話を割り込む形になっても、このタイミングで J001 が発話をする必要性があったと言えよう。このタイプの割り込みは、ほかにも、相手が説明しようとしているものを知っているときや同定できたときに出現し、36 例中 6 例見られた。

このように、割り込みが行われるのは、相手が内容的にまとまりのある比較的長い話をしている際に、その話に関係のある質問をするために、あるいは、相手に今そこで伝える必要があることを述べるために、行われるということが分かった。いずれにも共通するのは、相手の話を遮るのではなく、むしろ、目下の話題を維持することに貢献しているということである。町田 (2002) によると、割り込みは、「話題となっていることが自分にとっても身近であることを、すばやく相手に伝える手段として用いられ、それにより知識の共有性を確認し、共感を深めるという機能をもつ」(p. 208) という。劉 (2012) も、割り込みは、相手の発話を促進し、会話を盛り上げる役割があると指摘している。割り込みというと、相手の発話を遮るというイメージを持たれがちであるが、このように相手が話し続けることに貢献するような割り込みの使用は、シラバスに取り入れてもよい項目であると言えよう。

ところで、割り込みが行われる際には、相手の発話がまだ終わらないところから行われるため、相手の発話の一部と、割り込みを行う話者の発話の一部が重なり、オーバーラップが生じることが多い（総割り込み数36例中24例あった）。そこで、結果として割り込みとはなっていない、すなわち発話を重ねられた側が発話を完了させているようなものも含めて、本データに出現した発話の重なり（オーバーラップ）をすべて数えた。なお、ここでオーバーラップと認定したのは、意味内容のある発話に限り、相手の発話に重なる「あー」「なるほど」などの短いあいづちのような発話は含めていない。

表4は、JNS（母語場面）とNNS（接触場面）のオーバーラップの出現数を話者別に示したものである。総ターン数に占めるオーバーラップの出現したターンの割合について、JNSとNNSに差があるかを見るために、χ^2検定を行ったところ、JNSのほうが有意に高いことが分かった（$\chi^2(1)=39.046, p<.001$）。ただし、NNSに関しては、出現数に偏りがあり、一部の中国語話者や韓国語話者には、オーバーラップが多い学習者がおり、英語話者には少ない。では、**3.4**で、オーバーラップがどのように起こっているのか、詳しく見ていこう。

表4　話者別オーバーラップ出現数

JNS（母語場面）		NNS（接触場面）			
話者	出現数	話者	出現数	話者	出現数
J001	7	C001	14	K001	6
J002	15	C002	4	K002	28
J003	23	C003	10	K003	8
J004	19	C004	6	K004	21
J005	21	C005	14	V001	15
J006	21	C006	31	V002	3
J007	26	C007	9	V003	3
J008	22	C008	2	E001	9
J009	14	C009	12	E002	2
J010	13	C010	11	E003	3
合計	181			合計	211
総ターン数に占める割合（%）	24.69			総ターン数に占める割合（%）	14.00

3.4 JNSに特徴的に見られたターン交替形式3：オーバーラップ

オーバーラップは、ターン交替形式の一つのタイプではないが、ターン交替という枠組みで見ることで明らかになった現象としてここで取り上げる。オーバーラップが起こる場面として典型的なのは、(13) のように、相手に共感を示す場面である。(13) では、J005とJ006は、中学校の修学旅行で奈良に行ったという共通の体験をしており、J006が、シカが自分のところに集まってきて怖かったということを話している際に、自分も同じような体験をしたということを、相手の発話が終わらないうちに話し始めている。なお、BTSJの文字化の原則によると、<　>{<} が発話を重ねられたこと、<　>{>} が発話を重ねたことを示す。

(13)　J006　中学校で，なんか，なんだろう，シカ，めっちゃシカが寄ってくるみたいな，(あー) 覚えてるんです <けど>{<}。
→ J005　<シカ>{>} 怖かった，<私>{<}。
J006　<怖い>{>}，怖いですよね =。　(EXP-JJ003)

また、オーバーラップは、相手が言おうとしていることの代弁をする際にも、出現することがある。(14) では、J009が、以前から行きたかった横浜の中華街に初めて行った時の感動を伝えている場面で、「なんかもう」と言葉がすぐに出てこないJ009に対して、J010が、代弁するかのように、「憧れが」と述べ、その発話がJ009の「あれだもん」と重なっている。

(14)　J010　え，でも，なんか，も，あ，ここが中華街っていう ##<笑い>。
J009　あー，<2人で笑い> なんかもう，<あれだもん>{<},,
→ J010　<憧れが>{>}。
J009　なんだろう，建物の感じとか (うんうん) がもうね，<もろ>{<},,
J010　<良かった>{>}。
J009　もうそこでしかない感じだもんね。　(EXP-JJ005)

(15) も同様に、相手が言おうとしていたことを代弁して、発話を引き取る場面で、オーバーラップが生じている。ただし、代弁した方 (J003) が発話を重ねるのではなく、代弁された方 (J004) が、相手の発話とほぼ同じ内容の発話を重ねている。

(15)　J004　<あ>{>}, そうそうそう, だれかとすごい, そう (うん), なんかそう人間関係的に, 仲良くなってしまったら, あーもう他の人とは, これはい, この, このコミュニティーでは,,

→ J003　<笑い>生きて<いけない>{<}。

→ J004　<生きていけ>{>}やんと<2人で笑い>。　(EXP-JJ002)

このように、相手と同じ内容の発話を重ねることを、串田 (2006) はユニゾンと呼び、言葉を重ねるべくして工夫された結果であるとし、偶然に言葉が重なったものとは区別している。

また、これらの例に共通しているのは、「なんか, なんだろう」(13)、「なんかもう, あれだもん」(14)、「すごい, そう, なんかそう」(15) などの言葉を探している様子が見受けられ、感情を込めて語りたいが、それを表現する言葉がうまく見つからないという話し手のもどかしさが伝わる場面である。このように、現在の話し手が言いよどんだ時に、その続きとして予測されるフレーズを産出することについて、高木 (2016) は、「現在の話し手のそれまでの発話を注意深く聞いていたこと、そして、実際に発話する前に次の部分を具体的に予測できるほどによく理解できていることを示すことになる」(p. 77) と述べている。このように注意深く聞いていたことや、理解したことを示すことは、タイミングが大切で、即座に反応する必要があり、結果として、相手の発話に重なったり、相手の発話の途中で割り込んだりすることになるのであろう。林 (2017) も、相手の発話の続きを予測し、相手に代わって、あるいは相手と共に (オーバーラップして)、その発話を完成させることで、相手の語りを本当に理解したことの証拠を提示したり、相手の意見・評価に対する同意や共感を示したり、独自に知識を持っていることを示したりしていると指摘している。**3.3** で見た割り込みも、このオーバーラップも、いずれの例にも共通するのは、割り込んだり、発話を重ねたりしているのが、話の主導権を握っているほうではないということである。割り込んだり重ねたりしても、主導権を奪うのではなく、むしろ、相手が話し続けられるようにすることに貢献している。その点では、**3.2** で見た、ターン取得の放棄とも共通するところがある。

一方、NNSにも、オーバーラップは多数見られたが、(16) のように、相手の話に反応を示す場面や、(17) のように、相手の質問に対して即座に答えるような場面で見られ、相手の発話に共感するようなものや、代弁するようなものは見られなかった。

(16) J002 そう，そのとき，ちょうど，円安だったんですよね。
K002 はい。
J002 あ，ちゃうちゃう，円高 <だったんですよ>{<}。
→ K002 <円高か，は>{>} い。
J002 だから，あの，海外へ行くの，よかったんです (あー) けど。 (EXP-KJ002)

(17) J006 中国もラーメンって，みそラーメン，塩ラーメン，醤油ラーメン <みたいな>{<}。
→ C006 <あ，分けて>{>} ない <ですね>{<}。
J006 <分けて>{>} ないんですか ?。 (EXP-CJ006)

相手の言おうとしていることを代弁するようなものは、話の内容を理解していることに加えて、文法的にも談話的にも高度な予測能力が必要とされる。そのため、NNSのデータには出現しなかったのではないかと思われる。

オーバーラップは、単に発話を重ねるのがよいというわけではなく、適切なタイミングで、効果的に用いることで、話を盛り上げることに貢献し、積極的に会話に参加していることを示すことにつながると言える。そうであるならば、シラバスに加える項目の一つとして取り上げることができよう。

4. 「ターン受け渡しのコツ」についてのシラバス

以上見てきたように、この章では、ターンの受け渡しという観点から、印象に残った旅行について話すというロールプレイ談話を分析した。まず、ターンの交替には、どのようなパターンがあるのかを整理したうえで、接触場面と母語場面の談話のターン交替形式の出現状況を見た。その結果、NNSは、前の話者に選択されることによってターンを取得する形式が多いということが分かった。また、JNSは、相手に話をさせるために、ターン取得を回避する、割り込む、相手の発話に自分の発話を重ねるといった様々なストラテジーを行っているということが分かった。したがって、この章では、ターン受け渡しの観点から、楽しくおしゃべりをするためのコツとして次のようなことを提案したい。

表5　ターンの受け渡しについてのシラバス

上級レベルを目指す話者へのシラバス
・相手からの質問を待つだけでなく、自分からターンをとることができる。 ・相手が主導権を握っている際には、取得放棄を行うことで、相手に話をさせることができる。 ・質問が必要な場面や即座に反応が必要な場面、理解したことや共感を示したい場面では、適切なタイミングで割り込みやオーバーラップを行うことで、積極的に会話に関わることができる。

5. おわりに

この章で注目したターン取得の回避や、割り込み、発話の重なりといった現象は、スムーズなターン交替からすれば、一種の乱れともいえる現象である。従来、会話教育の現場ではあまり扱われなかったこれらの現象も、効果的に行うことで、楽しく会話をするために必要なストラテジーになることを提案した。今回扱った談話は、二人の話者によるものであるため、ターン交替はスムーズに行われていたのだが、話者が三人以上になると、ターンの受け渡しは、より複雑になる。話者が三人以上の談話においても、同様のことがいえるのかは、今後の課題としたい。

引用文献

岩田夏穂（2005）「日本語学習者と母語話者の会話参加における変化──非対称的参加から対称的参加へ──」『世界の日本語教育』15, pp. 135-151.

岩田夏穂・初鹿野阿れ（2012）『にほんご会話上手！聞き上手・話し上手になるコミュニケーションのコツ15』アスク.

大浜るい子（2006）『日本語会話におけるターン交替と相づちに関する研究』溪水社.

串田秀也（2006）『相互行為秩序と会話分析──「話し手」と「共－成員性」をめぐる参加の組織化──』世界思想社.

串田秀也（2009）「聴き手による語りの進行促進 ── 継続支持・継続催促・継続試行 ── 」『認知科学』16 (1), pp. 12–23.

高木智世（2016）「順番交替の組織」高木智世・細田由利・森田笑『会話分析の基礎』pp. 49–92，ひつじ書房.

中井陽子（2003）「話題開始部で用いられる質問表現 ── 日本語母語話者同士および母語話者／非母語話者による会話をもとに ── 」『早稲田大学日本語教育研究』2, pp. 37–54.

林誠（2017）「会話におけるターンの協働構築」『日本語学』36 (4), pp. 128–139.

町田佳代子（2002）「初対面の会話における発話の重なりの効果」『北海道東海大学紀要　人文社会科学系』15, pp. 189–210.

三牧陽子（1999）「初対面会話における話題選択スキーマとストラテジー ── 大学生会話の分析 ── 」『日本語教育』103, pp. 49–58.

村田泰美（2015）「日・英・米・豪の母語会話および異文化間会話から見るターンと発話量」津田早苗・村田泰美・大谷麻美・岩田祐子・重光由加・大塚容子『日・英語談話スタイルの対照研究 ── 英語コミュニケーション教育への応用 ── 』pp. 231–264, ひつじ書房.

劉佳珺（2012）「会話における割り込みについての分析 ── 日本語母語話者と中国人日本語学習者との会話の特徴 ── 」『異文化コミュニケーション研究』24, pp. 1–24.

Sacks, Harvey, Schegloff, Emanuel A. and Jefferson, Gail (1974) Simplest Systematics for the Organization of Turn-Taking for Conversation. *Language* 50(4), Part 1, pp. 696–735.

第11章

詳細に説明するコツ

山内博之

1. はじめに

この論文では、『課題別会話コーパス』の「アドバイス」の日本語母語場面のデータを用い、「詳細に説明するコツ」について考察する。

『課題別会話コーパス』に収録されているデータは、すべてロールプレイのデータであり、「アドバイス」の日本語母語場面のロールプレイとは、「日本人大学生が国内旅行をする際、別の日本人大学生の出身地に行くのでアドバイスを求める」というものである。国内旅行をする日本人大学生（ロールA）に対しては、「歴史的建造物を見たい、有名な料理を食べたいなど、自分の希望も伝えながら、観光・食事・お土産・持って行ったほうが良いもの・気を付けることなどについて相談して、アドバイスをもらってください」という指示が出されている。そして、もう一方の日本人大学生（ロールB）に対しては、「相談を受け、アドバイスをしてください」という指示が出されている。

ロールBの役割は、案外難しいのではないかと思う。筆者は、現在、東京都の日野市に住んでいる。もし、遠くに住んでいる知り合いから旅行の相談をされたら、どのようなアドバイスをするだろうか。高尾山が比較的近くにあるので、高尾山を勧めたい気がする。しかし、何年か前に行ったことはあるものの、記憶が定かではなく、山に詳しくもないので、何を話せばよいのか、あまりよくわからない。また、日野市は「新撰組のふるさと」と言われており、インターネットで調べてみると、近藤勇や沖田総司が入門した道場跡があることなどがわかる。しかし、筆者自身は行ったこともなく、説明もできない。また、筆者の生まれ故郷は名古屋であるが、名古屋についてのアドバイスを求められても、名古屋城と東山動物園ぐらいしか思い浮かばず、しかも、詳しい説明はできそうにない。お勧めの食べ物は、きしめんと味噌カツぐらいだろうか。

『課題別会話コーパス』の「アドバイス」の日本語母語場面のデータは5つである。つまり、5組のペアが、旅行のアドバイスのロールプレイを行っているのであるが、その中で、ロールBの5人はどのようにアドバイスをしているのであろうか。難しそうなタスクであるが、自分の出身地を詳細に説明できているBはいるのであろうか。また、もしいるとしたら、なぜ、そのBは詳細に説明できたのであろうか。この論文では、以下の2点を研究課題として調査を行う。

（1） 自分の出身地を詳細に説明しているBはいるか。

（2） なぜ、そのBは自分の出身地について詳細に説明できたのか。

自分の出身地について詳細に説明するというのは、日本語学習者にとっては上級レベルのタスクであると言える。つまり、中級学習者が上級になるためには、できるようにならなければいけないタスクである。「アドバイス」の日本語母語場面データにおいて、高いレベルでこのタスクを遂行している母語話者をあぶり出し、その母語話者の話し方のコツを明らかにすれば、日本語教育の現場においても、参考にできることが多いのではないかと思う。

この論文では、続く**2.** において先行研究について述べ、**3.** で具体的な分析を行う。そして、**4.** で詳細に説明するコツに関するシラバスを示し、**5.** でまとめを行う。

2. 先行研究

2. では、先行研究について述べる。具体的には、『課題別会話コーパス』の「アドバイス」と同様のロールプレイを扱っている既存の教科書において、そこに、詳細に説明するコツに関することが述べられているか否かを見ていく。

『課題別会話コーパス』の「アドバイス」と同様のロールプレイを扱っている既存の教科書は、山内 (2014)『[新版] ロールプレイで学ぶ中級から上級への日本語会話』(凡人社) と村野・山辺・向山 (2020)『初中級レベル ロールプレイで学ぶビジネス日本語 ― 場面に合わせて適切に話そう ―』(スリーエーネットワーク) である。

山内 (2014) では、2 課のユニット 4 で、「アドバイス」とほぼ同様のロールプレイが扱われている。そして、そのユニットの「練習しよう！」では、以下のような練習が扱われている。

（3） A：万里の長城って、何ですか。
　　　B：(　　　　　　　　) 城壁で、(　　　　　　　　)。

(　) に適当な語句を入れて文を完成させることにより、万里の長城の説明をできるようにするという練習問題である。そして、B は、たとえば、以下のように回答すればいいわけである。

（4） B：(中国の北方にある) 城壁で、(長さが約 2,400km もあるんですよ)。

連体修飾節を付加することによって被修飾名詞を説明し、さらに、「被修飾名詞＋で」の後に、説明を加えるという練習である。

このような「(連体修飾節) 被修飾名詞＋で、(補足説明)。」という構文は、「万里の長城」のみでなく、旅先で出会いそうな「エアーズロック」「オーロラ」「キムチ」などを説明するのに有効である。そして、この構文をうまく使用することが、旅先で出会う事物を詳細に説明するコツの 1 つであるとも言える。

村野・山辺・向山 (2020) では、9 課で「アドバイス」とほぼ同様のロールプレイが扱われている。そして、同じ課の「練習問題」では、「～てもらえますか」「～なら」「～って」「～てある」を扱っている。しかし、これらの項目は、説明という機能に特化したものではなく、かなり汎用性のあるものである。村野・山辺・向山 (2020) においては、詳細に説明するコツを特に扱っているわけではないと言える。

結局、先行研究では、山内(2014)において、「(連体修飾節)被修飾名詞＋で、(補足説明)。」という構文を扱っており、それが「詳細に説明する」ことにつながっているであろうことが明らかになった。

ただし、このコツは、日本語学習者についてのみに適用されるものであって、日本語母語話者に適用されるものではない。日本語学習者にとっては、「(連体修飾節)被修飾名詞＋で、(補足説明)。」という構文の使用は難しいことなので、この構文を使えるか否かで、出身地の詳細な説明というタスクのパフォーマンスに差が現れ得る。しかし、日本語母語話者にとっては、「(連体修飾節)被修飾名詞＋で、(補足説明)。」という構文の使用が難しいわけではないので、出身地の詳細な説明というタスクのパフォーマンスに差が現れるとすると、それはもっと別の要因によってであろう。この論文では、日本語母語話者における「詳細に説明するコツ」を明らかにし、それを日本語教育に活かすことを考えたい。

3. 分析

3. では、「アドバイス」の日本語母語場面データの分析を行う。まず、**3.1** では、最も発話量の多い話者を洗い出す。次に、**3.2** において、最も発話量が多い話者とその他の話者とでは、扱った話題の種類と内容がどのように異なるのかを観察する。そして、最も発話量の多い話者が、非常に詳細に説明を行っていることを示す。**3.3** においては、最も発話量の多い話者とその他の話者とでは、ロールプレイ冒頭の発話にどのような違いがあるのかを観察する。そして、最も発話量の多い話者には、冒頭部分に独特な特徴が見られることを明らかにする。

3.1 発話量の最も多い話者

3.1 では、発話量の最も多い話者がどの話者であるのかを洗い出す。具体的には、次の2つを指標として、発話量の最も多い話者を洗い出す。

(5) 相手よりたくさん話しているのか否か。総発話文数に占める自分の発話文の割合が高いのか否か。

(6) 長く話しているのか否か。連続して発せられた発話文がどの程度あるのか。

3.1 では、上記の（5）と（6）について調べていくが、その前に、データ番号と話者記号の関係を確認しておく。この論文で使用する ADV-JJ001 から ADV-JJ005 までのデータでは、2 人の日本語母語話者が、ロール A（出身地への旅行のアドバイスを求める）とロール B（出身地について説明する）を演じている。それぞれのデータにおける、ロール A とロール B の話者記号は、以下の表のとおりである。

表 1　話者記号とロール

データ番号	A の話者記号	B の話者記号
ADV-JJ001	J001	J002
ADV-JJ002	J003	J004
ADV-JJ003	J005	J006
ADV-JJ004	J007	J008
ADV-JJ005	J009	J010

この論文では、出身地について詳細に説明するということに焦点を当てる。そのため、ロール B の話者、つまり、J002 から J010 までの偶数番号の話者の発話が、主な考察対象となる。

では、（5）の「相手よりたくさん話しているのか否か」について調べていく。次頁の表 2 は、それぞれのデータにおいて、ロール A の話者とロール B の話者の発話文数を比較したものである。括弧の中の数字は、それぞれのデータにおける、A と B の発話文の割合を示しており、表では、B の発話文の割合が多いものから順に、上から並べている。

次頁の表 2 で、A と B の発話文数の割合を見ると、ADV-JJ003 の B の発話が多いことがわかる。その他のデータにおいては、A と B の発話文の割合は概ね 50％ずつである。しかし、ADV-JJ003 においては、A と B の発話文数の比率は概ね 4：6 で、B の発話文数が多い。ちなみに、ADV-JJ003 の B の話者記号は J006 である。つまり、J006 の発話量が多いということである。

表2　ロールAとロールBの発話文の比率

データ番号	総発話文数	Aの発話文数	Bの発話文数
ADV-JJ003	165	64（39%）	101（61%）
ADV-JJ004	151	72（48%）	79（52%）
ADV-JJ005	90	43（48%）	47（52%）
ADV-JJ002	179	91（51%）	88（49%）
ADV-JJ001	142	74（52%）	68（48%）

次に、（6）の「長く話しているのか否か」について見ていくが、その際、相手の発話文に挟まれた自分の発話文を「単独発話」と呼ぶことにする。そして、自分が発した2つの発話文の間に、相手の発話文が挟まっていない場合には、その連続した発話文を「連続発話」と呼ぶことにする。

ロールBのそれぞれの話者の単独発話と連続発話の数をまとめたものが、次の表3である。括弧の中の数字は単独発話と連続発話の割合であり、表では、連続発話の割合が多い話者から順に、上から示している。

表3　ロールBの単独発話と連続発話

話者記号	単独発話	連続発話	合計
J006	21（40%）	31（60%）	52
J004	48（74%）	17（26%）	65
J008	45（75%）	15（25%）	60
J010	31（82%）	7（18%）	38
J002	49（86%）	8（14%）	57

連続発話の方が単独発話より「長く話している」と判断できるが、J006は、全体の60%もの発話が連続発話であり、1人だけ、数値が突出している。先ほどの「相手よりたくさん話しているのか」という指標でも、J006の数値が他より高かったが、「長く話している」という指標においても、J006の数値が最も高い。

ちなみに、J006の対話相手であるJ005の発話の状況は、次の表4のようになっている。表4は、ロールBの対話相手であるロールAの単独発話と連続発話の数をまとめたものである。単独発話の多い順に、表の上から並べてある。

表4　ロールAの単独発話と連続発話

話者記号	単独発話	連続発話	合計
J005	64 (100%)	0 (0%)	64
J007	58 (91%)	6 (9%)	64
J009	33 (87%)	5 (13%)	38
J003	59 (81%)	14 (19%)	73
J001	47 (78%)	13 (22%)	60

単独発話の割合が最も高いのがJ005であり、J005は、先ほどのJ006の対話相手である。J005の発話は単独発話のみであり、連続発話がまったくない。J006は、ロールBの中では発話量が圧倒的に多かったが、その対話相手であるJ005はそうではない。J005は、自らの発話量は少ないのだが、J006の発話をうまく引き出すような働きかけをしているのであろうか。

J005の発話をすべてチェックしてみたが、J006に対して情報要求をしている発話は、以下の2つしかなかった。

（7）　今度，夏休みに，その，出身地の静岡のほうに行こうと思ってるんですけど，（はい）なんか，“どこら辺，行ったほうがいい”とか，“これ，おいしいんだよ”みたいなのってありますか?。

(ADV-JJ003)

（8）　うん，なんか，私は，友人から，（うん）“とりあえず，さわやかってハンバーグ屋さん行け”って<言われるんですけど>{<}。

(ADV-JJ003)

J005は、（7）では、静岡のどこら辺に行けばよいか、というアドバイスを求めており、（8）では、「さわやか」というハンバーグ屋の情報を求めている。（8）については、この発話の後でJ006が「そう，さわやかは，結構お勧め。」と話し始め、「さわやか」について詳しく説明している。

表4によれば、J005の発話は全部で64であるが、（7）（8）以外の62の発話については、相手の説明についての簡単なコメントを述べたり、情報提供に対するお礼を言ったりという発話が多少見られはするものの、そのほとんどが、相手の発話を繰り返したり、うなずいたりという相づち的な発話であった。つまり、相手の発話を積極的に引き出すようなJ005の発話はほと

んどなく、J006は、ほぼ自発的に自分の出身地の説明を行っていたということである。

ちなみに、J006の連続発話には、2つの発話文が連続したもののみでなく、3つの発話文や4つの発話文が連続したものもあった。表3では、ロールBの連続発話の数のみを示したが、表5では、連続する発話文の数別に連続発話の出現数を示す。

表5　ロールBの連続発話における発話文数

話者記号	単独発話	連続発話（連続する発話文の数）			合計
		2つ	3つ	4つ	
J006	21（40%）	18（35%）	8（15%）	5（10%）	52
J004	48（74%）	12（18%）	4（ 6%）	1（ 2%）	65
J008	45（75%）	11（18%）	4（ 7%）		60
J010	31（82%）	5（13%）	2（ 5%）		38
J002	49（86%）	5（ 9%）	3（ 5%）		57

表5を見ると、J006には、2つの発話文を含む連続発話のみでなく、3つの発話文を含む連続発話と4つの発話文を含む連続発話があり、それらのいずれにおいても、出現数が他より多い。J006の発話量の多さは、圧倒的であると言えるようなレベルである。

3.2　扱った話題の種類と詳細度

3.1において、発話量の最も多い話者がJ006であることがわかった。続く**3.2**においては、扱った話題の数と詳細度について、J006とその他の話者でどのような違いがあるのかを観察する。まず、J006がロールプレイの中で扱った話題の種類とその主な内容を、次の表6に示す。

表 6　J006 が扱った話題

話題	主な内容
富士山	①富士宮市が富士山頂上に土地を持っており、そこにある浅間神社の大きな鳥居と晴れた日の富士山を同じ写真のフレームに収めて撮る。②麓には湖が多く、湖の周りではバーベキューやキャンプができる。
食べ物	①浜名湖のウナギ、②焼津のカツオ、③駿河湾のサクラエビ、④生シラス、⑤お茶、⑥静岡中部のイチゴ。
伊豆	山と海がある。ビーチでは海水浴ができる。駿河湾の海は深くて泳げないが、伊豆には砂浜があり、海水浴が許可されている。伊豆の踊子鉄道がある。
さわやかハンバーグ屋	立地が悪いので車で行くのがお勧め。静岡駅の駅ビルに 1 店舗ある。げんこつハンバーグがお勧め。
牧場等	①まかいの牧場、②ミルクランド、③朝霧高原。乳搾り体験や乗馬体験ができる。④こどもの国・サファリパーク。車に乗ってライオン、レッサーパンダ、あらいぐまなどを近くで見る。動物によっては餌もあげられる。
寺社	富士山の浅間大社以外に久能山に徳川家康ゆかりの寺がある。2000 段の階段を上っていく。ロープウェーでも可。展望台がある。季節によってイチゴ狩りができる。
注意点	西日本ほどではないけれど暑い。富士山に行くなら羽織るものが必要。静岡は車社会であり、電車やバスは待ち時間のロスがあるので注意が必要。

表 6 は、J006 がロールプレイの中で扱った話題とその内容を筆者がまとめたものである。扱った話題の数も多く、かつ、それぞれの説明も詳細である。

まず、扱った話題の多さについてである。この後で見ていく他の話者と比べても多いのであるが、直感的にもかなり多いように思える。もし筆者自身が現在の居住地である日野市や生まれ故郷である名古屋の説明を求められたとしても、お勧めのポイントとして 7 つもの話題を取り上げることはなかなか難しいように思う。

また、J006 の説明は、かなり詳細である。たとえば、富士宮市が富士山頂に土地を持っていることなど、筆者はまったく知らなかったので、この論文を書くつもりでデータを読んでいたにもかかわらず、その発話内容に単純に感心してしまった。詳細と言うより、マニアックと言った方がふさわしいかもしれない。さらに、富士宮市の土地にある浅間神社の鳥居と富士山を同じ写真のフレームに収める話や、その浅間大社以外に久能山に徳川家康ゆかりの寺があって、2000段の階段を上っていく展望台がある話なども非常に詳細である。

食べ物の話は、どの話者もしているのであるが、J006のお勧めは、浜名湖のウナギ、焼津のカツオ、駿河湾のサクラエビ、生シラス、お茶、静岡中部のイチゴと6点もあり、数が多い。J006は、食べ物についても、かなり詳細に説明を行っていると言える。

さわやかハンバーグ屋については、対話相手であるJ005が持ち出した話題であったが、お勧めのメニューなどにも言及し、かなり詳細に説明をしている。牧場等についても、挙げている施設の数が多い。

比較のために、他の話者が扱った話題と内容も見てみることにする。表5によると、J006の次に連続発話が多かったのはJ004である。そこで、J004が扱った話題とその主な内容を表7に示す。なお、J004の出身地は三重である。

表7　J004が扱った話題

話題	主な内容
伊勢志摩	水族館があり、海女さんがいる。
鈴鹿サーキット	大きな大会がある。遊園地がある。交通の便が悪い。
食べ物	①松阪牛。食べるより贈る。②伊勢うどん。麺が太くてコシがまったくない。③赤福。名古屋でも買える。④ツイタチモチ。伊勢神宮で毎月一日に夜中から並んで買う。
注意点	車がないと生きていけない。旅行は2泊3日でいい。

表6と表7は筆者がまとめたものなので、完全に客観的であるというわけではない。しかし、それを差し引いても、表6と表7には大きな差があると言えるのではないか。J004が扱った話題は、伊勢志摩、鈴鹿サーキット、食べ物、注意点の4点であり、J006ほど多くはない。また、説明の中で筆者が詳細であると感じたのは、「ツイタチモチ」の説明ぐらいであろうか。

J004の次に連続発話が多かったのがJ008であるので、次に、J008が扱った話題とその主な内容を示す。なお、J008の出身地は埼玉である。

表8　J008が扱った話題

話題	主な内容
秩父の温泉	泊まるなら露天風呂が付いている旅館。
観光地・見所	①川越。江戸の町を再現したような町並み。時代劇や朝ドラの舞台。②所沢。ベッドタウン。西武ライオンズの本拠地。③大宮。ショッピングができる。④川越には民泊施設がある。⑤秩父はいいけど暑い。⑥熊谷は毎年40度を超える。
食べ物	①川越。グルメな街。芋を使ったお菓子。老舗の卵焼き屋さん。②草加せんべい。③ラーメン屋がたくさんある。

J008が扱った話題の数とその詳細度は、表7で見たJ004と大差はなく、しかし、表6で見たJ006とは、やはり大きな違いがあるように思われる。J008が扱った話題の数は、J006と比べるとやはり少なく、詳細な情報も少ないように思う。表8に書かれていることの中で、筆者が知らなかった情報は、川越の「芋を使ったお菓子」と「老舗の卵焼き屋さん」である。他の情報はそれほど詳細ではなく、埼玉出身者以外でも知っている可能性のある情報なのではないかと思う。

ここまで、J006と比較する形で、J004とJ008が扱った話題と種類と内容を示してきた。今回の調査対象のうち、J002とJ010については示していないが、扱った話題の種類と内容については、ここで示したJ004、J008と大きな違いはない。調査対象とした5人の中では、J006の扱った話題が最も幅広く、かつ、その内容も詳細であったと言える。**3.1**の分析で、発話量については、J006が圧倒的に多いことが明らかになったが、**3.2**の分析では、J006の発話は、扱っている話題の種類も多く、かつ、その説明も非常に詳細であることが窺えた。

3.3　冒頭の発話の比較

3.2では、J006の扱った話題が多く、かつ、詳細に説明していることが、概ね明らかになった。**3.3**では、最も発話量の多いJ006とその他の話者について、冒頭の対話を比較してみる。

次の（9）は、J006とJ005の会話の冒頭部分である。なお、会話が読みやすくなるよう、発話文が連続している場合には、同じ発話として表記する。

（9） J005 今度，夏休みに，その，出身地の静岡のほうに行こうと思ってるんですけど，（はい）なんか，“どこら辺，行ったほうがいい”とか，“これ，おいしいんだよ”みたいなのってありますか?。

J006 うん，うん，なんか，静岡県は，大きく4つのエリアに分かれてて，（はい）その，西のほうの西部と，（はい）真ん中ら辺の中部，東部，あと伊豆っていうふうに,,

J005 <伊豆，はい>{<}。

J006 <分かれてて>{>}，伊豆のほうには，その，なんか，温泉のその，熱海とかが入ったり（うん）とか，結構，もう，観光地としては，なんか，いいかなーという感じはするんですけど，なんか，静岡県の，なんだろう，どういう，うーん。時期って今度だから，6月とか7月とかかな?。

(ADV-JJ003)

（9）を見て気づくことは、J006の最初の発話で、静岡全体を大きく概観していることである。具体的には、静岡県を西部・中部・東部・伊豆という4つに分けるところから会話を始めている。Wikipediaには、静岡県が西部・中部・東部・伊豆の4つに分けられるということが書かれているし、もしかしたら、静岡県民にとっては常識的なことなのかもしれないが、筆者のような普通の日本人にはあまり知られていない情報であるように思われる。J006は、静岡のことにかなり詳しいのではないだろうか。

J006の次に連続発話が多かったのはJ004である。次に示すのは、J004の冒頭部分の会話である。

（10） J003 あのさー,,

J004 うん。

J003 あれ，確か三重県出身だよね??。

J004 うん，そう。

J003 今度，夏休み，三重行こうと思ってんだけ<どさ>{<},,

J004　<おうおう>{>} おう，ほうほうほう <2 人で笑い>。
J003　<笑いながら> なんか《沈黙　2 秒》，<なんか…>{<},,
J004　<三重ねえ…>{>}。
J003　なんかおすすめある ?。
J004　三重…《沈黙　2 秒》，すごいオーソドックスな，ところで言うと，伊勢神宮…《沈黙　5 秒》とか (うん)，うん，ちょ，うーん，ま，オーソドックスは伊勢神宮やけど，長島，スパーランド (うん) 遊園地 (うん) とか，あとは [↓↑↓]，なばなの里 ??，(うんうんうん) なんか花がいっぱいある (うん) ようなとこ，とかー，あー，伊賀，伊賀やったら，忍者がおる。　(ADV-JJ002)

J004 は、三重のお勧めとして、伊勢神宮、長島スパーランド遊園地、なばなの里、伊賀を会話の冒頭で挙げている。J006 を「全体分割型」とすれば、J004 は「項目列挙型」と言えるだろう。

「全体分割型」と「項目列挙型」を比べると、「全体分割型」の方が、会話の始め方として、より難しいように思われる。その土地のいくつかのことを断片的に知っているだけでも、「項目列挙型」で会話を始めることは可能であるが、その土地に関する、何か包括的なことを知らなければ、「全体分割型」で会話を始めることはできない。J004 よりも J006 の方が、自分の出身地に関する、より深い知識を持っているのではないかと推測できる。

J002 も、J004 と同じく、冒頭部分が「項目列挙型」であった。J002 の会話の冒頭文を、以下に示す。

(11)　J001　「J002 姓」さんって北海道の出身，<だっけ>{<}?。
J002　<あ>{>}，はい，そうです。
J001　あ，今度，あ，春休みの，春休みに，ちょっと北海道行きたいなあって思ってて。
J002　うお。
J001　その，なんかまださ，まだちょっと，どれくらい行くかは決めてないんだけど，ちょっとおすすめのとことか ,,
J002　おすすめ <ですか>{<}?。

J001　<なんか>{>}，どこを見れ，見ればいいのかなって。なんか観光地いっぱいあるから，どこを見ればいいのか教えてほしいんだけどさ。

J002　そうですね，前行ったことあるのは，えっと，札幌と小樽,,

J001　うんうんうん。

J002　ですね。えっと，私が好きなの，富良野って行ったことありますかね？。　(ADV-JJ001)

J002は、お勧めの場所として、札幌、小樽、富良野を列挙している。残るJ008とJ010の会話冒頭部分は、「全体分割型」でも「項目列挙型」でもなく、単純に、ある1つのお勧めを紹介するところから出身地の説明を始めていた。思いついた事柄から順に話しており、「全体分割型」「項目列挙型」と比べると、先の発話内容がまったく予想できず、そのような意味では「無計画型」と呼べるかもしれない。

4. 「詳細に説明するコツ」についてのシラバス

以上のように、**3.** では、ADV-JJ001からADV-JJ005までのデータを分析することにより、まず、J006の発話量が圧倒的に多いことを洗い出した。次に、扱った話題の種類と内容を吟味することによって、J006が最も多くの話題を扱っており、かつ、説明も最も詳細であることを示した。そして、最後に、冒頭部分の会話を観察することによって、会話の始め方には「全体分割型」「項目列挙型」「無計画型」があることを示した。J006のみが「全体分割型」で会話を始めていたが、「全体分割型」で会話を始めるためには、出身地に関する包括的な知識が必要である。

3.1 の表2、表3、表5からは、J006の発話量が他よりもかなり多いことが明らかになったわけであるが、発話量が多い理由は、扱った話題の数が多く、かつ、1つひとつの話題の説明が詳細であったから、と言うことができる。扱った話題の数が多ければ、出身地に関する説明は詳細になる。その上で、1つひとつの話題の説明が詳細であるから、J006は、まさに「出身地を詳細に説明している」わけである。

出身地を詳細に説明できる理由は、J006が自分の出身地のことを非常によく知っている、ということなのではないかと思われる。**3.3**で、「全体分割型」で会話を始めるためには、出身地についての包括的な知識が必要だと述べたが、そのこととものつながってくる。J006は、自分の地域に関するしっかりした知識を持っている。つまり、J006は、話す内容を持っているから詳しく話すことができた、ということなのであろう。

何かを詳細に説明するコツは、そのことに関するしっかりした知識を持つことである。言い換えれば、聞き手に伝えるに足る内容を持つということでもある。

「詳細に説明する」というのは、中級話者が上級になるために必要なことなので、これまでの分析結果に基づき、上級レベルを目指す話者へのシラバスを、以下に示す。

表9　「詳細に説明するコツ」についてのシラバス

上級レベルを目指す話者へのシラバス
・説明する対象に関する十分な知識を身につけることにより、詳細な説明ができる。 ・説明する対象に関する包括的な知識を持ち、説明の冒頭で、全体を概観するような発話ができるようになる。

5.　おわりに

今回の調査対象となった話者たちは日本語母語話者なので、説明する際の言語表現自体が問題になることは、まずない。しかし、日本語学習者にとっては、説明する際の日本語表現自体も難しいので、**2.**の先行研究で見たように、「(連体修飾節) 被修飾名詞＋で、(補足説明)。」という構文を習得し、「万里の長城は、中国の北方にある城壁で、長さが約2,400kmもあるんですよ。」「エアーズロックは、オーストラリア中央部にある大きな岩で、日の当たり方によって色が変わるので、すごくきれいなんですよ。」などと説明できるようになることが重要である。ただし、その前提として必要になるのは説明対象に関する知識であり、説明対象に関する知識を十分に持っているということが、母語話者にとっても学習者にとっても、詳細に説明するためには決定的に重要なことなのである。

引用文献

村野節子・山辺真理子・向山陽子 (2020)『初中級レベル　ロールプレイで学ぶビジネス日本語 ── 場面に合わせて適切に話そう ──』スリーエーネットワーク.
山内博之 (2014)『[新版] ロールプレイで学ぶ中級から上級への日本語会話』凡人社.

第12章

相手に気分よく話させるコツ

山内博之

1. はじめに

この論文では、『課題別会話コーパス』の「アドバイス」の接触場面のデータを用い、相手に気分よく話させるコツについて考察する。

『課題別会話コーパス』に収録されているデータは、すべてロールプレイのデータであり、「アドバイス」の接触場面のロールプレイとは、「日本語母語話者が非日本語母語話者の国に旅行に行くのでアドバイスを求める」というものである。なお、その非母語話者は、現在日本に留学中で、日本の大学に在籍しているという設定である。この論文では、中国語母語話者の10名分のデータを用いる。

筆者には留学の経験はないが、もし留学先で日本を旅行したいという人に出会ったとしたら、とてもうれしく感じ、喜んで日本のことを教えるだろうと思う。このような気持ちは留学生としてはごく自然な気持ちであり、このような場合には、留学生ならほとんど誰でも、気分よくアドバイスするものと思われる。

しかし、中国語母語話者10名分のロールプレイデータを読んでいると、自国の説明をする際に、あまりノリがよくないように感じられる話者がいることに気づく。日本に留学に来ているという状況で、ある日本人が自国への旅行を希望しているとしたら、普通は喜んでアドバイスをするはずである。にもかかわらず、なぜ、ノリが悪い話者がいるのだろうか。アドバイスのさせ方に、何か問題があるのだろうか。

そこで、この論文では、自分の国への旅行を希望している人にアドバイスをする状況において、という限定付きではあるが、以下の2点について調べることにより、気分よく話させるコツを明らかにする。

（1） 自分の出身国・出身地について、普通は気分よくアドバイスするはずであるが、気分よくアドバイスしていない中国語母語話者はいるか。

（2） 気分よくアドバイスしているロールプレイと気分よくアドバイスしていないロールプレイでは、アドバイスのさせ方にどのような違いがあるのか。気分よくアドバイスさせるコツ、つまり、気分よく話させるコツとは何か。

外国人学習者に対する日本語の授業においては、ロールプレイを用いて会話練習を行うことがある。教室に20人の学習者がいたとすると、ペアでロールプレイの練習をさせれば、教室内で10人の学習者が同時に発話することになる。このように、ロールプレイには、教室内の発話者の数を最大にできるという優れた特徴がある。しかし、その一方で、作られた状況で会話を行うため、会話がわざとらしくなり、学習者のノリが悪くなってしまうという欠点もある。そこで、上記の2点を明らかにすれば、ロールプレイ練習を行う際に、どうすれば学習者たちに気分よく話してもらうことができるのか、そのヒントが得られるのではないか。

この論文では、続く**2.**において先行研究について述べ、**3.**で具体的な分析を行う。まず、**3.1**では、気分よくアドバイスしている話者とそうでない話者を1名ずつ選び出す。次に、**3.2**において、その2名の話者に対する、アドバイスのさせ方がどのように異なっているのかを明らかにする。**3.3**においては、気分よくアドバイスさせるための質問がどのような質問であるのかを検討する。そして、**4.**においては、「相手に気分よく話させるコツ」についてのシラバスを示し、**5.**でまとめを行う。

2.　先行研究

2. では、先行研究について述べる。具体的には、『課題別会話コーパス』の「アドバイス」と同様のロールプレイを扱っている既存の教科書において、学習者に気分よく話させる工夫が施されているか否かを見ていく。

『課題別会話コーパス』の「アドバイス」と同様のロールプレイを扱っている既存の教科書は、山内（2014）『［新版］ロールプレイで学ぶ中級から上級への日本語会話』（凡人社）と村野・山辺・向山（2020）『初中級レベル ロールプレイで学ぶビジネス日本語――場面に合わせて適切に話そう――』（スリーエーネットワーク）である。

山内（2014）では、2課のユニット4で、「アドバイス」とほぼ同様のロールプレイが扱われている。出版元である凡人社のホームページを見ると、この教科書の『指導のポイント』を見ることができ、そこには、このロールプレイを授業で扱う際の「ポイント」として、「自分の出身地について自由に話すことができる“楽しい”ロールプレイである」「表現のフィードバックはあまり細かく行わず、とにかくどんどん話すことに主眼を置きたい」と書かれている。いかにも、学習者のノリのよい、楽しいロールプレイであるということがわかるが、気分よく話させるコツというようなことについては、特に何も書かれていない。

村野・山辺・向山（2020）では、9課で「アドバイス」とほぼ同様のロールプレイが扱われている。この教科書には「本書で教える先生方へ」というページがあり、この教科書の使い方が説明されている。しかし、気分よく話させるコツというようなことについては、特に何も書かれていない。

山内（2014）は、ロールプレイで使用する表現や文型を前もって教えることはなく、いきなりロールプレイを行わせるという、いわゆるタスク先行型のロールプレイテキストである。一方、村野・山辺・向山（2020）では、ロールプレイの前に「聞くタスク」「モデル会話」「練習問題」があり、だいたいどんな流れの会話になるのかを理解し、文型や表現の練習もした後でロールプレイを行う。「本書で教える先生方へ」にも、ロールプレイの練習をペアで行う際の「教師がすること」として「モデル会話と全く同じ必要はないが、表現を適切に使っていないペアにはアドバイスする。」と書かれている。村野・山辺・向山 (2020) では、気分よくどんどん話していくというよりも、正確にきちんと話すということに重きを置いているのだろう。いずれにしても、この2冊の教科書では、気分よく話させるコツや工夫が明示的に示されているということはない。

3. 分析

3. では、「アドバイス」の接触場面データを用いて実際の分析を行う。「アドバイス」の接触場面データには、4種類の母語別に計20のデータが含まれているのだが、この論文では、中国語母語話者10名分のデータを用いる。データ番号は、ADV-CJ001からADV-CJ010までである。これらのいずれにおいても、中国語母語話者と日本語母語話者が「アドバイス」のロールプレイを行っている。

以下、**3.1** では、気分よくアドバイスしている中国語母語話者とそうでない中国語母語話者を洗い出す。次に、**3.2** においては、気分よくアドバイスしている中国語母語話者とそうでない中国語母語話者とでは、日本語母語話者のアドバイスのさせ方がどのように異なっているのかを明らかにする。そして、**3.3** においては、気分よくアドバイスさせるための質問がどのような質問であるのかを明らかにする。

3.1 気分よくアドバイスしているか否か

3.1 では、気分よくアドバイスしている中国語母語話者とそうでない中国語母語話者を洗い出す。

ADV-CJ001からADV-CJ010までのデータでは、そのそれぞれにおいて中国語母語話者と日本語母語話者が会話をしている。中国語母語話者の話者記号は、C001からC010までである。ちなみに、日本語母語話者の話者記号はJ001からJ010までである。下3桁の数字が、データ番号と話者記号とで共通している。

まず、C001からC010までの中国語母語話者の日本語能力を、次の表1に示す。日本語能力は、J-CATとJLPTで示されている。

表1　中国語母語話者の日本語能力

話者記号	J-CAT	JLPT
C001	323	N1
C002	284	N1
C003	261	N1
C004	260	N1
C005	259	N1
C006	247	N1
C007	242	N1
C008	187	N1
C009	165	–
C010	156	N2

日本語能力をそろえるため、日本語能力の高い話者と低い話者とを除く。具体的には、300点を超えているC001と、200点を下回っているC008、C009、C010を除く。そうすると、残りの7人の話者が242点から284点までの間に集まることになる。ここから先は、C002からC007までの7人のみについて分析を行う。つまり、ADV-CJ002からADV-CJ007までのデータのみを扱っていく。

まず、気分よく話しているか否かを判断するために、以下の2つの指標を用いて分析を行う。

（3）　相手よりたくさん話しているのか否か。総発話文数に占める自分の発話文の割合が高いのか否か。

（4）　長く話しているのか否か。連続して発せられた発話文がどの程度あるのか。

「気分よく」ということを客観的に測定することはできないので、（3）相手よりもたくさん話しているのか、そして、（4）長く話しているのか、ということを「気分よく」話しているか否かの指標とする。

まず、（3）の「相手よりたくさん話しているのか否か」ということを見ていく。具体的には、総発話文数に占める中国語母語話者の発話文の割合が高いのか否かを見る。それぞれのデータにおける、日本語母語話者（J）と中国語母語話者（C）の発話文数を示したものが、次の表2である。括弧の中の数字は、それぞれのデータにおける日本語母語話者と中国語母語話者の発話文数の比率を示しており、中国語母語話者の発話文比率が高いデータから順に、上から並べている。

表2　母語話者と非母語話者の発話文の比率

データ番号	総発話文数	J の発話文数	C の発話文数
ADV-CJ002	128	54（42%）	74（58%）
ADV-CJ007	197	94（48%）	103（52%）
ADV-CJ005	195	95（49%）	100（51%）
ADV-CJ006	482	239（50%）	243（50%）
ADV-CJ003	581	299（51%）	282（49%）
ADV-CJ004	110	60（55%）	50（45%）

中国語母語話者の発話文比率が最も高いのは ADV-CJ002 である。第二位が ADV-CJ007 であるが、この両者の間には 6%の差が見られる。一方、中国語母語話者の発話文比率が最も低いのは ADV-CJ004 である。第二位が ADV-CJ003 であるが、この両者の間には 4%の差が見られる。そして、最高と最低の 2 つのデータを除く 4 つのデータについては、中国語母語話者の発話比率が 49%から 52%の間に収まっている。つまり、気分よく話しているか否かという観点からは、以下のように分類できるのではないか。

（5）　C002　←　気分よく話している。
　　　C007、C005、C006、C003　←　まあまあ。
　　　C004　←　気分よく話していない。

次に、（4）の「長く話しているのか否か」ということを見ていくが、ここで、相手の発話文に挟まれた自分の発話文を「単独発話」と呼ぶことにする。そして、自分が発した 2 つの発話文の間に、相手の発話文が挟まっていない場合には、その連続した発話文を「連続発話」と呼ぶことにする。「単独発話」と「連続発話」では、「連続発話」の方が「長く話している」ものと判断できる。

それぞれのデータにおいて、中国語母語話者が発した単独発話と連続発話の数を、次の表3にまとめた。括弧の中の数字は、それぞれのデータにおける単独発話と連続発話の比率を示しており、連続発話の比率が高いデータから順に、上から並べている。

表3　中国語母語話者の単独発話と連続発話

話者記号	単独発話	連続発話	合計
C002	37 (76%)	12 (24%)	49
C006	151 (79%)	41 (21%)	192
C005	64 (80%)	16 (20%)	80
C007	64 (83%)	13 (17%)	77
C003	217 (93%)	17 (7%)	234
C004	42 (95%)	2 (5%)	44

表3の連続発話の比率を見ると、C007とC003の間に少し大きな開きがあることがわかる。C007より上は、連続発話の比率が17%以上であり、C003より下は、連続発話の比率が7%以下である。それらの間には10%の開きがある。つまり、気分よく話しているか否かという観点からは、以下のように分類できるのではないだろうか。

（6）　C002、C006、C005、C007　←　気分よく話している。
　　　C003、C004　←　気分よく話していない。

（5）と（6）を考え合わせると、以下のように判断できる。

（7）　気分よく話している中国語母語話者　⇒　C002
　　　気分よく話していない中国語母語話者　⇒　C004

そして、次のようにも判断できるだろう。

（8）　気分よく話させることに成功している日本語母語話者　⇒　J002
　　　気分よく話させることに失敗している日本語母語話者　⇒　J004

次の**3.2**においては、J002とJ004の発話を比較する。

3.2　J002とJ004の発話の比較

3.1では、2つの指標を用いることにより、気分よく話している中国語母語話者がC002であり、逆に、気分よく話していない中国語母語話者がC004であると判断した。そして、C002の対話相手であるJ002を、気分よく話させることに成功している日本語母語話者であると判断し、C004の対話相手であるJ004を、気分よく話させることに失敗している日本語母語話者であると判断した。そこで、**3.2**においては、J002とJ004の発話がどのように違うのかを検討することにする。

まず、ロールプレイの導入部分に注目してみる。以下がADV-CJ002のロールプレイの導入部分である。

（9） J002 「C002名」, あのー, 俺3月に, (はい) あの, 春休みに旅行に行きたくて。
C002 え?, どこの?。
J002 うーん, え, できたら, この,「C002名」が住んでる,「C002名」の出身の, 福建省,,
C002 へえー, <すごいなあ>{<}。
J002 <に行きたいんだけど>{>}, (<笑いながら>えー) そう, で, 行きたくて, ちょっとー, うん, (うん) どこ, どこに行ったりとか, 何したりとか, 何を食べたりとか, (ああ, そう) それしたら, その, 福建省楽しめるかなと思って, ちょっとアドバイスがほしいんだけど, (うーん) えっとー, 何が, 何を, が, 有名かな?, その食べ物でいったら。
C002 あー, そうですな, え, 1人で行くの?。
J002 《沈黙 2秒》あーっとねえ, 今度は, 寮の先輩と2人で, (ああ) 行こうと思ってて。
C002 そうですね, 福建省ですね。
J002 食べ物, なんかおいしいものある?。 (ADV-CJ002)

J002の言わんとするところをまとめると、「3月に寮の先輩と2人で福建省に行きたい。おいしい食べ物があるか？」というようなことになるだろう。

そして、次が、ADV-CJ004のロールプレイの導入部分である。

（10） J004 えーと,《沈黙 3秒》今度の春休み, 3月から, (あ, はい) 海外旅行に (はい) 行こうと思っていまして,,

C004　あ，そうなんですか。
J004　で，「C004 フルネーム」の（はい）出身国の中国に ,,
C004　はい。
J004　行こうと思っているんですが ,,
C004　はい。
J004　なんか，あの，絶対中国で見たほうがいい観光地とか，ありますか ?。　（ADV-CJ004）

J004 の言わんとするところをまとめると、「3 月に中国に行きたい。見た方がいい観光地があるか？」というようなことになるだろう。

J002 の発話には、「先輩と 2 人で行く」というリアルさがある。そして、「C002 の出身地である福建省に行く」という、C002 にとっての話題への親しみやすさがある。一方、J004 の発話には、そのようなリアルさもなく、C004 にとっての親しみやすさもない。C002 は、ロールプレイであることも忘れて、真剣にアドバイスをしたのではないだろうか。一方、C004 は、「これはリアルな会話ではなく、ロールプレイなのだ」と思いつつアドバイスしたのではないだろうか。

C002 は、上記のやりとりの後、厦門の餅と故郷の米酒について説明をしている。どちらも、その地方に独特なものであり、J002 にとっては、さらに詳しくその説明を聞きたくなるものであろう。一方、C004 は、上記のやりとりの後、天安門と万里の長城の説明をしている。どちらも、いわば中国の観光地としてのステレオタイプであり、J004 にとっては、さらに説明が聞きたいとは感じにくいものであるかもしれない。

これらの後の会話の流れを筆者が大まかにまとめてみたので、それを示したい。ADV-CJ002 では、概ね、以下のようなやりとりが行われていた。

（11）　C002　厦門がお勧め。厦門までの行き方。厦門の様子。厦門の後、泉州にも行ける。泉州には寺が多い。明や清の時代の建物が残っている。「客家」が住んでいる。世界遺産になっている。旅館や小さなレストランが多い。3 月はまだ寒い。
C002　内陸の方はバスで行くことが多い。小さなオートバイクや市営のバスもある。簡単な言葉は覚えた方がいい。

C002　ネットは便利だが携帯は使えない。ネットでホテルの予約ができる。公衆電話でもできる。春節も過ぎたし、混んでいない。コロンスという島も遺跡や建物があるので面白い。

J002　計画を立てる時に、また連絡する。

そして、ADV-CJ004 では、概ね、以下のようなやりとりが行われていた。

(12)　J004　北京ならではの食べ物は？

C004　北京ダックとサンザシのお菓子。

J004　気をつけるべきことは？

C004　空気汚染と黄砂。

J004　3 月に行事があるか？

C004　ほとんどない。1 月、2 月なら春節がある。

J004　お土産は？

C004　お菓子。日本の干し柿と似ている。

ADV-CJ002 においては、C002 の自発的なアドバイスが目立つが、ADV-CJ004 においては、C004 は質問されてアドバイスをしている。また、C002 と C004 では、発話の詳細度がまるで異なっている。このレベルの学習者の発話能力を向上させるためには、話題の詳細度を上げることが重要であると思われるが、その点、C002 は、持てる力をフルに発揮してアドバイスをしたのではないだろうか。J002 が作り出したロールプレイのリアルさと親しみやすさが、C002 の発話の自発性を促し、話題の詳細度の向上につながったのではないだろうか。J004 が作り出したやりとりは、その導入部分からつまずいているように見受けられる。

3.3　気分よく話させる質問

3.3 では、気分よく話させる質問とはどのような質問なのか、ということを考えてみる。表 3 で示した連続発話について、いくつの発話文を含んでいるのかをまとめたのが、次の表 4 である。

表 4　連続発話における発話文数

話者記号	連続する発話文の数					合計
	2 つ	3 つ	4 つ	5 つ	6 つ	
C002	8	3	0	1	0	12
C006	38	1	0	2	0	41
C005	13	3	0	0	0	16
C007	11	1	0	0	1	13
C003	16	1	0	0	0	17
C004	2	0	0	0	0	2

表 4 について、たとえば、C002 であれば、2 つの発話文を含んだ連続発話を 8 回発しており、3 つの発話文を含んだ連続発話を 3 回、5 つの発話文を含んだ連続発話を 1 回発しているということである。

表 4 を見ると、「5 つ以上の発話文を含んだ連続発話」は、全部で 4 回発せられていることがわかる。その内訳は、C002 が 1 回、C006 が 2 回、C007 が 1 回である。

これらの連続発話は、言わば、中国語母語話者が気分よく説明している発話であると考えられるので、そのような連続発話を引き出すことができた質問、つまり、日本語母語話者の働きかけ方の特徴を調べてみる。

まず、C002 が発した「5 つ以上の発話文を含んだ連続発話」を、以下に示す。なお、細かいことになってしまうが、1 つの発話文の中に相手の発話文が挿入されている場合には、挿入されている発話文は省略して示す。挿入されている発話文の多くは相づち的な発話であり、省略しても会話の理解には大きな影響がないと考えられるし、また、同じ 1 つの発話文であれば、途中で区切ることなく示したいからである。また、そうすることにより、いくつの発話文が連続しているのか、ということもわかりやすくなるものと思われる。

(13)　C002　あ，WiFi は大丈夫 ,,<なん>{>} ですけど，あの，予約とかって，（うん）あの，多分，中国に行って（あ，そういうことか，ああ），またホテルで，あのー，《沈黙　2 秒》なんか，あの，手続き，（うーん）ネットで，多分そういう，あの，予約ができる，今はすごく便利，はい。

C002　まずこっち，最初に行って。

C002　でも，こっちも多分，あのー，地元のほうは，多分，あのー，あらかじめそういうところを調べて，そこに，（うん）の，なんかコウキュウ電話で，公衆電話で，（うん）とかで予約，（うーん）はい。

C002　今は，あの，3月になったらね，あの，春節も，もう過ぎたし，（うん）そういう，そんな，あのー，混んでないとか，（うん）はい。

C002　そんなに混んでないんですね。　(ADV-CJ002)

J002は、C002のこのような長い発話を引き出すことに成功しているのであるが、実は、C002の上記の発話に対する、J002の直接的な働きかけは見られなかった。C002は、質問をされていないにもかかわらず、「ネットが便利である」という話を自ら持ち出し、その後、上記の発話を行っていた。

次に示すのが、C006の「5つ以上の発話文を含んだ連続発話」の1つめである。内容を理解しやすくするため、少し前の発話文から示す。

(14)　J006　<2日，じゃ>{>}，残りの2日，どこかに違うところに行くんだったら…。

C006　はい，えーと，なんていうか，その，うーん，自然環境とか好きですか?。

J006　ああ，好きですね。

C006　多分上海の近くの浙江省,,のほうが，そういう，なんていうか，その自然環境がいい場所があると思います<ね，はい>{<}。

J006　<へえ>{>}，そういう観光スポットみたいな。

C006　はい，ありますね。

C006　ありますよ。

C006　その，なんていうか，うーん，上海の近くの，そういう，えーと，漢字はどうやって説明すればいいんですか?。

C006　あのー，《沈黙　2秒》読み方はちょっと分かんないんですね。
C006　《沈黙　2秒》あ，あとは，そのー，メールしても<大丈夫ですか?>{<}。　(ADV-CJ006)

最後の部分が「5つ以上の発話文を含んだ連続発話」なのであるが、この連続発話は、アドバイスをしている発話ではない。「自然環境が好きか」と自ら問いかけた後に何らかのアドバイスをしようとしたのだが、言語的挫折を起こし、そのために、発話文が5つも連続してしまっている。言語的挫折は、発話意欲が言語能力を上回った時に生じるものである。上記の発話は、「アドバイスしたい」という積極性が表れているものと判断できるのではないだろうか。

次は、C006の「5つ以上の発話文を含んだ連続発話」の2つめである。最後の5つの発話が連続発話である。

(15)　J006　じゃあ，上海の人は北京語も話せる。
C006　話せると思います。
J006　へえー，<すごいなあ>{<}。
C006　<はい，ただ，訛りが>{>}ありますね。
C006　方言，やっぱり方言があります。
C006　方言は全然分かんないです。
C006　浙江省に行くと，方言はやっぱり上海と違う<ので>{<},,やっぱり全然分かんないです<二人で笑い>。
C006　浙江省は全然分かんないんですよ。　(ADV-CJ006)

上記では、「上海の人は北京語も話せるのか」という問いかけのような発話に答える形で、C006が「5つ以上の発話文を含んだ連続発話」を産出している。J006は、ロールプレイの冒頭で「北京と上海に行きたい」と述べていた。その上での「上海の人は北京語も話せるのか」というややマニアックな問いかけをしている。

最後に、C007の「5つ以上の発話文を含んだ連続発話」を示す。最後の6つの発話が連続発話である。

(16)　C007　<あっ，実際には>{>}，なんか，肉がない料理もたくさん,,
C007　ありますよ。

C007 えっと，まず，お菓子ですね。

J007 あっ，<お菓子>{<}。

C007 <お菓子>{>}について，なんか，えっとー，えーと，中国には，え，なんか，甘いお菓子がたくさんあります。

J007 あ，そうなんですね。

C007 えっと，日本の和菓子とほぼ同じです。

C007 なんか，(あー) あん，餡子が,,ついているなんか，まんじゅう (あんうんうん) のようなものですが。

C007 これも，とっても甘いですけ，ですよね。

C007 えっと，味とか，なんか，やはり，その，日本のと比べると，ちょっと，なんか，違うような,,感じがありますね。

C007 なんか，そんなに甘くないんですけど，(うんうんうん) はい。

C007 でも，おいしいだと思いますよ。 (ADV-CJ007)

J007は、ロールプレイの冒頭で「料理のことが気になっているけど肉が食べられない」旨を述べており、C007は、その発話を受けて上記のアドバイスをしている。

以上の「5つ以上の発話文を含んだ連続発話」が生まれた要因は、主に、以下の3つではないかと思う。

(17) ①中国語母語話者の発話が自発的である。
②日本語母語話者の問いかけがリアルである。
③日本語母語話者は詳細な内容を知りたいと思っている。

中国語母語話者の発話の自発性があるからこそ、言語的挫折が起こり、また、日本語母語話者が詳細な内容を知りたいと思ってリアルな問いかけをするからこそ、いくつもの発話文が連続するという中国語母語話者の積極性が引き出されているのではないだろうか。

4. 「相手に気分よく話させるコツ」についてのシラバス

3. では、「たくさん話す」「長く話す」という観点から「気分よく話している中国語母語話者」と「気分よく話していない中国語母語話者」をあぶり出し、それぞれのロールプレイにおける、日本語母語話者の話し方を観察した。そこで明らかになったのが、「先輩と２人で行く」というようなリアルさと「相手の出身地に行く」というような親しみやすさが、「気分よくアドバイスする」という相手の言語行動を引き出している可能性があるということである。さらに、中国語母語話者の発話の自発性や、日本語母語話者の詳細な内容を知りたいと思う気持ちや問いかけのリアルさが、特に長い発話を生みだしているであろうということも明らかになった。

これらのことは、授業でロールプレイを行う際にも、十分に気をつけなければならないことであるし、このようなことに気をつけさえすれば、生き生きとしたロールプレイ活動を行うことが可能になるのではないだろうか。

この論文で使った「アドバイス」のロールプレイは、上級レベルの日本語能力が必要とされるものである。これまでの分析結果を、上級レベルを目指す話者へのシラバスとして、以下に示す。

表５「相手に気分よく話させるコツ」についてのシラバス

上級レベルを目指す話者へのシラバス
・相手が気分よく話せるよう、リアルな状況をうまく織り込んだ問いかけができる。 ・相手にとって親しみやすい話題を選択し、問いかけることができる。 ・詳細な内容を知りたいと思っていることがうまく伝わるような問いかけができる。

5. おわりに

日本語の授業でロールプレイを行う際には、場面設定のリアルさや、話題への親しみやすさが非常に重要であることは、特に強調しておきたいことである。教室での授業を前提とするのであれば、ロールプレイは、どうしても欠かせない練習になる。教室外の場面を設定したロールプレイを行うことによって、ぜひ、学習者たちを教室外に連れ出したいものである。

しかし、その際に、場面設定のリアルさがなかったり、話題への親しみやすさがなかったりすると、学習者たちはロールプレイの場面に入り込むことができず、会話がノリの悪いものになってしまう。これは、当たり前のことだと思われているかもしれないが、そうした場合に会話のノリが本当に悪くなってしまうことが、『課題別会話コーパス』の中でも観察できた。

この論文では、『課題別会話コーパス』を用いて分析を行ったが、ロールプレイデータの中に、気分よく話しているであろう話者と気分よく話してはいないであろう話者の両方が見出されたことは、とても興味深いことであった。授業でロールプレイを行う際には、与えられた場面で会話を行うことの不自然さが指摘され、問題視されることが多いが、ロールプレイデータにおいてもそれは同じであり、『課題別会話コーパス』を用いて分析を行う際には、そのような点に留意する必要があることを強く感じさせられた。

引用文献

村野節子・山辺真理子・向山陽子（2020）『初中級レベル　ロールプレイで学ぶビジネス日本語 ―― 場面に合わせて適切に話そう ――』スリーエーネットワーク.

山内博之（2014）『［新版］ロールプレイで学ぶ中級から上級への日本語会話』凡人社.

あとがき

山内博之

高野秀行という作家がいる。「誰も行かないところに行き、誰もやらないことをやり、誰も書かない本を書く」ことをモットーとするノンフィクション作家で、謎の生物や食品、未知の土地や民族などを探すために世界の辺境を飛び回っている。高野氏の探険もしくは取材には、必ず課題がある。その課題とは、以下のようなものである。

（1）・コンゴ奥地の湖に棲息する謎の怪獣ムベンベを探す。
・コロンビアのジャングルで幻の幻覚剤を探す。
・ミャンマー北部の反政府ゲリラの支配区に潜入し、ケシを栽培する。
・インドで謎の怪魚ウモッカを探す。
・幻の西南シルクロードの存在を探るため、成都からカルカッタまでを踏破する。
・ブータンの秘境で雪男を探す。
・国際社会では国として認められていないソマリランドの実態を探る。
・ナイジェリア、セネガル、ブルキナファソなどで納豆の存在を探る。
・トルコのティグリス・ユーフラテス川源流部をカヌーで旅する。
・イラクの湿地帯に暮らす水の民を調査する。

そして、たとえば、「コンゴ奥地の湖に棲息する謎の怪獣ムベンベを探す」際には、高野氏は、まず、コンゴ（当時のコンゴ人民共和国、現コンゴ共和国）の公用語であるフランス語を学んだ。しかし、ムベンベの棲息地近辺の村人たちはフランス語を理解しないことが多く、そのため、村人たちとのコミュニケーションには、その地域の共通語であるリンガラ語が必要であり、リンガラ語も学んだ。そして、現地でムベンベの目撃情報を探っていくうちに、ムベンベの目撃談や言い伝えがあるのは、ボミタバ語を話すボミタバ族が住む地域に限られていることがわかり、現地でボミタバ語も学ぶことになった。

結局、ムベンベは見つからなかったのだが、ムベンベ探索のために、高野氏は3つの言語を学ぶことになった。このようにして、（1）に挙げたような課題を遂行するために、高野氏は、どんどん外国語を学んでいった。山内(2020) によれば、高野氏が学んだ外国語は、概ね以下のとおりである。

（2） 英語、フランス語、リンガラ語、ボミタバ語、スペイン語、ポルトガル語、スワヒリ語、タイ語、ビルマ語、中国語、シャン語、ワ語、インドネシア語、アラビア語、カンボジア語、カチン語、オリヤー語、ヒンディー語、ソマリ語、ゾンカ語、韓国語、ブルシャスキー語、アラビア語イラク方言、トルコ語、モシ語など

この（2）の言語名だけを先に見せられると、高野氏は語学の天才なのではないか、と思ってしまうのだが、氏の著書を1冊ずつ読んでいくと、それらの外国語は、必ず、何らかの目的があって学んだのだということがわかる。高野氏の外国語学習は、「始めに言葉ありき」ではなく「始めに課題ありき」なのである。

なお、高野氏の近著『語学の天才まで1億光年』には、「使う表現から覚える」という学習スタイルなどとともに、「話したいことがあれば話せる」という外国語学習観が示されている。これは、まさに「始めに課題ありき」という考え方そのものではないかと思う。

さて、本書『自由に話せる会話シラバス』についてであるが、一番の売りは『課題別会話コーパス』を作成したことであろう。このコーパスは、まず、7つの課題をロールプレイの形で設定し、それぞれのロールプレイについて作成したサブコーパスをまとめて1つのコーパスにしたというものである。その7つの課題とは、【①説明】【②アドバイス】【③話し合い】【④書かれ

たものへのコメント】【⑤伝言の伝達】【⑥弁明】【⑦訂正】であり、その内容は以下のとおりである。

（3） ①懇親会で手持ち無沙汰になったので、たまたま聞こえてきた「旅行」を話題にして隣の人に話しかけ、その人がした「旅行」について説明してもらう。
②自分の出身地を旅行したいという友人にアドバイスをする。
③大学のサークルの1泊2日の旅行について、貸し切りバスと電車のどちらを使うかを話し合う。
④奨学金の応募書類の「申請理由」をチューター(もしくは先輩)にチェックしてもらう。
⑤先生からの伝言を同じゼミの学生に伝える。
⑥アルバイトに遅刻したので、迷惑をかけた仲間に謝罪し、弁明する。
⑦レポートの内容に関する友人の勘違いを訂正する。

「課題」は7つのみであるが、それぞれのロールプレイデータを分析していけば、これらの課題遂行に必要な日本語表現やストラテジーが明らかになる。そして、それは、これらの課題を遂行したいと思う学習者たちには、きっとダイレクトに役立つことだろう。

なお、本書の「『課題別会話コーパス』の概要」には、以下の4つの観点から上記の7つの課題を選んだことが述べられている。

（4） ・会話参加者2名の役割が同等であるか否か。
・必要とされる談話が長いか短いか。
・課題達成のために伝える知識・経験・意見の量と質。
・相手との関係性を意識する必要があるか否か。

これを見ると、研究を行うためのデータとしては、バランス良く7つの課題が選ばれていることがわかるが、この研究成果を教育現場に利用することを考えると、7つの課題のみでは甚だ不十分である。今後、さらにコーパスを拡充させていくべきであろう。

また、これは、高野氏に教えていただいたことなのだが、今、精神医学の世界では、「意思決定支援」から「欲望形成支援」へと治療のパラダイムが変わりつつあるらしい。斎藤 (2021) によれば、「患者の意思決定の困難さは、しばしば欲望形成の困難さによると考えられる」とのことである。

精神医学と外国語教育はまったく別物なのではあるが、学習者が（3）の7つの課題のうちのどれに取り組みたいのかという決定ができないのは、7つの課題のうちのいずれかを「どうしてもできるようになりたい！」という欲望が欠如しているからであるとも考えられる。

「欲望」という言葉は、いささか強すぎるようにも感じられるのだが、しかし、高野氏の場合には、（1）の課題遂行への欲求は、まさに「欲望」と言えるような非常に強いものであり、そのような「欲望」が、高野氏を（2）の学習へと向かわせたのではないだろうか。『課題別会話コーパス』を利用した日本語教育においても、今後、課題別のデータをさらに充実させていくとともに、学習者たちが何をしたいと思うのか、その気持ちをきちんと認識させる支援も必要なのではないかと思う。

このシリーズ本における研究は、領域指定型共同研究プロジェクト「学習者コーパスから見た日本語習得の難易度に基づく語彙・文法シラバスの構築」、及び、日本語教育研究領域プロジェクト「日本語学習者のコミュニケーションの多角的解明」という、人間文化研究機構国立国語研究所の2つのプロジェクトの成果の一部である。このような研究の機会を与えてくださったことに対し、記して感謝の意を表したい。

引用文献

斎藤環 (2021)「『意思決定支援』から『欲望形成支援』へ」『精神神経学雑誌』123 (4), pp. 179–185.

高野秀行 (2022)『語学の天才まで1億光年』集英社インターナショナル.

山内博之 (2020)「究極の外国語学習者の記録 (1) ── 高野秀行の外国語学習 ──」実践女子大学内・実践国文学会『実践国文学』97, pp. 1–13.

執筆者紹介

＊は編者、＃はシリーズ監修

柳田直美（やなぎだ　なおみ）

筑波大学大学院修士課程地域研究研究科修了。博士（言語学）。吉林大学外国語学院外国人専門家、早稲田大学日本語教育研究センターインストラクター、関西学院大学日本語教育センター常勤講師、一橋大学国際教育交流センター准教授などを経て、現在、早稲田大学大学院日本語教育研究科教授。著書に『接触場面における母語話者のコミュニケーション方略―情報やりとり方略の学習に着目して―』（ココ出版、2015）、「読むことを通じてことばの力を伸ばす語彙学習支援ツールと教材化」（『語から始まる教材作り』くろしお出版、2018）などがある。

澤田浩子（さわだ　ひろこ）

神戸大学大学院総合人間科学研究科博士後期課程修了。博士（学術）。日本学術振興会特別研究員、京都大学国際交流センター講師を経て、現在、筑波大学人文社会系准教授。論文に「知覚・思考・判断・意志を表す「文末名詞文」の使用実態―コロケーションから文型へ―」（『日本語／日本語教育研究』5、2014）、「属性叙述における名詞述語文」（『日本語教育』116、2003）などがある。

俵山雄司（たわらやま　ゆうじ）*

筑波大学大学院人文社会科学研究科博士後期課程修了。博士（言語学）。群馬大学国際教育・研究センター講師を経て、現在、名古屋大学言語教育センター准教授。著書に『文章・談話研究と日本語教育の接点』（共著、くろしお出版、2015）、『評価を持って街に出よう』（共著、くろしお出版、2016）、「流れがスムーズになる接続詞の使い方」（『わかりやすく書ける作文シラバス』くろしお出版、2017）などがある。

宮永愛子（みやなが　あいこ）

広島大学大学院教育学研究科博士後期課程修了。博士（教育学）。金沢大学留学生センター非常勤講師、関西学院大学日本語教育センター常勤講師、広島女学院大学専任講師を経て、現在、山口大学留学生センター准教授。論文に、「聞き手配慮要素からみた超級日本語話者の発話の特徴」（『日本語・日本語教育研究』5、2014）、「ターン交替の観点からみた日中対照研究―中国語話者が日本語でのおしゃべりに参加するために―」（『中国語話者のための日本語教育研究』11、2020）などがある。

石黒圭（いしぐろ　けい）

早稲田大学大学院文学研究科修了。博士（文学）。一橋大学国際教育センター教授を経て、現在、国立国語研究所教授、一橋大学連携教授。著書に、『段落論―日本語の「わかりやすさ」の決め手―』（光文社新書、2020）、『リモートワークの日本語―最新オンライン仕事術―』（小学館新書、2020）、『文系研究者になる―「研究する人生」を歩むためのガイドブック―』（研究社、2021）などがある。

永井涼子（ながい　りょうこ）

筑波大学大学院人文社会科学研究科博士後期課程修了。博士（言語学）。山口大学留学生センター講師、同准教授を経て、現在、山口大学国際総合科学部准教授。論文に、「看護師による「申し送り」会話の談話交替管理―スタイルシフトを中心に―」（『日本語教育』135、2007）、「看護師による「申し送り」の談話構造」（『北研學刊』8、2012）、「数値が大きいことを表す「高い」「大きい」の類義用法―BCCWJ を資料としたコーパス分析―」（『言語学論叢オンライン版』6(32)、2013）などがある。

堤良一（つつみ　りょういち）

大阪外国語大学大学院言語社会研究科修了。博士（言語文化学）。岡山大学文学部講師、岡山大学学術研究院社会文化科学学域准教授を経て、現在、岡山大学学術研究院社会文化科学学域教授。著書に『現代日本語指示詞の総合的研究』（ココ出版、2012）、『「大学生」になるための日本語〈1〉』『〈2〉』（共著、ひつじ書房、2009, 2010）、『いい加減な日本語』（凡人社、2022）などがある。

山内博之（やまうち　ひろゆき）*

筑波大学大学院修士課程経営・政策科学研究科修了。経済学修士。岡山大学文学部講師、実践女子大学文学部助教授を経て、現在、実践女子大学文学部教授。著書に『［新版］ロールプレイで学ぶ中級から上級への日本語会話』（凡人社、2014）、『プロフィシェンシーから見た日本語教育文法』（ひつじ書房、2009）、『OPI の考え方に基づいた日本語教授法―話す能力を高めるために―』（ひつじ書房、2005）などがある。

現場に役立つ日本語教育研究 4

自由に話せる会話シラバス

2023年　4月10日　第1刷発行

編者　俵山雄司
監修　山内博之

発行　株式会社　くろしお出版
〒102-0084　東京都千代田区二番町 4-3
TEL 03-6261-2867　FAX 03-6261-2879
https://www.9640.jp　kurosio@9640.jp

印刷　藤原印刷株式会社

装丁・本文デザイン　工藤亜矢子

ISBN 978-4-87424-933-8 C3081